Der Name Claus Schenk Graf von Stauffenberg steht für den Widerstand gegen Hitler. Am 20. Juli 1944 brachte Stauffenberg eine Bombe ins »Führerhauptquartier«, doch Adolf Hitler entging dem Attentat knapp. Stauffenberg bezahlte, wie viele Mitverschwörer, mit seinem Leben.

Der bekannte Historiker Gerd R. Ueberschär stellt die historischen Entwicklungen und Motivationen der daran Beteiligten ausführlich dar: Von den ersten Plänen der Operation »Walküre« über den Tag des 20. Juli 1944 bis zur Hinrichtung der Beteiligten und Verfolgung ihrer Angehörigen. Ein wichtiges Zeugnis Deutschen Widerstands.

Gerd R. Ueberschär, geboren 1943, Dr. Phil., Historiker und Archivar beim Bundesarchiv-Militärarchiv Freiburg sowie Lehrbeauftragter an der Universität Freiburg. Er veröffentlichte zahlreiche Monographien und Aufsätze zu militärgeschichtlichen Themen und gab u. a. die im Fischer Taschenbuch Verlag erschienenen Bände »Das Nationalkomitee ›Freies Deutschland‹ und der Bund Deutscher Offiziere«, »Der Nationalsozialismus vor Gericht« sowie »Dienen und Verdienen. Hitlers Geschenke an seine Eliten« heraus.

Unsere Adresse im Internet: www.fischerverlage.de

Gerd R. Ueberschär

Stauffenberg

und das Attentat vom 20. Juli 1944

Darstellung, Biographien, Dokumente

Fischer Taschenbuch Verlag

2. Auflage: Januar 2009

Ungekürzte Ausgabe
Veröffentlicht im Fischer Taschenbuch Verlag,
einem Unternehmen der S. Fischer Verlag GmbH,
Frankfurt am Main, April 2006

Die Originalausgabe erschien unter dem Titel
›Stauffenberg. Der 20. Juli 1944‹
im Jahr 2004 im S. Fischer Verlag.

Gesamtherstellung: CPI – Clausen & Bosse, Leck
Printed in Germany
ISBN 978-3-596-16278-9

Inhalt

Einleitung

Der »Ort des Geschehens« ist ein großer klassizistischer Gebäudekomplex der wilhelminischen Epoche im Stil des Historismus mit streng gegliederter Fassade. Er steht am Berliner Landwehrkanal; einige Teile des Komplexes liegen entlang einer Seitenstraße, die früher Bendlerstraße hieß, deren Name heute Stauffenbergstraße lautet. Diese Teile wirken funktional, nüchtern, nicht einladend, eher wie ein alter Bürotrakt, man sieht ihnen die oft zugeschriebene »Geschichtsmächtigkeit« nicht an. Sie versperren den freien Blick auf einen dahinter liegenden lang gestreckten hellen, gepflasterten, heute mit einigen Bäumen bepflanzten Innenhof. Der gesamte Gebäudekomplex ist ein Relikt früherer mächtiger nationaler Bedeutung des Deutschen Reiches bis 1918: Es war der Ort der militärischen Befehls- und Schaltzentrale der Kaiserlichen Marine. Der zweite Stock im Ostflügel der ehemaligen Bendlerstraße war allerdings Schauplatz eines dramatischen Ringens um die Befreiung vom Nationalsozialismus.

Um welche Gebäude handelt es sich hier? Zwischen dem Berliner Landwehrkanal und Tiergarten waren in der Kaiserzeit vor dem Ersten Weltkrieg in der damaligen Königin-Augusta-Straße 38 bis 42, die 1933 in Tirpitzufer umbenannt wurde und heute Reichpietschufer heißt, mehrere Bauten für das Reichsmarineamt entstanden. Im Seitenflügel an der Bendlerstraße, wo vor 1918 das kaiserliche Marinekabinett untergebracht war, befanden sich in der Zeit der Weimarer Republik nach 1918 die neue Reichswehrführung mit den Dienststellen des Chefs der Marineleitung und des Chefs der Heeresleitung. Von 1939 bis 1945 be-

Der Bendlerblock in Berlin, heute Reichpietschufer am Landwehrkanal

fanden sich im Tirpitzufer Teile der Seekriegsleitung des Oberkommandos der Kriegsmarine sowie das Amt Ausland / Abwehr des Oberkommandos der Wehrmacht. Im Ostflügel in der Bendlerstraße waren das Allgemeine Heeresamt sowie der Befehlshaber des Ersatzheeres und Chef der Heeresrüstung unter Generaloberst Friedrich Fromm mit seinen zahlreichen Ämtern und Abteilungen untergebracht. Weitere Dienststellen wurden in den 1938 errichteten hinteren Gebäuden des »Bendlerblocks« (benannt nach dem Bauherrn Johann Bendler) eingerichtet. Der Komplex war das militärische Führungszentrum für das Ersatzheer im Heimatkriegsgebiet seit 1939.

Die Räume im zweiten Stock des Ostflügels waren am 20. Juli 1944 Schauplatz des gescheiterten Staatsstreichs gegen Hitler. Dort ereigneten sich die dramatischen Stunden des militärischen Widerstandes und der Aktion gegen Hitler und sein Regime. Während im »Führerhauptquartier« Wolfschanze bei Rastenburg nur wenige Sekunden bei der Explosion von Stauffenbergs Bombe über Tod oder Leben Hitlers entschieden, wurde im Bendlerblock für mehrere Stunden um das Gelingen des Staatsstreiches gerungen. Hier in der Bendlerstraße suchten Ludwig Beck, Claus Schenk Graf v. Stauffenberg, Friedrich Olbricht, Albrecht Ritter Mertz v. Quirnheim und Erich Hoepner die Alarmbefehle »Walküre« für die einzelnen Wehrkreise im Reichsgebiet und in den besetzten Gebieten in die Praxis durchzusetzen. Von hier aus bemühten sie sich, ihre früheren Kameraden bzw. ihnen bekannte und auch weniger bekannte Generale und Stabsoffiziere von der Richtigkeit ihres Handelns gegen Hitler zu überzeugen und ihnen gegenüber den Diktator für tot zu erklären. Und in diese Räume wurden auch weitere Mitverschwörer und Hitlergegner wie z. B. Berthold Schenk Graf v. Stauffenberg, Peter Graf Yorck v. Wartenburg, Eugen Gerstenmaier, Fritz-Dietlof Graf v. d. Schulenburg und Carl-Hans Graf v. Hardenberg-Neuhardenberg sowie auch einige jüngere oppositionelle Offiziere, wie z. B. Hauptmann Dr. Hans Karl Fritzsche, Leutnant Ewald-Heinrich v. Kleist-Schmenzin, Leutnant Ludwig v. Hammerstein, Hauptmann der Reserve Ulrich Graf Schwerin v. Schwanenfeld und Leutnant Georg-Sigismund v. Oppen rechtzeitig herbeigeholt, um dort am 20. Juli vorbereitete Aufgaben zu übernehmen und Graf Stauffenberg beim Umsturz zu helfen.

Es ist ein glücklicher Umstand, dass an diesem Ort des Umsturzversuches am 20. Juli 1968 die »Gedenk- und Bildungsstätte Stauffenbergstraße« eingerichtet worden ist, deren ständige Ausstellung seit 1989 als Teil der neu konzipierten »Gedenkstätte Deutscher Widerstand« die gesamte Breite und Vielfalt deutscher Widerstandsgruppen gegen Hitler und den Nationalsozialismus präsentiert. Der »Ort des Geschehens« am 20. Juli 1944 blieb dadurch historisch erhalten. Bereits seit 1953 steht auch im Innenhof des Bendlerblocks, wo Graf v. Stauffenberg, Olbricht, Mertz v. Quirnheim und v. Haeften standrechtlich erschossen wurden, das Ehrenmal mit der Gestalt eines gefesselten nackten Jünglings zur Erinnerung an die Widerstandskämpfer gegen Hitler; ebenso erinnert eine 1962 an der Hauswand angebrachte Gedenktafel an die dort erschossenen Offiziere. Der vordere Teil des Bendlerblocks am Reichpietschufer ist heute das Domizil des zweiten Dienstsitzes des Bundesministeriums der Verteidigung in Berlin.

Die Gedenkstätte Deutscher Widerstand ist somit einer der wenigen Kristallisationspunkte der öffentlichen Würdigung des

Widerstandes gegen Hitlers Regime und der jährlich wiederkehrenden offiziellen Gedenkfeiern zum Scheitern des Staatsstreichversuches am 20. Juli 1944. So fand auch 1953 im Hof des Bendler-Gebäudeblocks die beeindruckende zentrale Veranstaltung zum 10-jährigen Gedenken mit Bundespräsident Theodor Heuss statt, in der er die tief empfundene Dankesschuld der Nation für die Widerstandskämpfer im Geiste des »anderen Deutschland« ausdrückte. Allerdings fand die von Heuss vorgegebene Linie nicht sogleich und nicht immer Zustimmung und noch immer fehlen die eigentlich zu erwartenden zahlreichen Mahnmale und Erinnerungsorte für Graf v. Stauffenberg, Olbricht, Mertz, v. Quirnheim oder v. Hofacker und v. Tresckow in der Bundesrepublik Deutschland.

Die zahlreichen Exponate der in mehreren Räumen untergebrachten Ausstellung in der Stauffenbergstraße vermögen auf vielfältige Weise einen gelungenen und fundierten Überblick zum Geschehen des 20. Juli 1944 zu bieten. Es ist gleichwohl zu begrüßen, das neben der Historiographie auch andere Medien sich dem Thema 20. Juli 1944 zuwenden, um die Erinnerung daran wach zu halten. Kurze dokumentarische Filme zeigen in der Ausstellung die dramatischen Ereignisse jenes Tages. Das Medium Film kann hierzu zweifellos einen noch größeren Publikumskreis ansprechen als eine Ausstellung oder eine Publikation. Aber nicht nur Dokumentarfilme, wie sie für Dokumentationszwecke zum 20. Juli 1944 und als filmische Porträts über mehrere Hitlergegner und Verschwörer zusammengestellt wurden (siehe dazu u. a. die Chronos-Filme zum Attentat auf Hitler und über den Widerstandskampf gegen das NS-Regime), sondern auch Spielfilme, wie sie schon vor Jahren z. B. über Admiral Canaris und zum 20. Juli 1944 sowie zum 60. Jahrestag des Attentats mit dem Film »Stauffenberg« von Jo Baier produziert und in den Kinos gezeigt wurden, können einen Einstieg in das damalige Geschehen geben. Sie zeigen anschaulich das vergebliche und verzweifelte Bemühen mehrerer Offiziere und Hitlergegner, die mit aller Kraft versuchten, das militärische und politische Schicksal des Deutschen Reiches dem Diktator Hitler aus der Hand zu nehmen.

Die in diesem Band präsentierten Erklärungen machen deutlich, dass es nicht darum geht, Stauffenberg und seine Mitverschwörer auf ein unangreifbares, hoch herausgehobenes Heldenpodest zu stellen oder zu glorifizieren. Sie vermögen allerdings einen Beitrag zu leisten, das Attentat gegen Hitler vom 20. Juli 1944 im Rahmen des Kampfes gegen den Nationalsozialismus als verbrecherisches Herrschaftssystem in die große Breite und Vielfalt des deutschen Widerstandes einzuordnen und zugleich als sichtbares Zeichen des »anständigen Deutschlands« mitten im Krieg besonders zu werten. Es war zweifellos »der entscheidende Wurf« unter Einsatz des Lebens »vor der Welt und vor der Geschichte«, wie es Generalmajor Henning v. Tresckow und Generaloberst Ludwig Beck formulierten, um zu zeigen, dass das »andere Deutschland« sich am 20. Juli 1944 gegen Hitler auflehnte.

Dieser Band soll angesichts der schon lange umfassend ausgewerteten Quellen zum Widerstand keine neue Forschungsinterpretation bieten oder eine neue Biographie über Claus Graf v. Stauffenberg präsentieren. Dazu liegen bereits fundierte Studien vor. Schwerpunkt [...] ist es, den Hintergrund des 20. Juli 1944 zu beleuchten und ergänzende Erläuterungen sowie Erklärungen zum Ablauf des Stauffenbergschen Sprengstoffanschlags und Staatsstreichversuches zu geben. Dabei ist es hier nur skizzenhaft möglich, auf die Rahmenbedingungen und die Vorgeschichte für den militärischen Staatsstreich gegen Hitler im Juli 1944 hinzuweisen. Mehrere Studien und Forschungen haben inzwischen dokumentiert, dass es militärischen Widerstand nicht erst am 20. Juli 1944, sondern schon in früheren Jahren gab, als Pläne und Überlegungen entwickelt wurden, um sich gegen Hitlers Politik zu stemmen, insbesondere als er bewusst eine gezielte Kriegspolitik betrieb. Seitdem Soldaten und Offiziere ab August 1934 auf den »Führer und Reichskanzler« Adolf Hitler als Obersten Oberbefehlshaber einen persönlichen Fahneneid leisten mussten, war es für viele Oppositionelle psychologisch wichtig, dass der Diktator beim Umsturz getötet wurde, um gleichsam

Claus Schenk Graf v. Stauffenberg

einen eidfreien Zustand zu schaffen, in dem sich nicht nur Soldaten und Offiziere, sondern auch andere Staatsbedienstete, wie z. B. Polizeiangehörige und Beamte, von ihrem Eid auf Hitler befreit fühlen und sich am Staatsstreich beteiligten konnten. Erst Hitlers Tod schuf für viele die notwendige Voraussetzung und Möglichkeit, um überhaupt gegen das gesamte NS-Regime aufzustehen und es zu stürzen.

Die Aufgabe und Initialzündung, Hitler in seinem jeweiligen Hauptquartier oder bei anderer Gelegenheit zu töten, sollten Militärs übernehmen, die dafür das Instrumentarium und die entsprechenden Möglichkeiten besaßen. Die Militäropposition als lose Gruppe von Hitlergegnern bestand schon seit 1938. Sie verkleinerte und vergrößerte sich im Laufe der Zeit nach Kriegsbeginn – zum Teil auch abhängig von den militärischen Erfolgen und Siegen der Hitlerschen Politik und Kriegführung. Hitlers militärische Erfolge erschwerten es zweifellos öfters einzelnen Hitlergegnern, sich von ihm bewusst abzuwenden und ihn konspirativ zu bekämpfen, zumal man nicht wusste, wie sich die übrige Bevölkerung, insbesondere die Arbeiterschaft, bei einem Staatstreich gegen die NS-Herrschaft verhalten würde. Es dauerte einige Zeit, bis bekannte Arbeiter- und frühere SPD-Führer, wie z. B. Julius Leber und Wilhelm Leuschner, einen engen Kontakt zu den Hitlergegnern im »Kreisauer Kreis« und zum Kreis um Generaloberst a. D. Ludwig Beck, Carl Friedrich Goerdeler und Oberst Stauffenberg hatten, um den Anteil des Arbeiterwiderstandes einzubringen. Einige Offiziere, die schon 1938 und 1939/40 zur Militäropposition zählten, hielten trotz militärischer Erfolge in den ersten beiden Kriegsjahren an ihrer Gegnerschaft zu Hitler konstant fest und waren auch 1943/44 wieder dabei, als man mit den umfunktionierten »Walküre«-Plänen endlich eine neue Plattform für einen Staatsstreich und in Oberst Graf v. Stauffenberg einen energischen Attentäter fand, der es schließlich wagte, am 20. Juli 1944 auf Hitler einen Sprengstoffanschlag auszuführen und mit seinen Freunden, Bekannten und Mitverschwörern den Staatsstreich gegen Hitlers Diktatur zu unternehmen. Stauffenberg war die entscheidende handelnde Person sowohl in Rastenburg als auch in Berlin. Trotz vielfacher Vorbereitungen blieb die zentrale Frage offen, ob er nach einem

Attentat aus dem »Führerhauptquartier« überhaupt wieder herauskommen und rechtzeitig in Berlin sein konnte, um dort die Befehle für den Staatstreich voranzutreiben. Diese Spannung konnte erst am 20. Juli 1944 gelöst werden; sie zeigte sich auch als ein Kampf um die Zeit beim Ablauf des Geschehens am Attentatstag.

Um gerade die verschiedenen örtlichen und zeitlichen Rahmenbedingungen des Attentats und Staatsstreichs verfolgen zu können, ist der 20. Juli 1944 aus unterschiedlichen Perspektiven zu betrachten. Es werden deshalb im Buch nicht nur das Geschehen in den beiden Orten Rastenburg und Berlin, sondern auch die Ereignisse in Paris, Wien und Prag sowie die militärische Situation des Deutschen Reiches im Juli 1944 geschildert; ebenso werden verschiedene Personen der Militäropposition gegen Hitler und die Frauen der Verschwörer vorgestellt. Darüber hinaus skizziert der Band den Umfang des Widerstands insgesamt sowie die Folgen des misslungenen Attentats bis zum Mai 1945. Ein abschließendes Kapitel bietet einen Überblick zur Rezeption und Bewertung des »20. Juli« und der Militäropposition gegen Hitler nach 1945. Dass dieses Buch in vielfältiger und breiter Ausstattung möglich ist, ist dem Verlag zu danken. Ich danke insbesondere Frau Nina Bschorr und den Mitarbeiterinnen und Mitarbeitern vom Lektorat des S. Fischer Verlages für die engagierte Unterstützung bei der Herstellung des Buches. Autor und Verlag danken ferner den zahlreichen Bildgebern und Archiven, insbesondere der Gedenkstätte Deutscher Widerstand in Berlin sowie deren Mitarbeiterinnen und Mitarbeitern für die gewährte Unterstützung.

Freiburg, Januar 2004 Gerd R. Ueberschär

1. Der 20. Juli 1944. Chronik der Ereignisse im »Führerhauptquartier« Wolfschanze (Ostpreußen) und in Berlin

Donnerstag, 20. Juli 1944:

7.00 Uhr Berlin: Gegen 7.00 Uhr Abflug von Oberst i. G. Claus Schenk Graf v. Stauffenberg, Chef des Stabes beim Chef der Heeresrüstung und Befehlshaber des Ersatzheeres, mit seinem Adjutanten, Oberleutnant Werner v. Haeften, und Generalmajor Hellmuth Stieff, der ebenfalls in der Maschine mitflog, nach Rastenburg in Ostpreußen.

10.15 Uhr »Führerhauptquartier« Wolfschanze: Einfahrt von Stauffenberg und Haeften in den Wachbereich des »Führerhauptquartiers« Wolfschanze bei Rastenburg in Ostpreußen nach ihrer PKW-Fahrt vom Flugplatz des »Führerhauptquartiers« beim Gut Wilhelmsdorf.

10.30 Uhr »Führerhauptquartier« Wolfschanze: Frühstück von Stauffenberg und Haeften vor dem Kasino im Sperrkreis II mit Rittmeister Leonhard v. Möllendorff, Adjutant des Kommandanten des »Führerhauptquartiers«, sowie anderen Offizieren.

Gegen 11.00 Uhr: »Führerhauptquartier« Wolfschanze: Dienstbesprechung Stauffenbergs und Haeftens in der Baracke des Chefs des Wehrmachtführungsstabes im OKW im Sperrkreis I mit General der Infanterie Walther Buhle, Chef des Heeresstabes beim OKW, und Generalleutnant Henning v. Thadden, Befehlshaber im Wehrkreis I (Königsberg).

Gegen 11.30 Uhr »Führerhauptquartier« Wolfschanze: Stauffenberg meldet sich bei Generalfeldmarschall Wilhelm Keitel, Chef des Oberkommandos der Wehrmacht.

Kurz nach 12.00 Uhr Berlin: Der Stadtkommandant von Berlin, Generalleutnant Paul v. Hase, wird von Major i. G. Egbert Hayessen über das beabsichtigte Attentat unterrichtet.

Gegen 12.30 Uhr Berlin: Generalleutnant v. Hase fordert vom Berliner Polizeipräsidenten, Graf v. Helldorf, einige Kriminalbeamte an, die über die Lage in den verschiedenen Ministerien informiert sind.

In der Bendlerstraße finden sich mehrere Verschwörer ein, u. a. Hauptmann Ulrich Wilhelm Graf Schwerin v. Schwanenfeld, Generaloberst a. D. Erich Hoepner und später auch der Berliner Polizeivizepräsident Fritz-Dietlof Graf v. d. Schulenburg, Oberregierungsrat Peter Graf Yorck v. Wartenburg, Eugen Gerstenmaier und Marineoberstabsrichter Berthold Schenk Graf v. Stauffenberg.

Kurz vor 12.30 Uhr »Führerhauptquartier« Wolfschanze: Stauffenberg und Haeften begeben sich unter dem Vorwand, sich für die Lagebesprechung bei Hitler frisch machen und das Hemd wechseln zu wollen, in das Schlafzimmer von Major Ernst John v. Freyend, Adjutant von Generalfeldmarschall Keitel. Stauffenberg aktiviert mit einer für ihn zurechtgebogenen Spezialzange den Zeitzünder der Sprengladung. Es gelingt Stauffenberg und Haeften, der ihm beim Wechseln des Hemdes helfen soll, nur bei einer der beiden vorgesehenen je einen Kilogramm wiegenden Sprengladungen, die Säurekapsel für den Start der Zündung zu zerdrücken. Nach dem Scharfmachen der ersten Ladung und deren Unterbringung in Stauffenbergs Aktentasche werden sie von Oberfeldwebel Werner Vogel gestört, der sie im Auftrag von Major John v. Freyend zur Eile wegen der Lagebesprechung drängt. Die zweite Sprengladung bleibt in Haeftens Aktentasche zurück. Stauffenberg geht dann zu Fuß zu der 400 Meter von dem Gebäude des Chefs des Oberkommandos der Wehrmacht gelegenen Lagerbaracke. Die Lagebesprechung bei Hitler hat soeben begonnen. Über 20 Personen befinden sich in der Baracke. Der Chef der Operationsabteilung des Generalstabes des Heeres, Generalleutnant Adolf Heusinger, hält Vortrag zur Lage an der Ostfront.

12.37 Uhr »Führerhauptquartier« Wolfschanze: Keitel stellt Stauffenberg Hitler vor und meldet, dass dieser über den Einsatz von so genannten Sperrdivisionen berichten wird. Stauffenberg stellt seine Tasche mit der Sprengladung in die Nähe Hitlers rechts neben dem rechten Tischsockel. Es gelingt ihm offensichtlich nicht, die Tasche links vom Tischsockel, also näher zu Hitler abzustellen. Er verlässt unter dem Vorwand, nochmals rasch telefonieren zu müssen, wieder den Raum.

Etwa 12.40 Uhr »Führerhauptquartier« Wolfschanze: Stauffenberg verlässt den inneren Sperrkreis und eilt zum Zimmer des Wehrmachtnachrichtenoffiziers in der Adjutantur der Wehrmacht beim »Führer«, Oberstleutnant Ludolf Gerhard Sander. Dort wartet Haeften. Er trifft ferner den General der Nachrichtentruppe und Mitverschwörer, Erich Fellgiebel. Sander bestellt für Stauffenberg und Haeften sogleich einen Wagen, der mit Leutnant Erich Kretz als Fahrer bereitsteht.

12.42 Uhr »Führerhauptquartier« Wolfschanze: Heftige Explosion der von Stauffenberg deponierten Sprengladung. Von den 24 Personen in der Lagebaracke, die fast alle zu Boden geworfen werden, erleiden vier tödliche Verletzungen. Die anderen werden leicht oder schwer verletzt. Hitler überlebt das Attentat mit leichten Hautabschürfungen und Prellungen. Stauffenberg beobachtet die heftige Detonation aus 200 Meter Entfernung.

12.44 Uhr »Führerhauptquartier« Wolfschanze: Unter dem Vorwand, nicht mehr an der Lagebesprechung teilnehmen zu müssen, sondern sofort das Mittagessen mit dem Kommandanten des »Führerhauptquartiers«, Oberstleutnant Gustav Streve, einnehmen zu wollen, verlassen Stauffenberg und Haeften mit dem Fahrzeug den Sperrkreis I. Stauffenbergs Ausweis wird von dem wachhabenden Offizier anerkannt, er war diesem bekannt, sodass kein Verdacht geschöpft wurde.

12.45 Uhr »Führerhauptquartier« Wolfschanze: Auslösung des Alarms für beide Sperrkreise. Stauffenberg wird an der »Außenwache Süd« aufgehalten, erhält aber von Rittmeister Leonhard v. Möllendorf, dem er gut bekannt ist, nach telefonischer Rücksprache die Erlaubnis zu passieren.

Kurz vor 13.00 Uhr »Führerhauptquartier« Wolfschanze: Stauffenberg und Haeften verlassen »Wolfschanze« und fahren in Richtung Gut Wilhelmsdorf zum Flugplatz. Unterwegs wirft Haeften die zweite in Packpapier eingeschlagene, nicht gezündete Sprengladung aus dem Wagen. Dies wird vom Fahrer beobachtet.

Gegen 13.00 Uhr »Führerhauptquartier« Wolfschanze: General Fellgiebel verhängt eine Nachrichtensperre über das »Führerhauptquartier«. Dies betrifft aber nicht die Nachrichtenverbindungen der SS. Die Nachrichtensperre kann nicht vollkommen durchgeführt werden. Reichspropagandaminister Goebbels erhält kurz nach 13.00 Uhr in Berlin von dem Attentat Kenntnis; er erfährt aber keine näheren Angaben.

13.15 Uhr Flugplatz Wilhelmsdorf des »Führerhauptquartiers«: Stauffenberg und Haeften starten zum Rückflug nach Berlin mit einem Flugzeug He 111, das auf Befehl des Generalquartiermeisters, General der Artillerie Eduard Wagner, bereitgestellt worden war. General Fellgiebel und Oberst i. G. Kurt Hahn, Chef des Stabes beim Chef Heeresnachrichtenwesen, rufen Generalleutnant Fritz Thiele, Chef Wehrmachtnachrichtenverbindungen, in Berlin an. Sie melden bereits das Misslingen des Attentats und teilen mit, dass Hitler nur leicht verletzt worden sei.

13.45 Uhr »Führerhauptquartier« Wolfschanze: Reichsführer SS, Heinrich Himmler, trifft im Sperrkreis ein. Der Verdacht richtet sich zunächst gegen im »Führerhauptquartier« beschäftigte Arbeiter der »Organisation Todt« als Verursacher des Anschlags.

Kurz vor 14.00 Uhr Generalleutnant Wilhelm Burgdorf trifft im »Führerhauptquartier« ein, um die Geschäfte des beim Attentat tödlich verletzten Chefs des Heerespersonalamtes, Generalleutnant Rudolf Schmundt, zu übernehmen. Himmler fordert vom Geheimen Staatspolizeiamt (SS-Obergruppenführer Heinrich Müller) in Berlin Gestapo und Kriminalpolizei zur Aufklärung des Attentats an. Da Stauffenbergs rasches Verschwinden auffällt, richtet sich der Verdacht nunmehr gegen ihn als Attentäter. Himmler gibt Weisung, ihn bei der Landung auf dem Flugplatz Rangsdorf festzunehmen.

13.55 Uhr Berlin: Der Mitverschwörer Regierungsrat Hans Bernd Gisevius ruft im Reichskriminalamt den Reichskriminaldirektor, SS-Gruppenführer Arthur Nebe, an, um sich über die Situation im »Führerhauptquartier« näher zu informieren. Er verfügt jedoch noch über keine detaillierten Berichte.

Gegen 14.30 Uhr: Berlin informiert Oberst i. G. Finckh in Paris über das Stichwort »Abgelaufen« (Attentat vollzogen). Finckh fährt daraufhin nach St. Germain zu Generalleutnant Günther Blumentritt, dem Chef des Generalstabes des Oberbefehlshabers West, um ihn zu unterrichten. Danach beginnt die Umsturzaktion in Paris.

Gegen 15.00 Uhr Berlin: Stauffenberg und Haeften landen in Rangsdorf. Sie werden dort nicht verhaftet, wie es Himmler wünschte. Haeften gibt telefonisch die Nachricht vom Tod Hitlers an die Verschwörer in der Bendlerstraße in Berlin durch.

15.15 Uhr Berlin: Generalleutnant Thiele überbringt die Nachricht aus Rastenburg, die er von General Fellgiebel und Oberst Hahn erfahren hatte, dass bei einer Explosion im »Führerhauptquartier« mehrere Personen getötet worden seien, Hitler aber lebe. General Olbricht wartet mit der Auslösung der Alarmmaßnahmen für »Walküre« ab. Er will erst Gewissheit über den Tod Hitlers haben, um nicht, wie schon einmal am 15. Juli, vergeblich zu alarmieren.

Kurz vor 16.00 Uhr Berlin: General Olbricht löst die ersten Alarmmaßnahmen nach dem Plan »Walküre« mit dem Stichwort »Deutschland« für das Ersatzheer aus. Er meldet dem Chef der Heeresrüstung und Befehlshaber des Ersatzheeres, Generaloberst Friedrich Fromm, der »Führer« sei tot; »Walküre« müsse ausgelöst werden, um die vollziehende Gewalt im Reich zu übernehmen. Fromm ruft im »Führerhauptquartier« an und erfährt von Feldmarschall Keitel, dass Hitler den Anschlag überlebt habe und nur leicht verletzt sei.

Gegen 16.00 Uhr »Führerhauptquartier« Wolfschanze: Die von General Fellgiebel bislang verhängte Nachrichtensperre wird wieder aufgehoben.

Ab 16.00 Uhr: Vom »Führerhauptquartier« werden die Wehrkreiskommandos telefonisch oder über Funk vom Scheitern des Attentats unterrichtet; es werden zudem erste Gegenbefehle gegen General Olbrichts Anweisungen für »Walküre« herausgegeben.

16.10 Uhr »Führerhauptquartier« Wolfschanze: Keitel meldet Hitler, dass Fromm sich nach der Situation nach dem Attentat erkundigt habe.

Italiens »Duce« Benito Mussolini trifft mit einem Sonderzug auf dem Bahnhof des »Führerhauptquartiers« ein und besucht Hitler.

Kurz nach 16.10 Uhr Berlin: Das Wachbataillon »Großdeutschland« unter Major Otto Ernst Remer erhält das Alarmstichwort. für »Walküre«. Remer fährt zur Einweisung zum Stadtkommandanten, Generalleutnant Paul v. Hase. Alarmiert werden ferner die Heeresfeuerwerkerschule, Heereswaffenmeisterschule und die Landesschützenbataillone 311 und 320.

16.20 Uhr Berlin: Nach seiner Unterrichtung über das gescheiterte Attentat durch Keitel befiehlt Fromm, »Walküre« nicht einzuleiten. Generaloberst a. D. Beck trifft in Zivil in der Bendlerstraße ein.

16.30 Uhr Berlin: Hauptmann Friedrich Karl Klausing vom Allgemeinen Heeresamt überbringt dem Leiter des Nachrichtendienstes des Oberkommandos der Wehrmacht, Leutnant Röhrig, ein Fernschreiben: »Der Führer ist tot«. Nach Abänderung der ersten Zeile in »Innere Unruhen« durch Klausing wird das Fernschreiben zwischen 17.35 Uhr und 21.03 Uhr mit höchster Dringlichkeitsstufe als geheime Kommandosache an zahlreiche militärische Dienststellen versandt.

16.30 Uhr Berlin: Für die Panzer-Ersatzbrigade Döberitz wird »Walküre« befohlen.

16.30 Uhr bis 17.00 Uhr Berlin: Stauffenberg und Haeften treffen endlich in der Bendlerstraße ein. Stauffenberg macht Fromm Meldung, bekennt sich zum Attentat. Er berichtet vom Tod Hitlers. Olbricht meldet Fromm zudem, dass er bereits »Walküre« ausgelöst habe. Fromm weigert sich, die Verschwörer zu unterstützen. Daraufhin nehmen ihn die Verschwörer fest. Beck fordert dazu auf, so zu handeln, als ob Hitler tot sei.

Gegen 16.45 Uhr Berlin: Major Remer kehrt zu seinem Bataillon zurück. Er hat den Auftrag, das Regierungsviertel abzuriegeln.

Gegen 17.00 Uhr »Führerhauptquartier« Wolfschanze: Himmler befiehlt dem Reichssicherheitshauptamt in der Prinz-Albrecht-Straße in Berlin, Stauffenberg in der Bendlerstraße unauffällig festnehmen zu lassen. Keitel versucht vergeblich, mit Fromm oder Olbricht in Berlin Verbindung zu bekommen.

17.00 Uhr Berlin: General der Infanterie Joachim v. Kortzfleisch, Kommandierender General des Wehrkreises III, Berlin, erscheint in der Bendlerstraße. Als er sich weigert, den neuen Befehlen Folge zu leisten, lässt Beck ihn festnehmen. Generalleutnant Karl Freiherr v. Thüngen übernimmt den Befehl über das Generalkommando.

Nach 17.00 Uhr »Führerhauptquartier« Wolfschanze: Es werden Meldungen im Rundfunk veranlasst, die vom Attentat berichten und verkünden, dass Hitler lebt und nur leicht verletzt sei.

Nach 17.00 Uhr Berlin: Beck ernennt Generaloberst a. D. Hoepner zum Befehlshaber des Ersatzheeres. SS-Oberführer Achamer-Pifrader, der den Auftrag hat, Stauffenberg zu verhaften, wird von den Verschwörern in der Bendlerstraße festgenommen.

17.20 Uhr »Führerhauptquartier« Wolfschanze: Gespräch zwischen Hitler und Goebbels. Goebbels soll eine Rundfunkmeldung senden lassen, dass ein Attentat verübt worden sei, Hitler den Anschlag aber überlebt habe.

17.00 bis 17.30 Uhr Berlin: Major Remer weist die Offiziere seines Bataillons in die befohlenen Aufträge ein. Leutnant Hagen, der durch die Mitteilung Remers über den Grund für die befohlenen Alarmmaßnahmen Verdacht geschöpft hat, erhält die Erlaubnis, sich bei Goebbels zu informieren. Er berichtet Goebbels über das Anlaufen von »Walküre«. Goebbels lässt Remer zu sich kommen, um ihn über die wahre Lage aufzuklären. Eine Ausbildungseinheit der »SS-Leibstandarte Adolf Hitler« wird durch Goebbels in der ehemaligen Kadettenanstalt in Berlin-Lichterfelde alarmiert. Remer fährt erneut zum Stadtkommandanten von Berlin.

Bis 17.30 Uhr Berlin: Die außerhalb Berlins liegenden Truppen (Infanterieschule Döberitz, Panzertruppenschule Wünsdorf, Artillerieschule Jüterbog und Schule für Schnelle Truppen Krampnitz) werden alarmiert.

17.50 Uhr Berlin: Hauptmann Klausing überbringt der Nachrichtenzentrale ein Fernschreiben, wonach die vollziehende Gewalt in den Wehrkreisen den stellvertretenden Kommandierenden Generalen und Wehrkreisbefehlshabern übertragen wird. Das Fernschreiben wird danach bis 21.22 Uhr an die entsprechenden vorgesehenen Stellen verschickt. Die Wehrkreise in München und Danzig erhalten es jedoch nicht.

Gegen 18.00 Uhr »Führerhauptquartier« Wolfschanze: Mussolini beendet seinen Besuch und verlässt wieder die »Wolfschanze«. Hitler spricht mit Goebbels erneut über die Rundfunkmeldung.

18.00 Uhr Berlin: Haeften übergibt Leutnant Röhrig das Fernschreiben, das die zweite Stufe des »Walküre«-Planes auslösen soll. Es wird bis 23.00 Uhr abgesetzt.

Nach 18.00 Uhr »Führerhauptquartier« Wolfschanze: Hitler ernennt Reichsführer SS Heinrich Himmler als Nachfolger Fromms zum Befehlshaber des Ersatzheeres und Chef der Heeresrüstung. Generaloberst Heinz Guderian wird als Nachfolger von Generaloberst Zeitzler mit der Wahrnehmung der Geschäfte des Chefs des Generalstabes des Heeres beauftragt.

Nach 18.00 Uhr Berlin: Die zur Besprechung bei Fromm eintreffenden Amtsgruppenchefs, Generalleutnant Karl-Wilhelm Specht, General der Pioniere Walter Kuntze und Generalmajor Wilhelm Strecker, werden vorübergehend festgenommen. Gegen 20.30 Uhr können sie wieder entkommen.

18.30 Uhr Berlin: Das Wachbataillon »Großdeutschland« hat das Regierungsviertel abgeriegelt.

Um 18.45 Uhr Berlin: Leutnant Röhrig in der Nachrichtenzentrale erhält das Fernschreiben mit der Ernennung von Generaloberst Hoepner zum Befehlshaber des Ersatzheeres und Oberbefehlshaber des Heimatkampfgebietes. Es wird allerdings erst zwischen 20.20 Uhr und 21.15 Uhr an einen Teil der Adressaten abgesetzt.

Oberst Wolfgang Glaesemer, Kommandeur der Panzertruppenschule II in Krampnitz, wird in der Bendlerstraße von den Verschwörern festgenommen. Er kann gegen 22.00 Uhr wieder entkommen.

Gegen 19.00 Uhr: Berlin: Major Remer meldet sich bei Goebbels und wird von diesem telefonisch mit Hitler verbunden. Hitler befiehlt Remer, den Militärputsch niederzuwerfen. Remer wird dazu Hitler direkt unterstellt und nimmt seinen Befehlsstand im Vorzimmer von Goebbels ein.

Gegen 19.00 Uhr Berlin: Generaloberst Beck telefoniert mit General der Infanterie Carl-Heinrich v. Stülpnagel in Paris. Stülpnagel sichert ihm Unterstützung zu. Im Telefonat Becks mit Generalfeldmarschall v. Kluge will dieser zuerst Gewissheit über den Tod Hitlers haben, bevor er zum Handeln bereit ist. Kluge weicht Becks Frage aus, ob er auf jeden Fall zu handeln bereit wäre. Er will erst Klarheit über die Lage gewinnen, bevor er handelt.

Nach 19.00 Uhr Berlin: Die Organisationsabteilung des Oberkommandos des Heeres meldet aus Rastenburg, dass das Attentat missglückt sei. Mehrere Anrufer aus den Stellvertretenden Generalkommandos im Reich wollen Gewissheit über die Situation haben. Stauffenberg erklärt wiederholt, dass Hitler tot sei und das Heer die vollziehende Gewalt übernommen habe.

19.15 Uhr Berlin: Leutnant Röhrig erhält ein weiteres Fernschreiben, wonach das Rundfunkkommuniqué nicht zutreffe, denn Hitler sei tot. Es wird bis 20.12 Uhr abgesetzt. Leutnant Röhrig meldet seinem Abteilungschef, Oberst Otto Köllner, dass er Bedenken habe und bereits verschiedene Verzögerungsmaßnahmen bei der Absetzung der Fernschreiben durchgeführt habe.

20.00 Uhr »Führerhauptquartier« Wolfschanze: Der Oberbefehlshaber der Kriegsmarine, Großadmiral Karl Dönitz, gibt einen Aufruf an die Kriegsmarine über den »heimtückischen Mordanschlag auf den Führer« heraus.

Gegen 20.00 Uhr: Berlin: Die auf dem Fehrbelliner Platz in Berlin eingetroffene Panzer-Ersatzbrigade erhält vom Chef des Stabes des Generalinspekteurs der Panzertruppe, Generalmajor Wolfgang Thomale, den Befehl, den Putsch niederzuschlagen. Im Reichspropagandaministerium trifft der Chef des Reichssicherheitshauptamtes, SS-Obergruppenführer Ernst Kaltenbrunner, ein; er wird von Goebbels informiert.

20.15 Uhr Berlin: Generalfeldmarschall v. Witzleben verlässt die Bendlerstraße. Er hält den Umsturzversuch für misslungen.

20.20 Uhr bis 21.02 Uhr Berlin: Weitere Fernschreiben der Verschwörer über die Standrechtsverordnungen Nr. 1–5 werden der

Nachrichtenzentrale übergeben. Sie werden aber nicht mehr abgeschickt.

20.20 Uhr »Führerhauptquartier« Wolfschanze: Keitel schickt ein Fernschreiben an alle Wehrkreisbefehlshaber. Er befiehlt, dass nur noch den Befehlen des neuen Befehlshabers des Ersatzheeres, Reichsführer SS Himmler, Folge zu leisten ist.

20.35 Uhr Berlin: Die Nachrichtenzentrale in der Bendlerstraße empfängt das Fernschreiben Keitels, in dem mitgeteilt wird, dass Himmler zum Befehlshaber des Ersatzheeres ernannt worden ist. General Olbricht untersagt die Weitergabe des Fernschreibens.

Um 21.00 Uhr Berlin: Der Bendlerblock wird von Teilen des Berliner Wachbataillons besetzt.

Gegen 21.15 Uhr Berlin: Eine Rundfunkansage kündigt an, dass Hitler bald zum deutschen Volk sprechen wird.

21.25 Uhr bis 22.00 Uhr Berlin: Keitels Fernschreiben von 20.35 Uhr, dass Himmler zum Nachfolger Fromms ernannt worden sei, wird vom Leiter der Nachrichtenzentrale in der Bendlerstraße durch Funk an verschiedene Stellen weitergeleitet.

Die bis dahin abgesetzten Fernschreiben werden nun für ungültig erklärt.

Gegen 21.30 Uhr Berlin: Generalleutnant v. Hase wird verhaftet.

21.40 Uhr »Führerhauptquartier« Wolfschanze: Großadmiral Dönitz erteilt Befehl zur Verhaftung von Marineoberstabsrichter Berthold Schenk Graf v. Stauffenberg, dem Bruder des Attentäters.

Nach 22.00 Uhr Berlin: Oberst i. G. Graf Stauffenberg unterrichtet Oberst i. G. v. Linstow in Paris, dass der Umsturzversuch in Berlin misslungen sei.

22.30 Uhr Berlin: General Olbricht befiehlt mehreren Offizieren, den Schutz des Gebäudes in der Bendlerstraße zu übernehmen.

Nach 22.30 Uhr Berlin: Unter Führung der Oberstleutnante i. G. Karl Pridun, Bolko v. d. Heyde und Franz Herber sammelt sich eine Gruppe von Offizieren, die in die Verschwörung nicht eingeweiht waren, in der Bendlerstraße zur Klärung der Lage und zum Gegenstoß gegen die Verschwörer.

22.50 Uhr Berlin: Der »bewaffnete Gegenstoß« im Bendlerblock endet mit der Befreiung Fromms. Generaloberst Fromm lässt nun die Verschwörer verhaften und verkündet sein »standgerichtliches Urteil« wegen »Hoch- und Landesverrat« gegen Olbricht, Graf Stauffenberg, Ritter Mertz v. Quirnheim und v. Haeften.

22.40 Uhr: Die angelaufenen Alarmmaßnahmen in Wien und Prag werden gestoppt.

23.00 Uhr »Führerhauptquartier« Wolfschanze: General der Nachrichtentruppe Erich Fellgiebel und Generalmajor Helmuth Stieff werden verhaftet.

Gegen 23.15 Uhr Berlin: Teile des Wachbataillons »Großdeutschland« besetzen den Bendlerblock.

Zwischen 23.15 Uhr und 23.45 Uhr Berlin: Generaloberst a. D. Ludwig Beck erhält Gelegenheit zur Selbsttötung und wird nach Misslingen von einem Feldwebel erschossen.

Mehrere Verschwörer wie Graf v. d. Schulenburg, Graf Yorck v. Wartenburg, Hoepner und Berthold Graf Schenk v. Stauffenberg werden verhaftet. Einige andere Verschwörer können das Gebäude noch verlassen.

21. Juli 1944 – 00.15 Uhr bis 00.30 Uhr Berlin: Im Hof des Bendlerblocks werden General der Infanterie Friedrich Olbricht, Oberleutnant Werner v. Haeften, Oberst i. G. Albrecht Ritter Mertz v. Quirnheim und Oberst i. G. Claus Schenk Graf v. Stauf-

fenberg durch ein Sonderkommando von zehn Unteroffizieren unter der Führung von Leutnant Werner Schady erschossen. Stauffenberg stirbt mit dem Ruf: »Es lebe das heilige Deutschland!«

21. Juli 1944 – 00.10 Uhr bis 00.21 Uhr Berlin: Generaloberst Fromm sendet aus dem Bendlerblock ein Fernschreiben an alle Wehrkreiskommandos und teilt mit, dass der Putschversuch blutig niedergeschlagen worden sei.

21. Juli 1944 – Kurz vor 1.00 Uhr Berlin: Hitler, Göring und Dönitz sprechen im Rundfunk.

Die zeitliche Zusammenfassung stützt sich auf Angaben der Gedenkstätte Deutscher Widerstand Berlin und aus: Kurt Finker / Annerose Busse: Stauffenberg und der 20. Juli 1944. Berlin-Ost 1984; Peter Hoffmann: Die Sicherheit des Diktators. Hitlers Leibwachen, Schutzmaßnahmen, Residenzen, Hauptquartiere. München 1975; ders.: Widerstand, Staatsstreich, Attentat. Der Kampf der Opposition gegen Hitler. München 1985; ders.: Claus Schenk Graf von Stauffenberg und seine Brüder. Stuttgart 1992; Joachim Kramarz: Claus Graf Stauffenberg. 15. November 1907–20. Juli 1944. Das Leben eines Offiziers. Frankfurt am Main 1965; Bodo Scheurig: Claus Graf Schenk von Stauffenberg. Berlin 1964; ders.: Henning von Tresckow. Eine Biographie. Oldenburg 1973; »Spiegelbild einer Verschwörung«. Die Opposition gegen Hitler und der Staatsstreich vom 20. Juli 1944 in der SD-Berichterstattung. Geheime Dokumente aus dem ehemaligen Reichssicherheitshauptamt. Hrsg. v. Hans-Adolf Jacobsen. Stuttgart 1984; Heinrich Walle: Der 20. Juli 1944. Eine Chronik der Ereignisse von Attentat und Umsturzversuch. In: Widerstand gegen den Nationalsozialismus. Bonn 1994, S. 364–376; Eberhard Zeller: Geist der Freiheit. Der 20. Juli. München 1963.

2. Historischer Abriss: Von den ersten militärischen Umsturzplänen zur Operation »Walküre« am 20. Juli 1944

Eigentlich war es ungewöhnlich, dass ein Offizier im Zweiten Weltkrieg seinen Urlaub von der Front dazu benutzte, um dienstliche Anordnungen, Verfügungen und Befehle für eine andere Dienststelle im Heimatkriegsgebiet zu überarbeiten oder neu zu erstellen, wie es Oberst Henning v. Tresckow im Sommer 1943 in Berlin tat. Allerdings fiel dies auch nicht sonderlich in der Reichshauptstadt auf, denn zu dieser Zeit kam es immer wieder zu vielen Kommandierungen und vorübergehenden Versetzungen von Frontoffizieren in die in und um Berlin liegenden Kommandozentralen von Wehrmacht, Heer oder Luftwaffe. Zudem war das alltägliche Erscheinungsbild der Reichshauptstadt durch zahlreiche Uniformierte und Wehrmachtsangehörige verschiedener Dienststellen bestimmt.

Brisant war allerdings, dass Tresckow diese Arbeit für Widerstandskreise gegen Hitlers Herrschaft ausführte. Es ging darum, ausgewählte Wehrmachtstruppen im Berliner Raum und im übrigen Reichsgebiet als Machtmittel bei einem Umsturzversuch gegen das NS-Regime einsetzen zu können. Denn seit der verstärkten militärischen Aufrüstung des Dritten Reiches und vor allem seit Kriegsbeginn war es für viele Widerstandskreise gegen Hitler und seine Herrschaft klar, dass die Wehrmacht und das Offizierskorps als die entscheidenden Instrumente mit den nötigen Machtmitteln zum Umsturz anzusehen waren [1], da nur sie über die Ressourcen für den direkten Kampf im Falle eines Staatsstreichversuches gegen Hitlers Staatsmacht verfügten. Wiederholt bemühten sich die Verschwörer der Militäropposition, über den detaillierten Ablauf eines Umsturzversuches und dessen praktische Durchführung sich Klarheit zu verschaffen.

Dass die Frage nach Erfolg versprechender Vorbereitung des Aufstandsversuches durch die mitbeteiligten Militärs in den ersten Jahren der Hitleropposition ein zentrales Problem war, zeigte sich schon 1938/39. Damals bemühten sich die an der Opposition gegen Hitler beteiligten Generalstabschefs Beck und Halder, eine zuverlässige Truppe im Raum Berlin für den Umsturz in die Hand zu bekommen, ohne dass dies der NS-Führung sogleich auffiel und deren Misstrauen hervorrief. Schwierig war, dass Beck und Halder als jeweilige Chefs des Generalstabes des Heeres über kein Kommando über einen größeren Truppenverband verfügten.

So bemühte sich General Franz Halder im Herbst 1938, in Zusammenarbeit mit General Erwin v. Witzleben, dem er als Befehlshaber im Berliner Wehrkreis die militärische Realisierung des Umsturzversuches übertragen hatte, durch Heranziehung der 23. Division unter Generalmajor Walter Graf v. Brockdorff-Ahlefeldt im Raum Potsdam und des Infanterieregimentes Nr. 50 unter Oberst v. Hase im Raum Landsberg a. d. Warthe, entsprechende Verbände als Eingreiftruppen für einen geplanten Staatsstreich einsetzen zu können. Unklar blieb damals, ob auch die 1. leichte Division unter dem Kommando des mitverschworenen Generals Erich Hoepner herangezogen werden konnte, um zentrale Einrichtungen, Dienststellen, Nachrichtenanlagen und weitere wichtige Verwaltungsstellen im Raum Berlin unter Kontrolle zu bekommen. Allerdings blieben diese Überlegungen immer wieder unsicher, da das Oberkommando des Heeres einzelne Transportbewegungen oder das Festhalten bestimmter Verbände im Raum um Berlin nicht unbemerkt lange vornehmen konnte.

Auch bei den von General Halder nochmals im Herbst 1939 betriebenen Umsturzplanungen erwies sich die Bereitstellung geeigneter Truppenverbände von mitverschworenen Befehlshabern und Kommandeuren als besonderes Problem. Da der Chef der Heeresrüstung und Befehlshaber des Ersatzheeres, General Friedrich Fromm, seine Teilnahme am Militärputsch damals verweigerte, standen keine Ausbildungs- und Ersatzverbände der Wehrkreise für einen Umsturz zur Verfügung. Halder musste sich deshalb auf diejenigen Fronttruppen im Westen stützen, die unter dem Kommando eingeweihter Generale leicht nach Berlin zu dirigieren waren oder um das jeweilige »Führerhauptquartier« zusammengezogen werden konnten. Dabei war an den Einsatz und die Heranziehung von Einheiten gedacht, die von der noch nicht umkämpften Westfront möglichst rasch für den Umsturz in der Reichshauptstadt herangeführt werden sollten. Deshalb versuchte Halders Stellvertreter als Generalstabschef und Abgesandter, Generalleutnant Carl-Heinrich v. Stülpnagel, mehrmals auf wiederholten Frontreisen im Westen, sich bei einzelnen Frontbefehlshabern von der dort bestehenden Bereitschaft zur Beteiligung am Staatsstreich zu überzeugen. Es stellten sich aber dann nur wenige Befehlshaber, wie die Generalobersten Wilhelm Ritter v. Leeb und Erwin v. Witzleben, eindeutig zur Verfügung, während andere zwar zur Kritik an Hitler bereit waren, sich aber für eine militärische Aktion bei der Umsturzplanung entzogen. Letztlich standen nur ganz wenige Verbände aus einzelnen Armeen der »Westfront« für einen Staatstreich bereit, sodass es der Militäropposition unter Halder, Beck, Admiral Canaris und Oster im Herbst 1939 und Winter 1939/40 in entscheidendem Maße an einsatzbereiten und schlagkräftigen Verbänden mangelte, die für die vielfältigen Aufgaben eines Umsturzversuches hätten herangezogen werden können.

Diese Situation änderte sich im Februar 1940, als Generalleutnant (ab 1. Juni 1940 General der Infanterie) Friedrich Olbricht als neuer Chef des Allgemeinen Heeresamtes unter dem Chef der Heeresrüstung und Befehlshaber des Ersatzheeres, General Fromm, seinen Dienst antrat und neue Möglichkeiten für die rasche Herbeischaffung von Truppen des Ersatzheeres zum Umsturz in Berlin eröffnete, da er ein entschiedener und energischer Hitlergegner war und als Vertreter Fromms gegebenenfalls in dessen Vertretung auf das Ersatzheer zurückgreifen konnte.

Als es dann zum Jahreswechsel 1941/42 zu intensiven Kontakten zwischen Olbricht und Oberst Oster vom Amt Ausland/Abwehr unter Admiral Canaris kam, war allerdings die Bereitschaft von Generalstabschef Halder, den Putsch gegen Hitler anzuführen, bereits wieder gesunken. So ist es bezeichnend, dass sich der Hitlergegner und ehemalige deutsche Botschafter in Rom Ulrich v. Hassell in seinem Tagebuch Ende März 1942 notierte, mit Generaloberst a. D. Ludwig Beck sei nun endlich wieder eine neue

»Zentrale« für die Opposition gegen Hitler konstituiert worden[2]. Dadurch hat sich die Aktionsbasis des militärischen Widerstandes vom Hauptquartier des OKH (Oberkommando des Heeres), Generalstabschef des Heeres oder von einigen Befehlshabern an der Front nunmehr nach Berlin verlagert, sodass von dort aus auch die praktische Durchführung eines Umsturzversuches gegen Hitler geleitet werden konnte. Dabei übernahm General Olbricht als Amtschef des Allgemeinen Heeresamtes gleichsam die wichtige Rolle eines »Stabschefs« der Militäropposition.

Nach der Niederlage in Stalingrad Anfang Februar 1943 war es ein vorrangiges Ziel der Militäropposition, die bestehenden verschiedenen militärischen Widerstandszentren im OKH, beim Chef der Heeresrüstung und Befehlshaber des Ersatzheeres und im Allgemeinen Heeresamt (AHA) in Berlin, im Stab der Heeresgruppe Mitte an der Ostfront um Oberst i. G. v. Tresckow und in den Pariser Kommandostäben des Militärbefehlshabers Frankreich, des Oberbefehlshabers West und beim Oberbefehlshaber der Heeresgruppe B besser zu koordinieren und enger zu verknüpfen[3], um dadurch Absprachen für das weitere gemeinsame Vorgehen der Regimegegner zu ermöglichen. In dieser Zeit schrieb Carl Goerdeler mehrere Briefe und Denkschriften an verschiedene Generale aus dem Umfeld der Militäropposition und drängte darauf, den Staatsstreich gegen Hitler alsbald auszuführen, denn die Zahl der Verbrechen des NS-Regimes nehme immer mehr zu[4].

Bei einem Treffen zum Jahresanfang 1943 zwischen Goerdeler, General Olbricht und Oberst v. Tresckow verständigte man sich, die Verbände des Ersatzheeres für die praktische Durchführung des Umsturzversuches fest einzuplanen. Insbesondere galt es, die Truppeneinheiten im Raum um Berlin durch entsprechende Alarmierungsmaßnahmen heranzuziehen, um die SS-Verbände und sonstige Hitler treue Stellen in Schach zu halten sowie den Ausbruch eines Bürgerkrieges verhindern zu können.

Olbricht und Tresckow waren überzeugt, die SS überrumpeln zu können, wenn sie mit Hilfe des alarmierten Ersatzheeres rasch über entsprechende Truppen verfügen konnten. Dazu war es nötig, die Alarmorganisation für das gesamte Ersatzheer in Befehlen so vorzubereiten, dass es mit Auslösung des Alarmes am Tag

X in vielen Orten gleichzeitig in Marsch gesetzt werden konnte. Dabei sollten die Regierungsgewalt und -behörden rasch und unmittelbar kontrolliert werden, ohne dass die Kommandeure und Befehlshaber der eingesetzten Verbände die eigentliche Absicht der Verschwörer – nämlich den Sturz der NS-Herrschaft – sofort erkennen konnten.

Für diesen Zweck brachte Oberst v. Tresckow – wie bereits erwähnt – während eines mehrwöchigen Urlaubsaufenthaltes im Sommer 1943 in Berlin die bis zum Frühjahr 1943 vorgenommenen Umsturzpläne für Berlin auf den neuesten Stand. So konnten die neuen Alarmbefehle am 31. Juli 1943 an die Wehrkreiskommandos herausgegeben werden. Diese sollten eigentlich das Ersatzheer im Falle überraschender Bedrohungen durch Landungen alliierter Fallschirmjägertruppen oder sonstige Notstände alarmieren und abwehrbereit machen. Dabei wurden die offiziell für das gesamte Ersatzheer als so genannte »Walküre« bestehenden Alarmmaßnahmen, die gegen eventuelle Ausländer- und Fremdarbeiter-Unruhen im Reich gerichtet waren, so formuliert und angelegt, dass sie insgeheim und nach Bekanntgabe durch Fernschreiben und Telefonate für den Staatsstreich der Verschwörer genutzt werden konnten[5]. Erst mit Hilfe der durch diese »Walküre«-Befehle ausgelösten Alarmmaßnahmen, der Proklamation des Ausnahmezustandes sowie der Übertragung der vollziehenden Gewalt an das Ersatzheer war es den Hitlergegnern möglich, über die sowohl im Raum Berlin als auch in den einzelnen Wehrkreisen stationierten Verbände des Ersatzheeres zu verfügen. Für den gedachten Einsatz beim Umsturz in der Reichshauptstadt standen dann die dem Stellvertretenden Generalkommando in Berlin unterstellten Einheiten zur Verfügung. Dabei handelte es sich insbesondere um das Berliner Wachbataillon, das Ersatzbataillon des Infanterieregimentes Nr. 9 in Potsdam, die Ersatzeinheiten der Panzertruppenschule in Krampnitz und Gross-Glienicke, ferner Einheiten der Heeresschulen in Döberitz und Potsdam sowie Teile der Division »Brandenburg«, die zum Amt Ausland/Abwehr unter Admiral Canaris gehörte und zeitweilig unter dem Befehl des mitverschworenen Generalmajors Alexander v. Pfuhlstein stand.

Aufgrund der neuen von General Olbricht an die Wehrkreiskommandos herausgegebenen Alarmbefehle hatten die Wehrkreiskommandeure mit Auslösung des Stichwortes »Walküre« aus den Ersatz- und Ausbildungstruppen sowie Schuleinheiten innerhalb weniger Stunden in zwei Alarmstufen einsatzfähige Kampfgruppen zu bilden, die »unter Eingliederung aller verfügbaren Waffengattungen und unter Ausnutzung aller verfügbaren Mittel« aufgestellt werden sollten. Nachdem Tresckow im Herbst 1943 als Kommandeur eines Infanterieregimentes und danach als Chef des Generalstabes der 2. Armee wieder an die Ostfront versetzt wurde, übernahm Oberstleutnant i. G. Claus Schenk Graf v. Stauffenberg ab 1. September 1943 die weitere Vervollständigung und Fortschreibung der »Walküre«-Pläne für die eigenen Verschwörerzwecke[6]. Stauffenberg war gerade schwer verwundet aus Nordafrika zurückgekehrt und neuer Chef des Stabes bei General Olbricht im Allgemeinen Heeresamt in Berlin. Bei der Ausarbeitung der Pläne ging es darum, auch vorübergehend in das Heimatkriegsgebiet zur Umgliederung oder Auffrischung verlegte Verbände des Feldheeres in die Alarmplanung »Walküre« einzubeziehen. Stauffenberg schuf sich ferner im Februar 1944 auch die Möglichkeit, nach Bedarf einzelne geeignete Einheiten des Ersatzheeres als verstärkte Grenadierregimenter und besondere Kampfgruppen zusammenziehen zu können, noch bevor der Katalog der gesamten Alarmmaßnahmen eingeleitet worden war, sodass er im Falle des Staatsstreiches ganz rasch auf diese Kampfverbände zurückgreifen konnte. Stauffenberg und Tresckow kannten sich seit 1941; sie wurden nun die beiden wichtigsten Antriebskräfte für die Koordination und Vorbereitung der Verschwörung gegen Hitler. Beide sahen vor, dass die »Walküre«-Befehle im Falle des Staatsstreiches mit den Worten »Der Führer Adolf Hitler ist tot. Eine gewissenlose Clique frontfremder Parteiführer hat es unter Ausnutzung dieser Lage versucht, der schwerringenden Front in den Rücken zu fallen und die Macht zu eigennützigen Zwecken an sich zu reißen« abgeändert wurden und der Bevölkerung glaubhaft schienen.[7]

Um seinen Posten im Allgemeinen Heeresamt bei General Olbricht antreten zu können, verschob Stauffenberg sogar eine wichtige Operation für die Anpassung einer künstlichen rechten Hand[8]. Nach seiner schweren Verwundung als Ia-Offizier der 10.

Stauffenberg und Mertz v. Quirnheim in Winnizia (Ukraine), 1942

Panzerdivision in Nordafrika am 7. April 1943 setzte Stauffenberg nach der Rückkehr in Deutschland sein Bemühen um ein Attentat gegen Hitler energisch fort. Er nutzte alle Möglichkeiten seiner neuen Stellung als Chef des Stabes bei General Friedrich Olbricht im Allgemeinen Heeresamt, der ihm zudem die getarnte Arbeit für die Verschwörung bei der weiteren Ausarbeitung und Umschreibung der »Walküre«-Maßnahmen ermöglichte[9].

Tresckow und die Brüder Claus und Berthold Stauffenberg entwarfen ferner die ersten politischen Anweisungen und Appelle für den Umsturz. Sie wurden als »Walküre«-Zusatzbefehle von bekannten und mitverschworenen Sekretärinnen insgeheim getippt und teilweise von Generalfeldmarschall v. Witzleben, der als langjähriger Beteiligter der Militäropposition beim Umsturz den Oberbefehl über die gesamte Wehrmacht übernehmen sollte, im Frühherbst 1943 voraus unterzeichnet [10]. Zwar war Witzleben als Feldmarschall ohne aktives Kommando, doch galt er seit mehreren Jahren als zuverlässiger Hitlergegner, der nach wie vor Respekt und Ansehen in der Wehrmacht besaß, sodass man damit rechnen konnte, dass er auch bei den Truppenverbänden an den Fronten Zustimmung finden würde.

Die von Tresckow erhoffte Möglichkeit, mit Hilfe des Oberbefehlshabers der Heeresgruppe Mitte oder eines anderen Feldmarschalls von einer Front dem Ersatzheer in der Heimat die nötigen Befehle für die Operation »Walküre« geben zu können, war trotz mehrfacher Versuche und Vorsprachen nicht zu realisieren. Deshalb bemühte man sich mehrmals um Generaloberst Friedrich Fromm, der als langjähriger Chef der Heeresrüstung und Befehlshaber des Ersatzheeres die befehlsgebende Stelle für das Ersatzheer war und im Falle der Verhinderung Hitlers das Stichwort »Walküre« ausgeben konnte. Er wollte sich jedoch erst im Falle eines gelungenen Staatsstreiches den Verschwörern zur Verfügung stellen [11]. Ob er ahnte, dass die »Walküre«-Befehle für den Umsturzversuch umgeschrieben wurden, lässt sich nicht exakt feststellen. Sollte sich Fromm weiterhin verweigern, mussten Olbricht und Stauffenberg gegen dessen Befehl das Stichwort erteilen.

Mit Hilfe seiner vielfältigen Kontakte fand Stauffenberg in Major i. G. Ulrich v. Oertzen und Major i. G. Peter Sauerbruch, dem Sohn des bekannten Berliner Chirurgen, tatkräftige Unterstützung – insbesondere durch Sauerbruch, der ab Ende 1943 im Allgemeinen Heeresamt Dienst tat und noch im Februar und März 1944 einen Krankenurlaub in Berlin nutzte, um bei der weiteren Ausarbeitung der »Walküre-Pläne« für den Staatsstreich behilflich zu sein [12].

Bei der intensiven Planung eines militärischen Staatsstreiches im Rahmen der bestehenden »Walküre«-Befehle als Basis für den gewaltsamen Sturz der NS-Herrschaft wurde deutlich, dass es für die Offiziere sehr wichtig und konstitutiv war, durch den herbeigeführten Tod des Diktators einen eidfreien Zustand zu erreichen, um dadurch bei vielen Offizieren und Soldaten vorhandene Bedenken gegen den Staatsstreich auszuräumen. Deshalb sah die Umsturz-Planung Tresckows fest vor, »die ›inneren Unruhen‹, die die Auslösung der ›Walküre‹-Befehle und die Übernahme der vollziehenden Gewalt durch das Ersatzheer rechtfertigen sollten« [13], durch ein Attentat auf Hitler erst selbst herbeizuführen. Zugleich mit dem herbeigeführten Tod des Diktators sollte dann der militärische Umsturz begonnen werden.

Unter der Leitung Tresckows, Olbrichts und Stauffenbergs wurden die geheimen »Walküre«-Befehle folglich so abgefasst, dass damit nicht nur, wie bisher formuliert, militärische Alarmmaßnahmen gegen mögliche innere Unruhen der vielen ausländischen Arbeitskräfte und Kriegsgefangenen oder gegen alliierte Fallschirmjäger-Landungen im Heimatgebiet für die Wach-, Schul- und Ausbildungstruppen des Ersatzheeres eingeleitet werden konnten, sondern dass damit auch die Regierungsgewalt im Reich durch die Verschwörer übernommen werden konnte [14]. Mit der Herausgabe des Stichwortes »Walküre« und vorbereiteten weiteren »Walküre«-Befehlen sollten folglich unter Hinweis auf Hitlers Tod und das angebliche Vorgehen von »frontfremden Parteikreisen« in allen Wehrkreisen die Partei-, SS-, Gestapo-, SD- und andere Dienststellen der NSDAP-Gliederungen und des Regimes besetzt und ausgeschaltet werden. Ferner sollten wichtige Rundfunk-, Telefon-, Telegraphie- und sonstige Verbindungseinrichtungen übernommen werden. Es war dabei vorgesehen, sämtliche NSDAP-Gauleiter, Reichsstatthalter, Höhere SS- und Polizeiführer sowie die höheren Leiter von Gestapo-, SS- und SD-Dienststellen zu verhaften; ebenso sollten die Konzentrationslager unter die Kontrolle der Hitlergegner gebracht und die Waffen-SS in das Heer integriert werden.

Im Nachhinein stellte der Chef des Reichssicherheitshauptamtes, SS-Obergruppenführer Kaltenbrunner, in seinen Berichten an Hitler anerkennend fest: »Insgesamt ergibt sich, dass der ›Walküre‹-Plan in seinem von Stauffenberg und der Verschwörerclique gedachten Verwendungszweck raffiniert getarnt war. Bei mündlichen Erörterungen ist zwar auf die innerpolitische Zielsetzung immer wieder hingewiesen worden, doch deckten sich die Verschwörer ständig mit der Behauptung ab, dass bei außerordentlich starkem Einsatz ausländischer Arbeitskräfte ein Aufstand und Unruhen im Bereich der Möglichkeiten lägen«[15].

Zudem hatten eingeweihte Verbindungsoffiziere in den 18 stellvertretenden Generalkommandos der einzelnen Wehrkreise und im besetzten Paris Sorge zu tragen für die Beachtung und rasche Ausführung der entsprechenden »Walküre«-Befehle. Zivile Vertrauensleute sollten als »politische Beauftragte« der neuen Regierung die regionalen und örtlichen Partei- und Verwaltungsinstitutionen überwachen bzw. deren Maßnahmen zugunsten des Umsturzes und der Wiederherstellung der früheren verfassungsmäßigen und rechtsstaatlichen Verhältnisse lenken. Eine Liste dieser politischen Beauftragten in den Wehrkreisen wurde auf ausdrücklichen Wunsch von Generaloberst a. D. Beck im Herbst 1943 vonseiten Goerdelers und anderer ziviler Verschwörerkreise zusammengestellt, obwohl die Nennung dieser Personen aus den verschiedenen Widerstandsgruppen schwierig war und die wiederholte Verteilung des Schriftstückes die Gefahr der Aufdeckung durch die Gestapo mit sich bringen konnte[16]. Um die fortlaufende ergänzende Bereitstellung dieser »politischen Beauftragten« aus den zivilen Verschwörerkreisen kümmerten sich insbesondere Carl Goerdeler, Jakob Kaiser, Wilhelm Leuschner und Fritz-Dietlof Graf v. d. Schulenburg[17]. Damit diese »Beauftragten« nicht alle direkt als Mitwisser der Verschwörung gefährdet wurden, waren sie in unterschiedlichem Maße und nicht immer detailliert oder umfassend über das Vorhaben und die Ziele der Verschwörer um Graf Stauffenberg eingeweiht.

Zur gleichen Zeit konnten die Vorbereitungen für die nachrichtendienstliche Blockade des »Führerhauptquartiers« für den Fall des Attentats fortgesetzt und abgeschlossen werden. Sie war für das Gelingen der »Walküre«-Pläne unerlässlich. Unter der Leitung des mitverschworenen Chefs der Wehrmacht-Nachrichtenverbindungen, General Erich Fellgiebel, der zugleich Chef des Heeres-Nachrichtenwesens im OKH war, und seiner beiden

Stabschefs, Generalleutnant Fritz Thiele und Oberst Kurt Hahn, sollten die Fernsprech-, Fernschreib- und Funkverbindungen »im Sinne der Verschwörung« sicher gestellt [18] und für alle anderen Benutzer abgeschaltet werden, sobald das Attentat auf Hitler stattgefunden hatte. General Fellgiebel vertraute darauf, bei Auslösung der »Walküre«-Maßnahmen auf dem Befehlswege eine vorübergehende Sperre des »Führerhauptquartiers« zur Außenwelt erreichen zu können, obwohl er zuvor keine exakten Vorbereitungen mit möglichen Helfern und Technikern vornehmen oder gar üben konnte.

Nachdem mit der Fertigstellung der »Walküre«-Pläne ein geeignetes Instrumentarium für den Ablauf des Staatsstreiches zur Verfügung stand, das es den Verschwörern in Berlin gestattete, den Auslösemechanismus und Verlauf des Putsches selbst zu steuern, galt das vordringliche Bemühen der Offiziere um Tresckow und Stauffenberg der Suche nach einem geeigneten Attentäter und den günstigsten Anschlagsmöglichkeiten für den Tyrannenmord. Es bestand keine Aussicht, auf Hitler einen erfolgreichen Anschlag bei einem seiner wenigen öffentlichen Auftritte ausführen zu können. Als günstigste Gelegenheit bot sich an, einen Anschlag auf den Diktator in seinem jeweiligen Hauptquartier durch einen Attentäter aus dem inneren Kreis der Beteiligten an den jeweiligen »Führerbesprechungen« vorzunehmen. Da Stauffenberg als Chef des Stabes im Allgemeinen Heeresamt keinen Zugang zu Hitlers Lagebesprechungen hatte, dachte man vorübergehend an die beiden Mitverschwörer, Oberst i. G. Helmut Stieff von der Organisationsabteilung im Generalstab des Heeres und Oberst d. G. Joachim Meichssner aus dem Wehrmachtführungsstab. Beide zögerten jedoch und lehnten schließlich ab [19]. Danach wurden in den folgenden Wochen mehrere Pläne eines Pistolenattentates durch andere Offiziere entwickelt. Sie führten jedoch alle nicht zum Erfolg.

Währenddessen wurde der Ausbau des Kontaktnetzes der Vertrauensleute in den Wehrkreiskommandos vorangetrieben, soweit die Liste vom Oktober 1943 noch nicht für alle Wehrkreise vollständig war. General Olbricht und Oberst Stauffenberg bemühten sich noch im Juli 1944, weitere Verbindungsoffiziere für die Verschwörung zu gewinnen, um möglichst in allen 18 Wehrkreisen am Tag des Attentats eingeweihte Vertrauensleute zu haben, denen man die Durchsetzung der »Walküre«-Befehle aus der Berliner Zentrale des Ersatzheeres zutrauen konnte. Allerdings war dies dann doch nicht für alle Wehrkreise möglich[20].

Schließlich bot sich durch Beförderung und Versetzung Stauffenbergs eine neue, bedeutende Chance für die Durchführung des Anschlages auf Hitler. Als Stauffenberg, seit Juni 1944 Oberst im Generalstab, am 1. Juli 1944 offiziell die Stellung des Chefs des Stabes beim Chef der Heeresrüstung und Befehlshaber des Ersatzheeres, Generaloberst Fromm, übernahm[21], eröffnete sich ihm die Chance, gelegentlich Zugang zu Hitlers Lagebesprechungen auf dem Obersalzberg oder im »Führerhauptquartier« in Rastenburg zu erhalten. Er hatte dadurch die Möglichkeit, deren sorgsam angelegte Sicherheitsmaßnahmen von innen umgehen zu können, zumal angesichts der zahlreichen Sperrkreise, starken Begleitkommandos und Wacheinheiten für den Diktator[22] an einen erfolgreichen Angriff von außen nicht zu denken war. Diese neue, relativ freie Zugangsmöglichkeit bestärkte Stauffenberg in seinem Entschluss, das Attentat selbst auszuführen, obwohl er nach seiner schweren Verwundung in Nordafrika durch den Verlust eines Auges, der rechten Hand und zweier Finger der linken Hand ein erhebliches körperliches Handikap hatte, sodass ein Pistolenattentat durch ihn gar nicht möglich war. Zudem war es ein Risiko für den Ablauf des Staatsstreiches im Rahmen der »Walküre«-Pläne, dass ausgerechnet Stauffenberg, bedingt durch die persönliche Ausführung des Attentates in Ostpreußen, möglicherweise viel zu spät oder überhaupt nicht nach Berlin zurückfliegen konnte, um dort als Stabschef von Generaloberst Fromm die Auslösung und Durchführung des »Walküre«-Alarms sowie die vielfach zu entscheidenden Anordnungen während der Alarmierungsmaßnahmen voranzutreiben und zu überwachen.

Man kann annehmen, dass Stauffenberg in seinem Vorhaben, persönlich das Attentat auszuführen, bestärkt wurde, nachdem die Bekannten und Mitverschwörer Adolf Reichwein und Julius Leber am 4. und 5. Juli nach geheimen Kontakten mit kommunistischen Widerstandsleuten verhaftet wurden und nicht auszuschließen war, dass die Gestapo danach bald auf weitere Verbindungen zu anderen Verschwörern stoßen würde. Dass Stauffenberg bereits unmittelbar nach Eintritt in seine neue Dienststellung bereit war, selbst das Attentat auszuführen, bezeugt seine Forderung vom 2. oder 3. Juli, nunmehr ein besonderes Bekenntnis mit seinen Brüdern und engeren Freunden zu formulieren, um gleichsam mit diesem Schwur die Uneigennützigkeit und Lauterkeit seines Anschlages auf den Diktator und das ernsthafte und selbstlose Verlangen nach einer »Neuen Ordnung« in Deutschland zu dokumentieren[23].

Angesichts der mittlerweile aussichtslosen militärischen Situation kam die Überlegung auf, ob ein Attentat auf Hitler überhaupt noch einen Sinn habe, zumal die militärische Katastrophe nicht mehr abzuwenden war und man bislang keinerlei Signale von den Feindmächten erhalten hatte, dass sie gegenüber einer neuen Nach-Hitler-Regierung eine andere politische Haltung einnehmen und ihr gegenüber die Forderung von Casablanca nach bedingungsloser Kapitulation fallen lassen würde. Auf eine Frage Stauffenbergs, der angesichts der geglückten alliierten Invasion schwankend wurde, ob der Anschlag noch erfolgen solle, antwortete Generalmajor v. Tresckow nachdrücklich: »Das Attentat muß erfolgen, coûte que coûte (koste es, was es wolle). Denn es kommt nicht mehr auf einen praktischen Zweck an, sondern darauf, daß die deutsche Widerstandsbewegung vor der Welt und vor der Geschichte den entscheidenden Wurf gewagt hat. Alles andere ist daneben gleichgültig«[24]; Stauffenberg verstand denn auch diese ethisch-moralische Motivation als besonderen Anstoß..

Die ersten Gelegenheiten zum Attentat durch Stauffenberg boten sich am 6., 11. und 15. Juli, als er als Vertreter Generaloberst Fromms bzw. mit diesem über personelle Neuaufstellungen des Ersatzheeres und die Mobilisierung von so genannten neuen »Sperrdivisionen« für die Ostfront bei Besprechungen mit Hitler vortragen sollte[25]. Schon am 6. Juli nahm Stauffenberg den Sprengstoff mit zum Berghof bei Berchtesgaden. Offensichtlich hoffte er, der Mitverschwörer Generalmajor Stieff könnte ihn an diesem oder am nächsten Tage bei der Vorführung neuer Ausrüstungsgegenstände vor Hitler in Schloss Kleßheim zünden; Stieff vermochte dies aber nicht. Dadurch musste Stauffenberg den

»Wolfschanze«, 15. Juli 1944 (von links): Stauffenberg, Konteradmiral v. Puttkamer, General Bodenschatz, Hitler, Generalfeldmarschall Keitel (mit Mappe). Foto von Heinrich Hoffmann.

Anschlag bei nächsten Möglichkeiten selbst versuchen. Nach den Vorstellungen mehrerer Verschwörer sollte bei dem beabsichtigten Sprengstoffattentat nicht nur Hitler, sondern auch Himmler und Göring getötet werden. Da jedoch Himmler und Göring am 11. und 15. Juli nicht im »Führerhauptquartier«, das am 14. Juli nach Rastenburg in Ostpreußen verlegt worden war, anwesend waren und Stauffenberg zudem schwerlich Gelegenheit fand, allein in einem separaten Raum den Zeitzünder der mitgebrachten Sprengstoffladungen einzustellen, unterließ er auf Wunsch der Generale Fellgiebel, Wagner, Stieff, Beck, Olbricht und Hoepner das Attentat, obwohl Stauffenbergs Nachfolger als Stabschef bei General Olbricht im Allgemeinen Heeresamt, Oberst i. G. Albrecht Ritter Mertz v. Quirnheim, am 15. Juli bereits bei Stauffenbergs Abflug zum »Führerhauptquartier Wolfschanze« in Ostpreußen für die Heeresschulen im Berliner und Potsdamer Raum eigenmächtig die »Walküre«-Marschbereitschaft angeordnet hatte.

Offensichtlich verlor General Stieff am 15. Juli die Nerven und trug Stauffenbergs Tasche mit dem Sprengstoff aus dem Besprechungsraum wieder heraus, während dieser gerade mit Berlin telefonierte, um doch noch freies Handeln für das Attentat zu erlangen[26]. Nur mit Mühe gelang es dann Olbricht und Mertz v. Quirnheim, die vorzeitig befohlene »Walküre«-Alarmierung der Truppen als gewöhnliche »Übung« hinzustellen und den Grund der von ihnen unbefugt erlassenen Alarmierung zu vertuschen. Glücklicherweise fiel diese Alarmierung nicht weiter auf. Ein zweites Mal konnte man den unerlaubten Alarm nicht riskieren. Danach waren Stauffenberg und Mertz v. Quirnheim allerdings entschlossen, bei der nächsten Gelegenheit auf das Fehlen von Göring oder Himmler keine Rücksicht mehr zu nehmen und »auch ohne Zustimmung ihrer Mitverschworenen zu handeln«[27].

In Erwartung des nächsten Besprechungstermins bei Hitler für den 20. Juli wurden dann schon am 18. Juli 1944 auf Initiative Tresckows sechs Schwadronen der neu aufgestellten 3. Kavalleriebrigade bei der Heeresgruppe Mitte unter den Brüdern v. Boeselager von der Ostfront nach Westen in den Raum Brest verlegt, um für einen Einsatz beim Staatsstreich im Reich zur Verfügung zu stehen. Die Reiterschwadronen Boeselagers ritten 200 Kilo-

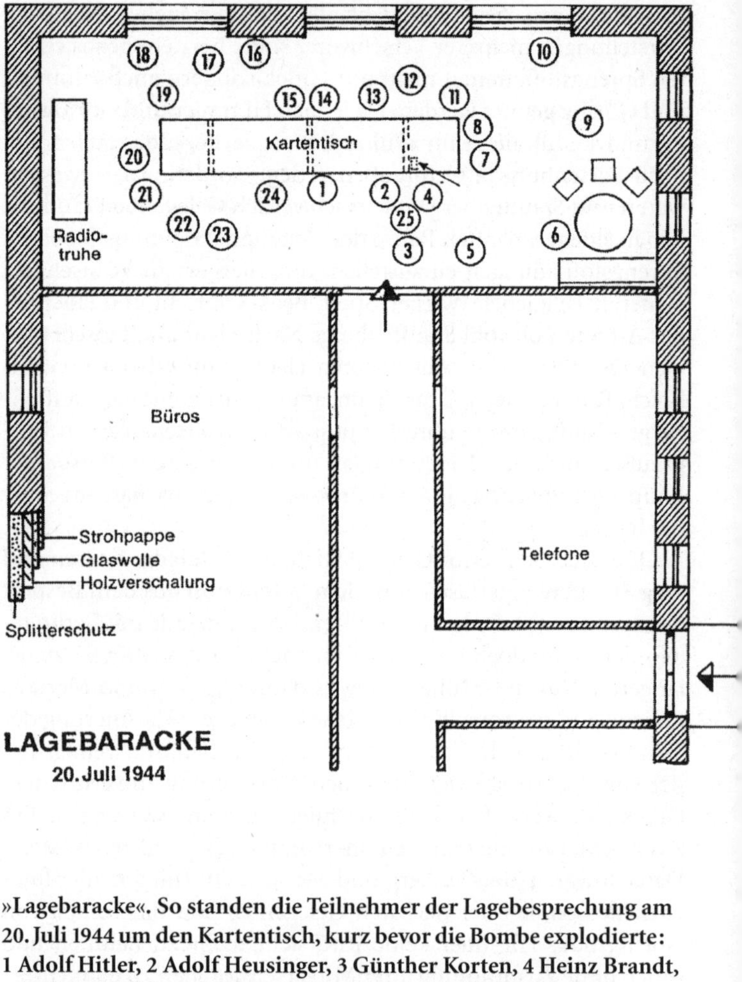

»Lagebaracke«. So standen die Teilnehmer der Lagebesprechung am 20. Juli 1944 um den Kartentisch, kurz bevor die Bombe explodierte: 1 Adolf Hitler, 2 Adolf Heusinger, 3 Günther Korten, 4 Heinz Brandt, 5 Karl Bodenschatz, 6 Heinz Waizenegger, 7 Rudolf Schmundt, 8 Heinrich Borgmann, 9 Walter Buhle, 10 Karl-Jesko v. Puttkamer, 11 Heinrich Berger, 12 Heinz Aßmann, 13. Ernst John v. Freyend, 14 Walther Scherff, 15 Hans-Erich Voß, 16 Otto Günsche, 17 Nicolaus v. Below, 18 Hermann Fegelein, 19 Heinz Buchholz, 20 Herbert Büchs, 21 Franz v. Sonnenleithner, 22 Walter Warlimont, 23 Alfred Jodl, 24 Wilhelm Keitel. Die Nummer 25 steht für Stauffenberg, der den Raum vor der Explosion verließ.

meter, bis sie am Abend des 20. Juli 1944 dann doch nach dem Scheitern des Attentats auf Hitler unverrichteter Dinge von Polen wieder zum Einsatz an die Ostfront zurückkehren mussten[28].

Am 20. Juli war Stauffenberg wieder in Hitlers Hauptquartier »Wolfschanze« bei Rastenburg befohlen, um erneut über die Aufstellung der geplanten Sperrdivisionen vorzutragen. Auch dieses Mal waren Göring und Himmler nicht anwesend. Gleichwohl setzte Stauffenberg zusammen mit seinem Ordonnanzoffizier, Oberleutnant Werner v. Haeften, in einer Pause zwischen mehreren Vorgesprächen vor der Lagebesprechung den Zeitzünder des Sprengstoffpaketes in Gang[29]. Allerdings wurden sie dabei gestört, da man Stauffenberg zur Eile drängte, sodass er dazu kam, nur ein Paket des mitgeführten Sprengstoffes scharfzumachen und in die Aktentasche zurückzustecken. Den zweiten Teil des Sprengstoffpaketes ließ Stauffenberg bei seinem Ordonnanzoffizier v. Haeften zurück, der ihn später bei der Rückfahrt nach Berlin ungeschärft aus dem Auto warf. Den mit eingestelltem Zeitzünder versehenen Sprengstoff versteckte Stauffenberg in seiner Tasche und ließ sie beim Betreten der Besprechungsbaracke am Kartentisch in der Nähe Hitlers, der die Lagebesprechung bereits seit 12.30 Uhr leitete, abstellen[30]. Danach verließ Stauffenberg wieder den Raum unter dem Vorwand, nochmals kurz telefonieren zu müssen. Von General Fellgiebels etwas entferntem Arbeitsraum beobachtete er die Zündung des Sprengstoffs. Etwa um 12.45 Uhr detonierte Stauffenbergs Sprengstoffpaket. Auf den ersten Blick gab es eine kräftige Detonation in der Baracke. Die Explosion war jedoch zu schwach, um Hitler zu töten. Der Diktator wurde nur leicht verletzt.

Da Fellgiebel und Stauffenberg die heftige Detonation und die schweren Zerstörungen an der Baracke beobachteten, nahmen sie an, Hitler sei tot. Tatsächlich fanden auch unmittelbar in der Nähe der Tasche stehende Konferenzteilnehmer, wie z. B. der Stenograph Dr. Heinrich Berger, der Generalstabschef der Luftwaffe, General der Flieger Günther Korten, der Chef der Wehrmachtsadjutantur, Generalleutnant Rudolf Schmundt, und Oberst i. G. Heinz Brandt den Tod oder starben später an den erlittenen schweren Verletzungen[31]. Wie Hitler wurden auch noch mehrere andere Offiziere (so z. B. Generaloberst Jodl, Konterad-

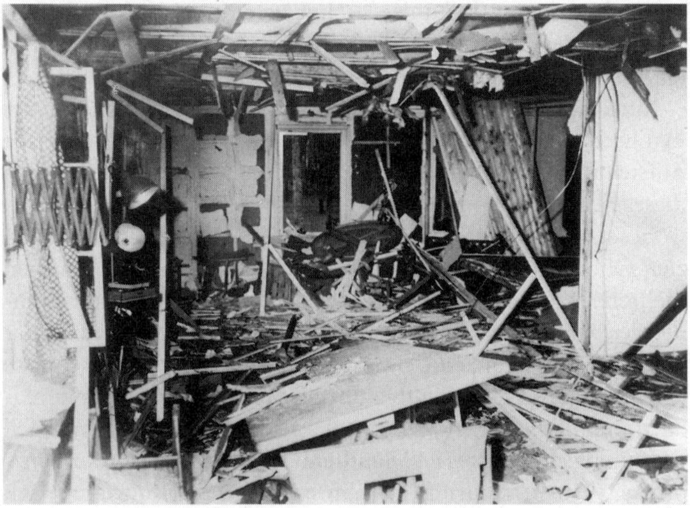

Nach dem Anschlag: Die verwüstete »Lagebaracke«

miral Voss, Konteradmiral v. Puttkamer, Generalleutnant Heusinger, Kapitän zur See Assmann) leicht oder schwer verletzt[32]. Kurz darauf verhängte General Fellgiebel die vereinbarte Nachrichtensperre über das »Führerhauptquartier«, konnte aber nicht die der SS unterstehenden Telefonverbindungen unterbinden. Stauffenberg und Haeften gelang es danach mit einigem Glück, trotz ausgelöster Alarmierung aus dem »Führerhauptquartier« herauszukommen[33] und nach Berlin-Rangsdorf zurückzufliegen.

Beide kamen erst fast vier Stunden nach dem Attentat in der Bendlerstraße in Berlin an. Dort hatte man allerdings aufgrund einer mittlerweile eingegangenen Meldung General Fellgiebels aus Ostpreußen, dass Hitler das Attentat doch überlebt habe, zuerst überhaupt keine und dann ab 14.00 Uhr nur eine Teil-Alarmierung für »Walküre« ausgelöst. General Olbricht wartete mit der Auslösung der Alarmmaßnahmen ab. Er wollte erst Gewissheit über den Tod Hitlers haben, um nicht, wie schon am 15. Juli, vergeblich zu alarmieren. So wurden zunächst nur die »Walküre«-Truppen der Panzerschule in Krampnitz nach Berlin zur Aufklärung gegen die SS-Kasernen in Lichterfelde und Lankwitz befohlen. Dabei wies General Olbricht jedoch ausdrücklich darauf hin, dass nicht geschossen werden dürfe, und Generalmajor Bolbrinker, der Inspekteur der Panzertruppen, ließ die Alarmaktion nur als Aufklärungsmaßnahme gegen die SS-Kasernen in Lichterfelde und Lankwitz durchführen[34]. Zur gleichen Zeit rief Stauffenbergs Adjutant, Hauptmann Friedrich Karl Klausing, die eingeweihten Mitverschwörer in die Bendlerstraße, um dort vorbereitete Aufgaben zu übernehmen[35] – u. a. Oberleutnant der Reserve Fritz-Dietlof Graf v. d. Schulenburg, Oberst Fritz Jäger, Eugen Gerstenmaier, Oberstleutnant der Reserve Carl-Hans Graf v. Hardenberg-Neuhardenberg, Hauptmann Dr. Hans Karl Fritzsche, Leutnant Ewald-Heinrich v. Kleist-Schmenzin, Leutnant Ludwig v. Hammerstein und Leutnant Georg-Sigismund v. Oppen. General Olbricht und Oberst Mertz v. Quirnheim gaben erst nach einem Telefonat mit Stauffenberg in Rangsdorf und dessen Versicherung, Hitler könne die Detonation nicht überlebt haben, die gesamten »Walküre«-Alarmierungsbefehle sowohl an den mitverschworenen General v. Hase, den Stadtkommandanten von Groß-Berlin, als auch an die übrigen Wehrkreise heraus. Sie proklamierten nunmehr den Tod Hitlers und befahlen die Einleitung der vollständigen Mobilisierungsmaßnahmen gemäß »Walküre«-Plan[36]. Dabei konnten sie aber Generaloberst Fromm nicht bewegen, auf der Seite der Verschwörer mitzuwirken. Fromm musste vielmehr von Stauffenberg, der schließlich um 16.30 Uhr in der Bendlerstraße in Berlin eintraf, verhaftet werden. An seine Stelle als Chef der Heeresrüstung und Befehlshaber des Ersatzheeres trat der 1942 von Hitler willkürlich entlassene Generaloberst a. D. Erich Hoepner[37]. Auch General v. Kortzfleisch, der Kommandierende General des Stellvertretenden Generalkommandos III in Berlin wurde von den Verschwörern verhaftet, da er eine Teilnahme am Putsch ablehnte. An seine Stelle trat Generalleutnant von Thüngen.

Sehr bald zeigte sich aber, dass die Verschwörer in der Bendlerstraße den Wettlauf um die rasche Übernahme der vollziehenden Gewalt im Reich, der durch Auslösung der »Walküre«-Befehle von Berlin und Widerruf der Befehle vom »Führerhaupt-

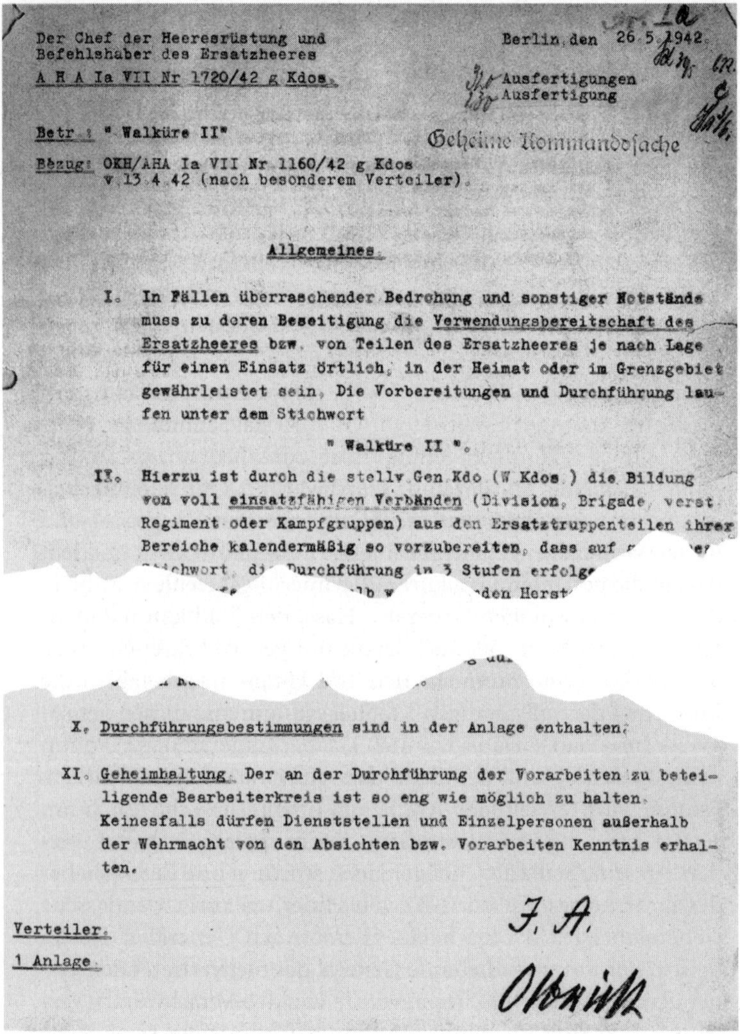

Der Chef der Heeresrüstung und
Befehlshaber des Ersatzheeres
A H A Ia VII Nr 1720/42 g Kdos.

Berlin, den 26.5.1942.

Ausfertigungen
Ausfertigung

Betr.: "Walküre II"

Geheime Kommandosache

Bezug: OKH/AHA Ia VII Nr 1160/42 g Kdos
v. 13.4.42 (nach besonderem Verteiler).

Allgemeines.

I. In Fällen überraschender Bedrohung und sonstiger Notstände muss zu deren Beseitigung die Verwendungsbereitschaft des Ersatzheeres bzw. von Teilen des Ersatzheeres je nach Lage für einen Einsatz örtlich, in der Heimat oder im Grenzgebiet gewährleistet sein. Die Vorbereitungen und Durchführung laufen unter dem Stichwort

" Walküre II ".

II. Hierzu ist durch die stellv. Gen.Kdo (W.Kdos.) die Bildung von voll einsatzfähigen Verbänden (Division, Brigade, verst. Regiment oder Kampfgruppen) aus den Ersatztruppenteilen ihrer Bereiche kalendermäßig so vorzubereiten, dass auf ...
Stichwort di... Durchführung in 3 Stufen erfolg...

X. Durchführungsbestimmungen sind in der Anlage enthalten.

XI. Geheimhaltung. Der an der Durchführung der Vorarbeiten zu beteiligende Bearbeiterkreis ist so eng wie möglich zu halten. Keinesfalls dürfen Dienststellen und Einzelpersonen außerhalb der Wehrmacht von den Absichten bzw. Vorarbeiten Kenntnis erhalten.

Verteiler.

1 Anlage.

I. A.

Olbricht

Schon 1942 vorbereiteter Befehl für die »Walküre«-Alarmierung des Ersatzheeres, von General Olbricht im Auftrag von Generaloberst Fromm unterschrieben (BA–MA Freiburg, RH 12–21/8).

quartier« in Rastenburg entstand, aufgrund der kommunikationstechnisch nur für kurze Zeit unterbrochenen Befehlsstränge aus dem Hauptquartier Hitlers immer mehr verloren. Gleichwohl versuchte Stauffenberg unablässig, den Umsturz doch noch voranzubringen[38]. Als aber immer mehr Befehlshaber und Dienststellen – so auch der Kommandeur des Berliner Wachbataillons, Major Otto Remer – direkt aus dem »Führerhauptquartier« erfuhren, dass Hitler überlebt hatte, kam die Sache der Verschwörer ins Stocken und war alsbald gescheitert, nachdem zudem der Rundfunk auf Anweisung von Goebbels um 18.30 Uhr meldete, Hitler habe das Attentat überlebt. Letzte Zweifel am Überleben des Diktators beseitigte dann schließlich die um 23.30 Uhr aufgenommene Radioansprache Hitlers an das deutsche Volk[39]. Daraufhin wurden verschiedene, gemäß »Walküre«-Befehl nach Berlin fahrende Einheiten der Panzergrenadier-Ersatz-Brigade aus Cottbus und der Panzertruppenschule II aus Krampnitz unterwegs angehalten und wieder in die Kasernen zurückgeschickt.

In den meisten Wehrkreisen wurden die Befehle aus der Bendlerstraße erst einmal nicht ausgeführt und man verlegte sich aufs Abwarten, nachdem man erfahren hatte, dass Hitler doch lebte. Obwohl Stauffenberg bei den zahlreich eingehenden Rückfragen aus den Wehrkreisen und den stellvertretenden Generalkommandos sowie einiger Frontkommandos ständig erklärte, Hitler sei tot und Generaloberst Beck sowie Generalfeldmarschall v. Witzleben hätten die Führung des Reiches und der Wehrmacht übernommen[40], konnte er die großen Zweifel nicht beseitigen. Denn im Rahmen der »Walküre«-Pläne für den Umsturzversuch war alles zu sehr auf den Tod des Diktators ausgerichtet. Ob man den Staatsstreich auch ohne Hitlers Tod durchführen sollte, war sogar manchen Verschwörern und Eingeweihten des Attentates unklar. Kostbare Zeit ging dabei durch fortwährendes Zögern verloren. Zudem konnten wichtige Umsturzaktionen nicht durchgeführt werden, weil sich niemand dafür einsetzte oder zuständig fühlte. Generalfeldmarschall v. Witzleben war bei seinem Eintreffen in der Bendlerstraße am Abend des 20. Juli darüber verärgert, dass sich »weder die Hauptstadt noch die Rundfunkanlagen in den Händen der Verschwörer« befanden[41]. Nachdem sich das Scheitern des Putsches abzeichnete, fuhr er deshalb resigniert wieder nach Hause.

Als die Ernennung Himmlers zum Befehlshaber des Ersatzheeres aus dem »Führerhauptquartier« gemeldet wurde und die Soldaten des Wachbataillons unter Major Remer, der nun seine Befehle direkt von Hitler und Goebbels erhielt, auf die Seite des Diktators umschwenkten, entwickelte sich im Bendlerblock eine Hitlertreue und -loyale Gegenbewegung von Stabsoffizieren aus dem Stab Fromms und Olbrichts. Sie wollten sich ganz offensichtlich nicht dem späteren Vorwurf der Duldung des Putsches sowie der Mitwisser- und Mittäterschaft aussetzen und machten daraufhin gegen die Verschwörer Front[42]. Die Stabsoffiziere verlangten von General Olbricht Aufklärung über das widersprüchliche Geschehen und wollten den festgesetzten Fromm sprechen. Auf dem Weg zu ihm kam es zu einer Schießerei, wobei möglicherweise auch Stauffenberg in die Schulter getroffen wurde[43]. Fromm wurde befreit und nahm dann seinerseits kurz vor Mitternacht mit Hilfe der Gegenbewegung Generaloberst a. D. Beck, Generaloberst a. D. Hoepner, General Olbricht, Oberst Graf v. Stauffenberg, Oberst Mertz v. Quirnheim und Oberleutnant v. Haeften gefangen. Während Beck und Hoepner Gelegenheit erhielten, sich selbst zu erschießen, was Hoepner jedoch ablehnte, erklärte Fromm die übrigen vier Verhafteten aus eigener Macht für »standgerichtlich« zum Tode verurteilt und ließ die Offiziere nach Mitternacht durch ein rasch zusammengestelltes Sonderkommando rechtswidrig und willkürlich im Hof des Gebäudekomplexes erschießen. Hoepner wurde von Fromm ebenso wie die ebenfalls im Bendlerblock verhafteten Offiziere Graf Yorck v. Wartenburg, Graf v. d. Schulenburg, Graf Schwerin v. Schwanenfeld, Bernardis, v. d. Lanken, Berthold Graf v. Stauffenberg, v. Kleist und der zivile Dr. Eugen Gerstenmaier an das kurz nach Mitternacht in das Gebäude eindringende SS-Kommando übergeben[44]. Damit war der Staatsstreichversuch der Verschwörer unter der Führung Stauffenbergs gescheitert und die Operation »Walküre« niedergeschlagen.

Rückschauend zeigte sich, dass es ohne den Tod Hitlers nicht möglich war, die »Walküre«-Maßnahmen erfolgreich als Instrument für den militärischen Umsturzversuch von oben einzuset-

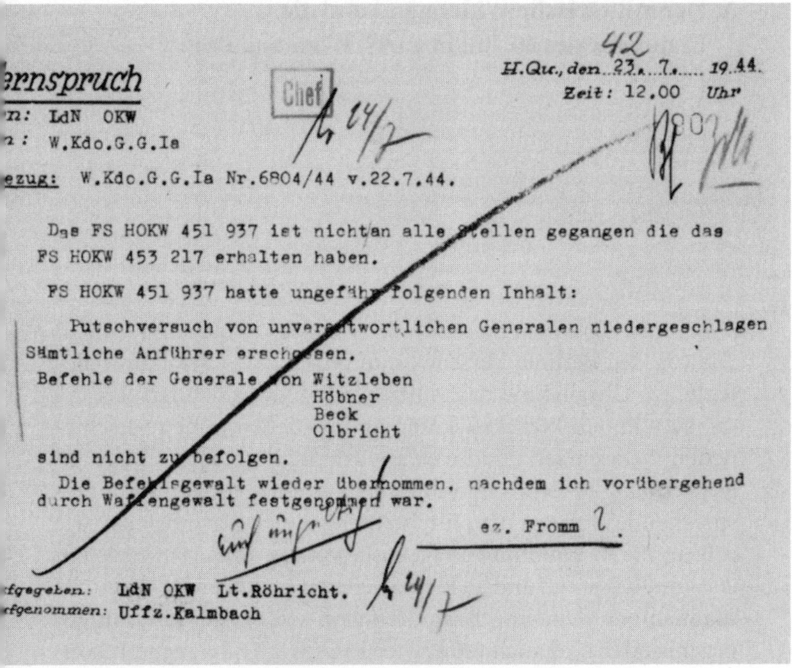

ernspruch

42

Chef

H.Qu., den 23.7. 1944.
Zeit: 12.00 Uhr

n: LdN OKW
n: W.Kdo.G.G.Ia

ezug: W.Kdo.G.G.Ia Nr.6804/44 v.22.7.44.

Das FS HOKW 451 937 ist nicht an alle Stellen gegangen die das FS HOKW 453 217 erhalten haben.

FS HOKW 451 937 hatte ungefähr folgenden Inhalt:

Putschversuch von unverantwortlichen Generalen niedergeschlagen Sämtliche Anführer erschossen.
Befehle der Generale von Witzleben
Höbner
Beck
Olbricht
sind nicht zu befolgen.
Die Befehlsgewalt wieder übernommen, nachdem ich vorübergehend durch Waffengewalt festgenommen war.

gez. Fromm

fgegeben: LdN OKW Lt.Röhricht.
fgenommen: Uffz.Kalmbach

Fernspruch nach Niederschlagung des Staatsstreichversuches vom 23. 7. 1944, empfangen im Wehrkreiskommando des Generalgouvernements im besetzten Polen von der Nachrichtenzentrale des BdE / OKW, noch von Generaloberst Fromm, obwohl er inzwischen verhaftet war. (**BA – MA Freiburg, RH 53 – 23 / 59**)

zen und zu nutzen. Der Plan war zweifellos genial. Er offenbarte allerdings seine Schwäche in dem Moment, als es nicht gelang, Hitler auszuschalten, da er auf das starre System von Befehl und Gehorsam sowie auf eindeutig definierten Befehlsgebern aufgebaut war, das dann aufgrund des Überlebens des Diktators nicht durchbrochen werden konnte. Insofern war es höchst verhängnisvoll, dass Stauffenberg vor der Lagebesprechung bei Hitler aufgrund der Störung durch einen Unteroffizier, der zur Eile drängte, statt der zwei mitgebrachten Sprengstoffpakete nur einen Teil mit Zündung in seine Aktentasche legte, sodass die Sprengwirkung in der Baracke zu schwach war[45].

3. Der militärische Widerstand und die Ereignisse des 20. Juli in Paris, Wien und Prag

Die von den Berliner Verschwörern verschickten »Walküre«-Befehle zur Übernahme der vollziehenden Gewalt durch das Ersatzheer in den Wehrkreiskommandos stießen in den verschiedenen Wehrkreisen und Befehlsstellen der besetzten Gebiete auf ein verhaltenes Echo. Allerdings gab es auch einige Erfolg versprechende Anfänge der Durchsetzung dieser Alarmbefehle, wie z. B. in Paris, Wien und Prag. Insbesondere in Paris wurde am 20. Juli 1944 aufgrund der eingeleiteten gelungenen Umsturzmaßnahmen deutlich, dass dort schon seit einiger Zeit ein gut organisierter und auch tatbereiter Kreis von Hitlergegnern konzentriert war [1]. Das Widerstandszentrum in der französischen Hauptstadt konnte sich dabei auf die oppositionelle Haltung von Stauffenbergs Vetter, Oberstleutnant der Reserve Dr. Cäsar v. Hofacker, und auf den Militärbefehlshaber in Frankreich stützen; es fand ferner bei oppositionellen Erörterungen und Umsturzplanungen gegen Hitler die Zustimmung und Duldung von Generalfeldmarschall v. Witzleben und mehreren Offizieren im Stabe von General v. Stülpnagel sowie bei General v. Falkenhausen, der als Militärbefehlshaber in Belgien und Nordfrankreich in Brüssel Dienst tat. Als Witzleben im März 1942 aus gesundheitlichen Gründen verabschiedet wurde, konzentrierte sich der Kreis der Offiziersopposition umso mehr um den seit Februar 1942 eingesetzten Militärbefehlshaber in Frankreich, General der Infanterie Carl-Heinrich v. Stülpnagel.

Dessen Stab war ein Zentrum oppositioneller Offiziere in Paris. Dorthin war Cäsar v. Hofacker schon Ende Juni 1940 als Major der Reserve kommandiert und in der Wirtschaftsabteilung der Militärverwaltung (beim Verwaltungsstab) mit der Leitung des Hauptreferats »Eisenschaffende Industrien und Giessereien (Eisen und Stahl)« beauftragt worden[2]. Hofacker, ein Vetter Stauffenbergs, war vor Kriegsbeginn als Prokurist der Vereinigten Stahlwerke AG in Berlin beschäftigt gewesen und hatte in dieser Funktion die Verbindung und Zusammenarbeit der deutschen Stahlindustrie mit den französischen Hütten- und Walzwerken zu fördern[3]. Zu seinen Aufgaben gehörten auch die Beaufsichtigung und Versorgung der französischen Betriebe, die kriegswirtschaftlich wichtige Lieferungen nach Deutschland vorzunehmen hatten. Hofackers Wirken im besetzten französischen Gebiet fand ab 1941 die besondere Zustimmung und Förderung des deutschen Stahlwerksverbands. Schon in dieser Zeit äußerte er sich wiederholt kritisch über die stümperhafte deutsche Politik gegenüber Frankreich, obwohl auch er noch anfangs nationalen Expansionszielen nicht ablehnend gegenüberstand. Zwar wünschte er einerseits einen fairen Ausgleich und eine Annäherung der wirtschaftlichen und politischen Interessen zwischen Frankreich und Deutschland; andererseits träumte er im Sommer 1940 nach dem beeindruckenden Sieg im Frankreichfeldzug von einer territorialen Expansion des Reiches nach Holland, Flandern und Elsass-Lothringen, die jedoch nach seiner Ansicht mit Kompensationen für Paris verbunden sein sollte[4]. Sein Ziel war ferner die Errichtung einer Wirtschafts- und Währungsunion zwischen Deutschland und Frankreich. Diese »bündnispolitischen Vorstellungen« verfocht er auch in den nächsten Jahren mit Nachdruck.

Die deutsche Besatzungspolitik bezeichnete Hofacker als »zwiespältig-doppelzüngig«[5]. Die Festnahme von Geiseln und deren Erschießung sowie die Judendeportationen nach Osten ab Sommer 1942, deren Verantwortlichkeit vorrangig beim Höheren SS- und Polizeiführer Frankreich, SS-Gruppenführer Carl-Albrecht Oberg, lag, lehnte er ab. Er befürchtete eine verhängnisvolle Entwicklung der deutschen Okkupationsherrschaft wie gegenüber den besetzten osteuropäischen Ländern. Ähnlich wie sich Graf v. Stauffenberg als Generalstabsoffizier der Organisationsabteilung des Oberkommandos des Heeres im Oktober 1942 über die grausame deutsche Besatzungspolitik in der UdSSR

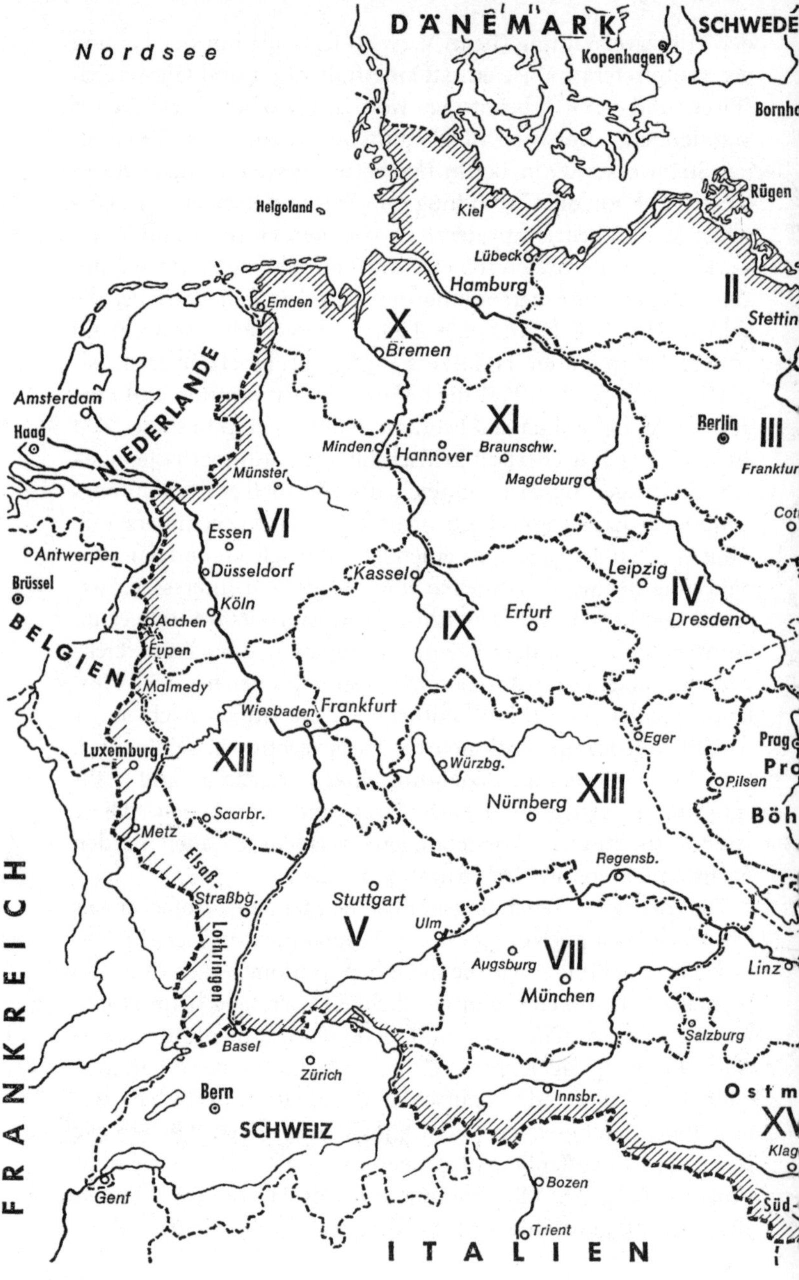

Nach einer W.-K.-Karte aus WK XIII / 450.

Ostsee
Memel
Litauen
Reichskommissariat Ostland
Kowno
Wilna
Königsberg
Ostpreußen
I
Danzig
Elbing
Rastenburg
rg
XX
Allenstein
Grodno
Graudenz
Bialystok
Bialystok
Thorn
Brest-Lit.
Ostgebiete
osen
Warschau
XXI
General-
Gouvernement
Litzmannstadt
Lublin
Reichskommissariat Ukraine
Breslau
Kielce
VIII
Neiße
Beuthen
Krakau
Lemberg
Distrikt
Galizien
Przemysl
Olmütz
ren
rünn
SLOWAKEI
Kaschau
RUMÄNIEN
ien
Preßburg
Budapest
UNGARN
Großwardein
Klausenburg
ierm.
DIE WEHRKREISE
Grenzen des Großdeutschen Reiches (1942)
Grenzen der Wehrkreise

äußerte, kam Hofacker zu einem vernichtenden Urteil über die deutsche Besatzungspolitik in Frankreich. Beide kamen dabei zum Ergebnis, dass sich die »fatalen Fehler« in der deutschen Besatzungspolitik später furchtbar rächen würden [6].

Hofacker, seit Mai 1942 Oberstleutnant der Reserve, hat in der Zeit seit Juni 1940 zweifellos einen entscheidenden Entwicklungsprozess in Bezug auf seine politische Ideen- und Gedankenwelt vollzogen. Anfangs Anhänger der nationalen Aufbruchstimmung für ein »neues Deutschland« unter Führung der NS-Bewegung, selbst Mitglied der SA seit 10. Juni 1934 und der NSDAP seit 1. Mai 1937 [7] sowie auch ein Befürworter der Expansionspolitik nach dem Sieg über Frankreich 1940, erkannte er im Laufe seiner Tätigkeit in Paris die Maßlosigkeit der deutschen Ausbeutungspolitik, die einen Ausgleich und die Verständigung mit Frankreich unmöglich machte und die er deshalb wiederholt kritisierte. Auch lehnte er die willkürlichen Erschießungen französischer Geiseln ab. Er wurde schließlich zum scharfen Kritiker der rücksichtslosen deutschen Okkupationsherrschaft und bald zum heftigen Hitlergegner im Widerstandskreis in Paris.

Nach der Niederlage der 6. Armee in Stalingrad Anfang Februar 1943 und der Heeresgruppe Tunis in Nordafrika am 7. Mai 1943 war es ein vorrangiges Ziel der Militäropposition, die bislang bestehenden verschiedenen Widerstandszentren im Oberkommando des Heeres, beim Chef der Heeresrüstung und Befehlshaber des Ersatzheeres und im Allgemeinen Heeresamt in Berlin, im Stab der Heeresgruppe Mitte an der Ostfront um Oberst i. G. Henning v. Tresckow und in den Pariser Kommandostäben um Stülpnagel und Hofacker enger zu koordinieren [8], um dadurch einheitliche Absprachen für das weitere gemeinsame Vorgehen der Regimegegner zu ermöglichen. Dabei setzte man auch auf den Stab des nach der gelungenen alliierten Invasion in der Normandie wichtigen Oberbefehlshabers West, Generalfeldmarschall Gerd v. Rundstedt (vom 15. März 1942 bis 2. Juli 1944), große Hoffnungen für eine erfolgreiche Durchführung des Umsturzes gegen Hitler. Immerhin war dort mit Oberst i. G. Eberhard Finckh als Oberquartiermeister im Stab ein weiterer Hitlergegner und Vertrauter Stauffenbergs tätig.

Im Sommer 1943 wurde Hofacker durch seinen alten Bekannten, Fritz-Dietlof Graf v. d. Schulenburg, der als Angehöriger des OKW-Sonderstabes von General v. Unruh zur Suche nach personellen Einsparungsmöglichkeiten in militärischen Verwaltungsdienststellen in Paris war, über neue Widerstandschancen in Berlin unterrichtet. Stülpnagel benannte Hofacker schließlich Mitte Oktober 1943 zum »Stabsoffizier z. b. V.« beim Militärbefehlshaber in Frankreich[9]. In dieser Funktion als persönlicher Berater des Militärbefehlshabers konnte er den Kontakten innerhalb der Militäropposition erheblich nützen. Sein Aufgabengebiet ermöglichte ihm zahlreiche Reisen und Verbindungsaufnahmen, die nicht selten im Auftrag General Stülpnagels erfolgten, der bereits erste Kontakte zu General Olbricht im Allgemeinen Heeresamt in Berlin geknüpft hatte. Durch die familiären Verbindungen zu seinem Vetter, Oberstleutnant i. G. Graf Schenk v. Stauffenberg, der seit 1. Oktober 1943 Chef des Stabes bei General Olbricht war, sowie durch mehrere Reisen nach Berlin konnte Hofacker wichtige Informationen über die sich neu formierende Militäropposition im Stab des Allgemeinen Heeresamtes beim Chef der Heeresrüstung und Befehlshaber des Ersatzheeres nach Paris übermitteln.

In erheblichem Maße ist es deshalb Hofacker zuzuschreiben, wenn um General Carl-Heinrich v. Stülpnagel in Paris ein fester Widerstands- und Verschwörerkreis von Gleichgesinnten aufgebaut werden konnte, zu dem unter anderen Generalleutnant Hans Freiherr v. Boineburg-Lengsfeld, Oberst Karl v. Unger, Oberst i. G. Hans-Otfried v. Linstow, Rittmeister der Reserve Dr. Gotthard Freiherr v. Falkenhausen, Dr. Ernst Röchling, Kriegsverwaltungsrat Walter Bargatzky, Kriegsverwaltungsoberrat Friedrich Freiherr v. Teuchert und später Oberst i. G. Eberhard Finckh gehörten[10]. Aufgrund dieses festen Widerstandskreises um Stülpnagel und Hofacker in Paris wurden im Widerstandszentrum in Berlin sogar Überlegungen angestellt, ob man nicht von Paris aus durch selbständiges Handeln die Initialzündung zum Staatsstreich unternehmen sollte. In angespannter Erwartung der militärischen Landung der Alliierten in Frankreich wurden solche Pläne aber wieder zurückgestellt, zumal sich im Allgemeinen Heeresamt in Berlin um Olbricht und Stauffenberg ein neues Zentrum der Verschwörer bilden konnte.

Mit Stauffenberg, den Hofacker Ende Oktober 1943 in Berlin wiedertraf, verband ihn alsbald eine »gemeinsame politische Verschworenheit«, wie er nachträglich konstatierte [11]. Stauffenberg sah in Hofacker den wichtigsten Verbindungsmann des Widerstandes nach Paris. Die Zusammenarbeit der beiden Stabsoffiziere verstärkte sich noch, als Hofacker im Dezember 1943 einen mehrwöchigen Urlaub in Berlin nutzte, um mit den wichtigsten Verschwörern zusammenzutreffen, und sich an der Ausarbeitung der Pläne für den Umsturzversuch beteiligte.

Auch im Januar und Frühjahr 1944 war Hofacker wiederholt in Berlin, wo er mit Carl Goerdeler, dem Kopf der zivilen Widerstandsgruppe, zusammentraf. Dabei widersprach er dessen Absicht, Elsass-Lothringen beim Reich zu belassen und ihm eine Art Autonomie zu gewähren. Hofacker, der sich selbst noch 1940 im Siegesgefühl über Frankreich für die Einverleibung der beiden Provinzen in das Reich ausgesprochen hatte, trat mittlerweile für die Rückgabe an Frankreich ein, denn nur dadurch könne nach seiner Überzeugung eine dauerhafte Friedenslösung ermöglicht werden [12].

Als Hofacker mit Ernst Jünger, der als Hauptmann der Reserve ebenfalls seit 1941 im Kommandostab des Militärbefehlshabers in Frankreich eingesetzt war, am 27. März 1944 in Paris zusammentraf, bekannte er sich zum Attentatsversuch auf Hitler, »der in die Luft zu sprengen sei« [13]. Jünger blieb allerdings zurückhaltend und außerhalb der aktiven Pariser Konspiration. In den Gestapoberichten wird Hofacker als »ein fanatischer Treiber und Verfechter des Putschgedankens und der gewaltsamen Lösung« bezeichnet, der auch selbst »aktiver Mittäter« sein wollte [14]. Zu Hofacker stieß am 25. Juni 1944 der aus dem Verschwörerkreis um Stauffenberg kommende Oberst i. G. Eberhard Finckh, der auf die Stelle des Oberquartiermeisters im Stab des Oberbefehlshabers West versetzt worden war. Die Position als Oberbefehlshaber West übernahm am 3. Juli 1944 Generalfeldmarschall Günther v. Kluge, den man vonseiten der Verschwörer mehr als bisher Feldmarschall v. Rundstedt als Sympathisanten des Kampfes gegen Hitler einschätzte. Man kann annehmen, dass Finckh Hofacker weitere Bestätigungen über die Attentatspläne in Berlin vermittelte [15]. Beide erörterten auch die Möglichkeit, die Front im Westen gegenüber den Alliierten zu öffnen, um dadurch den Krieg zu beenden.

Am 9. Juli sprach Hofacker im Auftrag Stülpnagels mit Generalfeldmarschall Rommel, dem Oberbefehlshaber der Heeresgruppe B, über die militärische Lage im Westen, nachdem dieser bei der »Führerbesprechung« in Marginal am 17. Juni 1944 von Hitler vergeblich die Beendigung des Krieges gefordert hatte. Hofacker informierte den Feldmarschall über Stauffenbergs Plan eines Attentats auf Hitler und die Umsturzpläne in Berlin. Er gewann dabei den Eindruck, dass Rommel und dessen Generalstabschef, Generalleutnant Dr. Hans Speidel, das Attentat und den Umsturzversuch billigten. Nach deren Einschätzung sei die Front im Westen »höchstens noch zwei Monate« zu halten und der Krieg insgesamt verloren[16]. Möglicherweise hat Hofacker Rommels Bereitschaft, sich beim Staatsstreichversuch zur Verfügung zu stellen, überbewertet. Immerhin verfasste Rommel auch unter dem Einfluss des Gesprächs mit Hofacker am 15. Juli 1944 ein mehrseitiges Memorandum als »Betrachtungen zur Lage« für Hitler, in dem er ihn angesichts der hohen Verluste gleichsam ultimativ aufforderte, die Folgerungen aus dem »ungleichen Kampf« im Westen zu ziehen[17].

Vom 10. bis 16. Juli 1944 traf Hofacker nochmals in Berlin mit den Verschwörern zusammen, u. a. mit den beiden Grafen Stauffenberg, Generaloberst a. D. Ludwig Beck, Albrecht Ritter Mertz v. Quirnheim, Peter Graf Yorck v. Wartenburg, Adam v. Trott zu Solz, Fritz-Dietlof Graf v. d. Schulenburg, Ulrich Wilhelm Graf Schwerin v. Schwanenfeld und Carl Goerdeler. Er übermittelte ihnen die Einschätzung der Generalfeldmarschälle v. Kluge und Rommel, dass die Front im Westen nach den militärischen Erfolgen der Westalliierten im Anschluss an die Invasion in der Normandie nicht mehr lange gehalten werden könne[18]. Ferner machte er deutlich, dass es für ein Gelingen des Staatsstreichs unabdingbar sei, Hitler zu töten. Nur dann sei auch mit der weiteren Beteiligung v. Kluge und Rommel zu rechnen. Hofacker sprach sich zudem für »eine rechtzeitige Kapitulation« Deutschlands aus, da nach seiner Einschätzung »weder ein Sieg-Friede noch ein Kompromiß-Friede« mehr möglich war. Der Weg sei »ein völliger Systemwechsel unter Beseitigung des ›Führers‹«.

Unsicher ist, ob Hofacker Kontakt zur französischen Résistance aufnahm und ob er mit Hilfe seines Fahrers Paul Gräfe, zwischen Januar und Mai 1944 auch mit Otto Niebergall, dem Leiter des im September 1943 gegründeten geheimen Komitees »Freies Deutschland für den Westen« und der illegalen KPD-Organisation im besetzten Frankreich, in Verbindung stand[19].

In Paris bereitete man insgeheim die Verhaftungen von SS-, SD- und Gestapo-Dienststellen vor und war bemüht, sich durch vorbereitete Alarmierungsbefehle die Kommandogewalt zu sichern. Im Falle des Gelingens des Staatsstreiches sollte Hofacker zuerst als außenpolitischer Berater beim designierten Reichskanzler Goerdeler, danach als Verbindungsmann zur französischen Regierung in Vichy wirken und »sofort alles in die Wege leiten, um mit [Marschall] Pétain zu einer grundsätzlichen Verständigung zu gelangen« und auch dessen Vermittlung zu den Westalliierten zu erreichen[20]. Insgesamt dokumentieren die Kontakte und Planungen – ähnlich wie die »Walküre«-Befehle in Berlin – eine solide Vorbereitung der Verschwörer in Paris, als es endlich zum Attentat auf Hitler im »Führerhauptquartier« in Ostpreußen kam.

Am Vormittag des 20. Juli 1944 erhielten v. Hofacker und Oberst i. G. Eberhard Finckh aus dem Oberkommando des Heeres in Zossen das Stichwort »Übung« übermittelt, womit die Durchführung des Attentates gegen Hitler für den gleichen Tag angekündigt wurde[21]. Nach 14.00 Uhr erhielt Finckh Gewissheit, dass das Attentat in Ostpreußen erfolgt war. Er meldete dem Chef des Generalstabes des OB West, General der Infanterie Günther Blumentritt, in St. Germain-en-Laye den Tod Hitlers und die Bildung einer neuen Regierung Beck-Goerdeler in Berlin. Der Oberbefehlshaber West, Generalfeldmarschall v. Kluge, befand sich allerdings seit 9.00 Uhr bei St. Pierre-Dives auf einer Befehlshaberbesprechung der Heeresgruppe B.

Zwischen 16.00 und 17.00 Uhr des 20. Juli 1944 erfuhr Hofacker als einer der ersten von seinem Vetter Graf Stauffenberg Angerufenen, dass er das Attentat durchgeführt habe und Hitler tot sei. Er unterrichtete General v. Stülpnagel und die Mitverschworenen im Verwaltungsstab. Stülpnagel veranlasste daraufhin die Verhaftung der SS- und SD-Führer sowie der Polizeioffiziere.

Rommel, der eine mögliche Stütze bei diesen Aktionen gewesen wäre, stand allerdings durch die bei einem alliierten Fliegerangriff am 17. Juli 1944 erlittenen Verletzungen für den Umsturz nicht zur Verfügung. Die von Stülpnagel und Hofacker eingeleiteten Aktionen verliefen reibungslos und erfolgreich. Der eingeweihte höhere Nachrichtenführer, Generalleutnant Eugen Oberhäuser, sperrte den gesamten unterstellten Funk- und Fernsprechverkehr zwischen Frankreich und Deutschland bis auf die Linie Berlin und ließ die Sender in Paris besetzen. Der Stadtkommandant von Groß-Paris, Generalleutnant Hans Freiherr v. Boineburg-Lengsfeld, und dessen Chef des Stabes, Oberst Karl v. Unger, sicherten im Auftrag Stülpnagels die Kommandogewalt zugunsten des Umsturzversuches gegen die zahlreichen SS-, SD- und Gestapo-Dienststellen in der Stadt.

Nach 17.00 Uhr kehrte Generalfeldmarschall v. Kluge zu seinem Gefechtsstand nach La Roche Guyon zurück. Der Chef des Generalstabes der Heeresgruppe B, Generalleutnant Dr. Hans Speidel, informierte ihn über die Vorgänge in Berlin. Er wies dabei auf Unklarheiten und die einander widersprechenden Nachrichten hin. Der Oberbefehlshaber der Luftflotte 3, Generalfeldmarschall Hugo Sperrle, und der Militärbefehlshaber Frankreich wurden deshalb von Kluge zur Besprechung nach La Roche Guyon befohlen. Inzwischen wurde das Sicherungsregiment Nr. 1, dessen Kommandeur Oberstleutnant Kurt v. Kraewel war und das in der École Militaire am Eiffelturm untergebracht war, alarmiert. Um kein Aufsehen bei der französischen Bevölkerung zu erregen, sollte die befohlene Verhaftung der SS- und SD-Führung jedoch erst am späten Abend erfolgen.

Bei einem Telefongespräch zwischen Generaloberst Beck in der Bendlerstraße in Berlin und General der Infanterie Carl-Heinrich v. Stülpnagel gegen 19.00 Uhr bekannte sich Stülpnagel rückhaltlos zu Beck und versprach, den gesamten Sicherheitsdienst und die SS mit ihren Führern in Frankreich festzusetzen. Im anschließenden Telefonat Becks mit Kluge forderte dieser, zuerst Gewissheit über den Tod Hitlers zu erhalten, bevor er zum Handeln bereit sei. Auf Becks Frage, ob er auf jeden Fall zu handeln bereit sei, wich Kluge aus und erklärte, er müsse sich erst ein Bild von den Vorgängen verschaffen, bevor er derartig schwer wiegende Schritte unternehmen könne. Wenig später meldete sich General der Infanterie Alexander Freiherr v. Falkenhausen aus Brüssel, der kurz zuvor am 13. Juli 1944 dienstenthobene Militärbefehlshaber von Belgien und Nordfrankreich, telefonisch bei v. Kluge, um sich über die Lage zu informieren. Dieser empfahl ihm, zunächst eine Klärung der Lage abzuwarten[22].

Als etwa um 20.00 Uhr der erste grundlegende Befehl mit der Unterschrift des neuen »Oberbefehlshabers der Wehrmacht«, Generalfeldmarschall v. Witzleben, in La Roche Guyon eintraf, glaubte Kluge an den Tod Hitlers und beriet sich mit seinem Chef des Generalstabes, General Günther v. Blumentritt, ob er einen Waffenstillstand im Westen einleiten und zugleich den V-Waffen-Beschuss gegen Großbritannien einstellen solle[23]. Gleich darauf traf aber das Fernschreiben Generalfeldmarschalls Keitel ein, in dem die Ungültigkeit aller Befehle von Generalfeldmarschall v. Witzleben und Generaloberst Hoepner erklärt wurde. Daraufhin sprach Blumentritt mit dem »Führerhauptquartier« und mit SS-Gruppenführer Carl Albrecht Oberg, dem Höheren SS- und Polizeiführer in Frankreich. Beide Gespräche brachten jedoch immer noch keine definitive Klarheit über die Situation in Ostpreußen und in Berlin. Schließlich erfuhr Kluge gegen 20.00 Uhr durch ein Telefonat mit Generalmajor Helmuth Stieff im Oberkommando des Heeres in Ostpreußen, dass Hitler das Attentat überlebt hatte. Daraufhin entschied Kluge dann doch, sich nicht der Verschwörung anzuschließen[24]. Gleichwohl wurde in der Innenstadt von Paris um 20.00 Uhr das Sicherungsregiment 1 durch den stellvertretenden Stadtkommandanten von Paris, Generalmajor Walther Brehmer, beauftragt, die SS- und SD-Unterkünfte zu besetzen. Die dann auf 22.30 Uhr festgelegten Verhaftungen fanden bereits nicht mehr »im Namen des Führers« statt.

Bei der Besprechung Kluges mit Oberstleutnant Hofacker und v. Stülpnagel in La Roche Guyon schilderte Hofacker den schon laufenden Beginn des Umsturzes in Paris. Kluge wies auf das Fernschreiben Keitels hin, wonach das Attentat missglückt sei. Er betrachtete es als »unverantwortlich«, nun noch den »Walküre«-Befehlen aus dem Allgemeinen Heeresamt in Berlin zu folgen. General v. Stülpnagel bekannte allerdings gegenüber Kluge, dass er bereits alle Alarmmaßnahmen in Paris habe anlaufen lassen. Im Auftrage Kluges rief daraufhin General v. Blumentritt in Paris an, um die eingeleiteten Maßnahmen anzuhalten. Der Chef des Stabes beim Militärbefehlshaber, Oberst i. G. Hans-Ottfried v. Linstow, gab aber zu verstehen, dass die Maßnahmen nicht mehr aufzuhalten seien. Stülpnagel versuchte danach vergeblich, Kluge doch noch zum Handeln mitzureißen, um die Einstellung des Kampfes im Westen und eine Verbindungsaufnahme mit den Alliierten zu erreichen; auch Hofacker beschwor Kluge, den Umsturz zu unterstützen. Dieser betonte jedoch, dass er bereit gewesen sei mitzumachen, wenn Hitler tot gewesen wäre. Letztlich versagte sich Kluge aber der Verschwörung und enthob Stülpnagel seines Postens, ohne ihn allerdings sogleich festzunehmen.

Mittlerweile hatte um 22.30 Uhr die Besetzung der SS- und SD-Unterkünfte begonnen. Der Höhere SS- und Polizeiführer Frankreich, SS-Gruppenführer Oberg, und der höhere SD-Führer, SS-Standartenführer Dr. Helmut Knochen, wurden verhaftet. Gegen 23.00 Uhr war der Schlag gegen SS, SD und Gestapo gelungen. Die SS- und Polizeiverbände wurden ohne Gegenwehr entwaffnet und in die Pariser Gefängnisse, u. a. in Fresnes, eingeliefert. Es befanden sich letztlich 1200 SS- und SD-Angehörige im Gewahrsam der Heeresstellen. Dies war ein beeindruckender Erfolg zugunsten des Staatsstreichs.

Nach Mitternacht kehrte General Stülpnagel nach Paris ins Hotel Raphaël zurück. Generalleutnant Hans Freiherr v. Boineburg-Lengsfeld und Oberst i. G. Linstow berichteten ihm über die erfolgreichen Festsetzungen in der Stadt. Dagegen gab General v. Blumentritt Kluges Befehl an die Heeres-Dienststellen weiter, SS, SD und Gestapo wieder freizulassen. Unter dem Eindruck verschiedener Nachrichten entschloss sich Oberstleutnant v. Kraewel, die Gefängnisse zu öffnen [25]. Generalleutnant v. Boineburg-Lengsfeld begab sich zu den festgenommenen SS-Führern ins Hotel Continental und bat SS-Gruppenführer Oberg, ihn ins Hotel Raphaël zu begleiten. Dort entschuldigte sich General v. Stülpnagel damit, er sei einem »Missverständnis« zum Opfer gefallen. Unter dem Hinweis auf die zahlreichen widersprüchlichen Fernschreiben konnte er seine Rolle glaubhaft spielen. Am frühen Morgen des 21. Juli kam dann die Sprachregelung zustande, das Ganze sei eine Übung gewesen. Um 3.00 Uhr waren alle SS- und SD-Unterkünfte vom Heer wieder geräumt. General v. Stülpnagel wurde zu gleicher Zeit nach Berlin zur Berichterstattung befohlen. Auf der Autofahrt nach Berlin unternahm er bei Verdun einen Selbstmordversuch, der jedoch misslang. Schwer verletzt und blind wurde v. Stülpnagel verhaftet, danach vor dem »Volksgerichtshof« angeklagt und zum Tode verurteilt. Am 30. August 1944 wurde er gehängt.

Auch Hofacker wurde nach dem Scheitern des Umsturzversuchs verhaftet. Die Gestapo konnte ihn am 25. Juli 1944 in der Pariser Wohnung seines Freundes Ernst Röchling festnehmen [26]. Die Möglichkeit unterzutauchen hatte Hofacker abgelehnt. Aufgrund seines Geständnisses der Beteiligung am Staatsstreich gegen Hitler wurde er sogleich von Göring am 11. August 1944 aus der Luftwaffe ausgestoßen [27], sodass dadurch die Anklage gegen ihn wie bei den Heeresoffizieren vor dem »Volksgerichtshof« erfolgen konnte. Nach vielen Gestapo-Verhören wurde er am 29. August 1944 von dem »Volksgerichtshof« Roland Freislers zusammen mit General v. Stülpnagel, Oberst v. Linstow und Oberst Finckh angeklagt und am 30. August zum Tode verurteilt. Dabei bot er Freisler in der nicht öffentlichen Gerichtsverhandlung mutig Paroli und erklärte, als dieser ihn beim Schlusswort unterbrechen wollte: »Sie sollten jetzt schweigen, Herr Präsident, heute geht es um meinen Kopf, in einem Jahr um den Ihren!« [28]

Möglicherweise hat Hofacker bei den Verhören Generalfeldmarschall Rommel belastet, sodass dieser von Hitler am 14. Oktober 1944 wegen Beteiligung am Umsturzversuch zum Selbstmord gezwungen wurde. Hofacker wurde dann am 20. Dezember 1944 in Berlin-Plötzensee hingerichtet. Der Umstand, dass die NS-Führung Hofacker nicht sogleich nach dem Urteil vom 29. August 1944 wie die anderen Mitangeklagten hinrichten ließ, deutet darauf hin, dass man ihn als einen der zentralen Mitverschwörer Stauffenbergs, wenn nicht die wichtigste »treibende Kraft des Widerstandes« bzw. als »Kopf der am 20. Juli 1944 in Paris abgelaufenen Putschmaßnahmen« ansah [29], von dem man in weiteren Verhören noch genauere Informationen über das Ausmaß des Widerstandes gegen Hitler zu erhalten hoffte.

Zweifellos war Hofacker die maßgebliche, den Widerstand gegen Hitler in Paris vorantreibende Kraft mit bemerkenswerter Autorität. Allerdings konnte auch er den die gesamte Kommandogewalt in Frankreich innehabenden Oberbefehlshaber West, Generalfeldmarschall v. Kluge, nicht beiseite schieben oder gar sich gegen dessen mögliche Gegenbefehle durchsetzen. Hofackers Wirken ist ein Beispiel für die besondere Bedeutung einzelner mitreißender Persönlichkeiten im Widerstand gegen Hitler, die von der Richtigkeit des Umsturzes und Attentats auf den Diktator zutiefst überzeugt waren und dann auch entscheidenden Einfluss hatten. Hofacker gelang es immerhin zusammen mit Stülpnagel, Linstow und Finckh, in Paris durch die erfolgreiche Verhaftung der SS- und SD-Führer die Machbarkeit des Putsches gegen das NS-Regime zu belegen.

Während man in Paris im besonderen Maße den »Walküre«-Befehlen aus Berlin Folge leistete und zu den Verschwörern in der Bendlerstraße hielt, wartete man in vielen anderen Befehlsbereichen und Wehrkreisen erst einmal ab, wie sich die weitere militärische Situation entwickelte, zumal die erst nach 16.00 Uhr verschickten Befehle von Witzleben, Beck, Hoepner oder Stauffenberg bereits mit den Gegenbefehlen Keitels aus dem »Führerhauptquartier« zusammentrafen und zudem auch alsbald das Überleben Hitlers durchgegeben wurde. Die widersprüchliche Befehlslage mit fast gleichzeitigen Anweisungen aus Berlin und Rastenburg bewirkte bei mehreren Wehrkreiskommandos, von Anfang an nichts Besonderes zu veranlassen und erst die weitere Klärung der Lage abzuwarten. Dies betraf die Wehrkreise I in Königsberg, II in Stettin, IV in Dresden, V in Stuttgart, VI in Münster, VII in München, VIII in Breslau, X in Hamburg, XI in Hannover, XII in Wiesbaden, XIII in Nürnberg, XVIII in Salzburg, XX in Danzig und XXI in Posen (siehe Karte auf S. 52/53). Als schließlich mehrfach Keitels Mitteilung eintraf, dass Hitler das Attentat nur leicht verletzt überlebt habe und nach wie vor die komplette Befehlsgewalt besaß, konnten in den Wehrkreiskommandos keine zusätzlichen Alarm- oder Verhaftungsbefehle mehr erlassen werden; in einigen Wehrkreisen bereits vereinzelt doch erteilte Befehle für eine Alarmierungsvorbereitung wurden wieder zurückgenommen.

Beispielsweise hatte man im Wehrkreiskommando IX in Kassel am späten Abend des 20. Juli der telefonischen Versicherung Stauffenbergs über Hitlers Tod vorübergehend Glauben geschenkt und Befehle zur Festnahme der NSDAP-Gauleiter der drei im Wehrkreisbezirk liegenden Gaue und der betreffenden Höheren SS- und Polizeiführer erteilt. Als jedoch Feldmarschall Keitel kurz darauf noch vor Mitternacht anrief und beim Befehlshaber, General der Infanterie Otto Schellert, und dessen Chef des Stabes, Oberst i. G. Claus-Henning v. Plate, die letzten Zweifel beseitigen konnte, dass Hitler das Attentat überlebt habe, wurden auch hier die zuvor erteilten Befehle wieder aufgehoben [30].

Für die Berliner Verschwörer Erfolg versprechender verlief die Entwicklung im Wehrkreiskommando XVII in Wien und im Wehrkreiskommando XXII für Böhmen und Mähren in Prag. Nachdem gegen 18.00 Uhr das erste Fernschreiben aus Berlin in Wien eingetroffen war, ließ der Generalstabschef des Wehrkreiskommandos XVII, Oberst i. G. Heinrich Kodré, den »Walküre«-Alarm auslösen [31]. Nach Eintreffen des zweiten Fernschreibens aus Berlin baten er und der Befehlshaber des Wiener Wehrkreises, General der Panzertruppen Hans-Karl Freiherr v. Esebeck, sogleich den NSDAP-Gauleiter von Wien, Baldur v. Schirach, den NSDAP-Gauleiter und Reichsstatthalter von Niederdonau, SS-Obergruppenführer Dr. Hugo Jury, den NSDAP-Gaupropagandaleiter Eduard Frauenfeld, den Höheren SS- und Polizeiführer, SS-Obergruppenführer Rudolf Querner, den stellvertretenden NSDAP-Gauleiter von Wien, SS-Brigadeführer Karl Scharizer, den Befehlshaber der Ordnungspolizei, SS-Gruppenführer und Generalleutnant der Polizei Otto Schumann, zu einer Besprechung in das Generalkommando. Schirach und Jury befanden sich allerdings außerhalb Wiens. Gleichzeitig ließ der über den Staatstreich durch Stauffenberg eingeweihte Ib-Offizier im Wehrkreiskommando, Hauptmann Karl Szokoll, die ersten Alarmbefehle gemäß den »Walküre«-Anordnungen aus Berlin ausführen [32]. Der Stadtkommandant von Wien, Generalleutnant Adolf Sinzinger, erhielt die Weisung, in der Stadt Sicherungsmaßnahmen entsprechend den Befehlen aus der Bendlerstraße durchzuführen und möglichen Widerstand mit Waffengewalt zu brechen. Es erging ferner die Aufforderung, alle Konzentrationslager im Wehrkreis zu erfassen. Die Ordnungspolizei wurde der Wehrmacht unterstellt. Bei einem Telefonat mit Stauffenberg in Berlin ließen sich Esebeck und Kodré die Durchführung der »Walküre«-Befehle nochmals bestätigen. Als die ahnungslosen SS-Führer und Parteifunktionäre gegen 20.00 Uhr im Wehrkreiskommando eintrafen, wurden sie von Offizieren des Generalkommandos festgenommen. Darüber hinaus besetzten Einheiten des Ersatzheeres die militärischen Objekte in der Stadt und sicherten sie gegen mögliche Übergriffe von Partei- oder SD-Stellen. Zwischen 20.00 Uhr und 21.00 Uhr traf zudem aus Berlin das Fernschreiben ein, das die politischen Beauftragten für den Wehrkreis, Karl Seitz und Josef Reither, und ebenso Oberst Rudolf Graf v. Marogna-Redwitz, den früheren Leiter der militärischen Abwehrstelle in Wien und Verwandten Stauffenbergs, als Verbindungsoffizier des OKH zum Wehrkreis ernannte. Danach kamen erste Zweifel auf, ob Hitler nicht doch noch am Leben sei.

Nachdem verschiedene Gegenbefehle aus dem »Führerhauptquartier« in Wien eintrafen, sprachen General v. Esebeck und Oberst Kodré mit Generaloberst Hoepner, der mittlerweile von Generaloberst Fromm die Funktion als Chef der Heeresrüstung und Befehlshaber des Ersatzheeres übernommen hatte. Hoepner konnte jedoch die Zweifel Esebecks am Tod Hitlers nicht ausräumen; vielmehr blieben dessen Bedenken über die Richtigkeit der »Walküre«-Anordnungen verstärkt bestehen. Als schließlich Generalleutnant Burgdorf und Generalfeldmarschall Keitel aus dem »Führerhauptquartier« zwischen 21.00 Uhr und 22.00 Uhr erneut mit Kodré telefonierten und Hitlers Überleben bestätigten, wurde die Alarmierung aus Berlin als Putschversuch erkannt und die angelaufenen Maßnahmen angehalten. Die SS- und Parteiführer wurden freigelassen. Esebeck und Kodré entschuldigten sich bei den bislang Festgesetzten für das entstandene Missverständnis. Als Hitlers Ansprache nach Mitternacht im Rundfunk gesendet wurde, war der Putschversuch in Wien bereits wieder beendet. General v. Esebeck und Oberst Kodré wurden zwei Tage später verhaftet und bis zum Kriegsende in Konzentrationslager verschleppt[33]. Auch Karl Seitz und Josef Reither wurden verhaftet – ebenso der frühere Landeshauptmann Franz Rehrl, der im Wehrkreis XVIII in Salzburg als politischer Beauftragter vorgesehen und benannt worden war. Oberst Graf v. Marogna-Redwitz wurde zum Tode verurteilt und hingerichtet. Hauptmann Szokolls Wissen blieb unentdeckt.

Am Anfang ziemlich Erfolg versprechend war auch der Ablauf des 20. Juli 1944 in Prag, wo die Dienststelle des Wehrmachtsbevollmächtigten beim Reichsprotektor in Böhmen und Mähren und Befehlshaber im Wehrkreis XXII (Böhmen und Mähren) um ca. 18.30 Uhr die ersten Fernschreiben zu den Alarmbefehlen aus der Bendlerstraße in Berlin erhielt. General der Panzertruppen Ferdinand Schaal, seit September 1943 Wehrmachtsbevollmächtigter und Befehlshaber im Wehrkreis, erkundigte sich daraufhin bei Stauffenberg in Berlin nochmals telefonisch, ob diese Befehle tatsächlich korrekt seien, was dieser bestätigte. Stauffenberg drängte zudem darauf, mit allen Mitteln die vollziehende Gewalt in die Hände zu nehmen sowie Ruhe und Ordnung in Prag zu gewährleisten. Schaal befahl deshalb kurz nach 19.00 Uhr die Auslösung des Stichwortes »Odin«, das im Reichsprotektorat Böhmen und Mähren der »Walküre«-Alarmierung im Reich entsprach, um entsprechende Sicherungsmaßnahmen – auch gegenüber der tschechischen Bevölkerung – einzuleiten und einen militärischen Objektschutz vorzunehmen [34]. Als der Stellvertreter des Deutschen Staatsministers Frank, SS-Standartenführer und Ministerialrat Robert Gies, kurz vor 20.00 Uhr bei General Schaal eintraf, wurde er über die Befehle aus Berlin informiert und zugleich im Wehrkreiskommando festgehalten.

In einem anschließenden Telefonat mit Generaloberst Hoepner bat Schaal, die aus Berlin befohlenen Festnahmen den örtlichen Gegebenheiten anpassen zu können, um die politische Situation gegenüber der tschechischen Bevölkerung nicht zu verunsichern. Hoepner stimmte dem Vorschlag zu [35]. Die Verhaftung von Staatsminister Frank ließ sich allerdings nicht ausführen, da dieser nicht zu Schaal in das Wehrkreiskommando kam. Kurz vor 22.00 Uhr erfuhr General Schaal allerdings aus Berlin, dass sich dort die Situation zu ungunsten der Verschwörer entwickelt hatte. Als auch noch Generalleutnant Burgdorf kurz nach 22.00 Uhr vom »Führerhauptquartier« aus Rastenburg anrief und mitteilte, dass das Attentat und der Staatsstreich der Berliner Verschwörergruppe gescheitert seien, entließ Schaal den

SS-Standartenführer Gies wieder. Kurz vor 23.00 Uhr ordnete der Wehrkreisbefehlshaber schließlich auf Forderung von Staatsminister Frank die Aufhebung aller bisher ergangenen Maßnahmen an. So waren auch in Prag um Mitternacht die anfangs Erfolg versprechenden Maßnahmen zugunsten der Verschwörer wieder aufgehoben. Schaal wurde am nächsten Tag auf Befehl Himmlers von Frank verhaftet und bis zum Kriegsende gefangen gehalten.

Letztlich zeigte sich in fast allen Wehrkreisen, dass den Befehlen der Verschwörer aus der Bendlerstraße die Gegenbefehle aus dem »Führerhauptquartier« in Ostpreußen zu rasch folgten, um überhaupt in die Praxis umgesetzt werden zu können. Letztere enthielten zudem die entscheidende Mitteilung, dass Hitler das Attentat überlebt hatte, sodass die Alarm- und Sicherungsmaßnahmen zugunsten der Berliner Attentäter nur in wenigen Wehrkreisen überhaupt und nur ansatzweise eingeleitet werden konnten. Es fehlten mehrere entscheidende Stunden, die durch die verzögerte Auslösung des »Walküre«-Alarms erst am Nachmittag des 20. Juli 1944 verloren gegangen waren. Es machte sich nun sträflich bemerkbar, dass man im Bendlerblock über die Durchführung des Attentates im »Führerhauptquartier« durch General Fellgiebel nicht exakt unterrichtet worden war und dass man nicht wusste, ob Hitler dabei getötet worden war, sodass General Olbricht mit der Ausgabe des »Walküre«-Alarmbefehls an die unterstellten Wehrkreiskommandos wartete, bis Graf Stauffenberg endlich wieder bei Berlin gelandet war.

4. Hitlergegner und Attentäter: Biographische Skizzen zum 20. Juli 1944 und zur Militäropposition

Beck, Ludwig

Generaloberst a. D.

Geburtsdatum und Geburtsort: 29. 6. 1880 in Biebrich / Rhein.

Todesdatum: 20. 7. 1944 erschossen.

Werdegang, Dienststellungen, Widerstandstätigkeit: 1899 Leutnant, 1909 Oberleutnant, 1913 Hauptmann, 1916 Major, 1923 Oberstleutnant, 1927 Oberst, 1931 Generalmajor, 1932 Generalleutnant, 1935 General der Artillerie, 1938 Generaloberst – Beck begrüßte den NS-Machantritt von 1933 als politischen Umschwung nach der Niederlage von 1918 und nach der Zeit der Weimarer Republik. Er war vom Herbst 1933 bis 1938 Chef des Truppenamtes bzw. ab 1935 Chef des Generalstabes des Heeres. In dieser Stellung beteiligte er sich maßgeblich an der raschen Aufrüstung unter Hitlers Herrschaft. Er gilt als Repräsentant der national-konservativen Führungselite im Dritten Reich, der ab Frühjahr 1938 sein Werk durch vorzeitige Kriegsabsichten Hitlers gefährdet sah und zusammen mit Admiral Canaris und Staatssekretär v. Weizsäcker vom Auswärtigen Amt nach Möglichkeiten suchte, um Hitlers Kriegsabsichten zu vereiteln. Im Sommer 1938 bedrängte er mehrere Generale zum geschlossenen Rücktritt wegen Hitlers bedenkenloser Kriegspolitik. Als dies misslang, beantragte er seine Dienstentlassung. In den folgenden Jahren

wurde er zur zentralen Figur des militärischen Widerstandes. Beck sollte bei gelungenem Staatsstreich das Amt des Reichsverwesers bzw. Generalstatthalters übernehmen. In dieser Eigenschaft erließ er die vorbereiteten öffentlichen Erklärungen an das deutsche Volk. Am 20. Juli 1944 war er in der Bendlerstraße und beging dort nach dem Scheitern des Umsturzes und nach Festnahme durch Generaloberst Fromm Selbstmord. Als dies misslang, wurde er im Auftrag Fromms durch einen anwesenden Soldaten erschossen.

Bernardis, Robert
Oberstleutnant im Generalstab
Geburtsdatum und Geburtsort: 7. 8. 1908 in Innsbruck.
Todesdatum: 8. 8. 1944 in Plötzensee hingerichtet.
Werdegang, Dienststellungen, Widerstandstätigkeit: 1932 Leutnant, 1936 Oberleutnant, 1938 Hauptmann, 1942 Major, 1943 Oberstleutnant – Bernardis war seit 1928 Berufssoldat im österreichischen Bundesheer, ab März 1938 – nach dem Anschluss Österreichs an das Reich – in der Wehrmacht. Er absolvierte die Kriegsakademie in Berlin und nahm als Generalstabsoffizier am Polen-, Frankreich- und Balkanfeldzug sowie am Krieg gegen die Sowjetunion teil. 1942 kam er als Gruppenleiter in das Allgemeine Heeresamt in Berlin. Seit 1943 war er in Kontakt mit Graf Stauffenberg und danach aktiv an den Vorbereitungen für den Staatsstreich beteiligt. Er hielt insbesondere konspirative Verbindungen zum Wehrkreis XVII (Wien). Am 20. Juli 1944 unterstützte er Stauffenberg im Bendlerblock bei der Befehlsgebung für die »Walküre«-Alarmmaßnahmen. Am Abend wurde er dort verhaftet, am 8. August vom »Volksgerichtshof« zum Tode verurteilt und noch am selben Tag in Plötzensee umgebracht.

Canaris, Wilhelm
Admiral
Geburtsdatum und Geburtsort: 1. 1. 1887 in Aplerbeck/Hörde.
Todesdatum: 9. 4. 1945 im Konzentrationslager Flossenbürg umgebracht.
Werdegang, Dienststellungen, Widerstandstätigkeit: 1908 Leutnant z. S., 1910 Oberleutnant z. S., 1915 Kapitänleutnant, 1924 Korvettenkapitän, 1929 Fregattenkapitän, 1931 Kapitän zur See, 1935 Konteradmiral, 1938 Vizeadmiral, 1940 Admiral – Im Ersten Weltkrieg U-Boot-Kommandant und Admiralstabsoffizier. Seit 1935 Chef der Abwehrabteilung im Reichswehrministerium, die später zum Amt Ausland/Abwehr im Oberkommando der Wehrmacht umgebildet wurde. Galt als typischer Exponent der Geheimdiensttätigkeit. Canaris unterstützte die NS-Aufrüstungspolitik und hielt engen Kontakt zum SD-Chef Heydrich. Nach der Blomberg-Fritsch-Affäre wandte er sich Widerstandsüberlegungen gegen die brutale und unmoralische Herrschaft der NS-Bewegung zu und unterstützte fortan die Oppositionsgruppe in der Abwehr um Oberstleutnant (später Oberst und Generalmajor) Hans Oster bei deren Bemühungen im Kampf gegen Hitlers Herrschaft und dessen Verbrechen. Canaris lehnte insbesondere Hitlers rücksichtlose Kriegspolitik 1938 und 1939 ab. Er förderte deshalb die im Auftrag Osters durchgeführten Friedenssondierungen von Dr. Josef Müller im Vatikan bei Papst Pius XII. Nach der Dienstentlassung von Generalmajor Oster als Chef der Zentralabteilung in der Abwehr und der Verhaftung des Abwehrmitarbeiters und Mitverschwörers Hans v. Dohnanyi im April 1943 resignierte Canaris. Am 12. Februar 1944 wurde er abgesetzt; große Teile der Abwehr wurden dem SD zugeschlagen. Am 23. Juli 1944 wurde Canaris verhaftet. Nach dem Fund von Dohnanyis Aufzeichnungen durch die Gestapo schwer belastet, wurde er am 8. April 1945 von einem SS-Standgericht im KZ Flossenbürg zum Tode verurteilt und am 9. April ermordet.

Dohnanyi, Dr. Hans von
Jurist
Geburtsdatum und Geburtsort: 1. 1. 1902 in Wien.
Todesdatum: 8. 4. 1945 im Konzentrationslager Sachsenhausen ermordet.
Werdegang, Dienststellungen, Widerstandstätigkeit: Nach einem Jura-Studium, das er 1929 mit der Promotion zum Dr. jur. abschloss, wurde v. Dohnanyi 1929 persönlicher Referent der Reichsjustizminister Erich Koch-Weser, Johann Bredt, Curt Joël und Franz Gürtner, danach Leiter des Ministerbüros. Ab 1938 hatte v. Dohnanyi Kontakt zur Gruppe um Oberst Oster und Admiral Canaris in der militärischen Abwehr des OKW. Er sammelte seit 1934 Dokumente über die NS-Verbrechen. Im September 1938 war er an den Überlegungen zum Staatsstreich gegen Hitler beteiligt. Als seine Kritik an der NS-Rassenpolitik publik wurde, wurde er 1938 auf Druck von NS-Parteistellen zum Reichsgericht in Leipzig versetzt. Im August 1939 kam er als »Sonderführer B« (im Rang eines Majors) zum Amt Ausland / Abwehr unter Admiral Canaris. Dort verhalf er Juden als getarnte Abwehrmitarbeiter zur Flucht ins Ausland (»Unternehmen Sieben«) und war enger Mitarbeiter Osters im Widerstand gegen Hitler. Am 5. April 1943 wurde er wegen angeblicher Devisenvergehen verhaftet. Seine früheren Aufzeichnungen wurden nach dem 20. Juli 1944 bei Ermittlungen der Gestapo-Sonderkommission gefunden, sodass er schwer belastet war. Dohnanyi wurde am 8. April 1945 im KZ Sachsenhausen von einem SS-Sondergericht zum Tode verurteilt und umgebracht.

Fellgiebel, Erich
General der Nachrichtentruppen
Geburtsdatum und Geburtsort: 4. 10. 1886 in Poepelwitz / Breslau.
Todesdatum: 4. 9. 1944 in Plötzensee hingerichtet.
Werdegang, Dienststellungen, Widerstandstätigkeit: 1905 Leutnant, 1914 Oberleutnant, 1923 Hauptmann, 1928 Major, 1933 Oberstleutnant, 1934 Oberst, 1938 Generalmajor, 1940 Generalleutnant, 1940 General der Nachrichtentruppen – Im Ersten

Weltkrieg war Fellgiebel im Generalstab eingesetzt. Von 1919 bis 1937 nahm er verschiedene Verwendungen im nachrichtentechnischen Bereich der Reichswehr ein, ab August 1938 als Chef des Heeresnachrichtenwesens und zugleich Chef der Wehrmachtnachrichtenverbindungen im OKW. Seit September 1939 hatte er über Beck und v. Stülpnagel Kontakt mit militärischen Widerstandskreisen. In einer künftigen Regierung nach Hitler sollte er Reichspostminister werden. Beim Attentat war er für die nachrichtentechnische Isolierung des »Führerhauptquartiers« zuständig, was aber nur für kurze Zeit gelang. Er wurde noch in der Nacht zum 21. Juli verhaftet, vom »Volksgerichtshof« am 10. August 1944 zum Tode verurteilt und am 4. September in Plötzensee hingerichtet.

Finckh, Eberhard
Oberst im Generalstab
Geburtsdatum und Geburtsort: 7. 11. 1899 in Kupferzell.
Todesdatum: 30. 8. 1944 in Plötzensee hingerichtet.
Werdegang, Dienststellungen, Widerstandstätigkeit: 1923 Leutnant, 1929 Oberleutnant, 1936 Hauptmann, 1939 Major, 1940 Oberstleutnant, 1942 Oberst – Als Arztsohn in Urach und Stuttgart aufgewachsen, trat er 1920 in die Reichswehr ein. Nach der Generalstabsausbildung an der Kriegsakademie (zusammen mit Graf v. Stauffenberg), war er im Krieg Generalstabsoffizier und 1943 als Oberquartiermeister bei der Heeresgruppe Don (unter Feldmarschall v. Manstein) während des Kessels von Stalingrad eingesetzt. Dort erlebte er die rücksichtslose For-

derung Hitlers, die 6. Armee in der Wolgastadt zu belassen; als für die Nachschubversorgung zuständiger Oberquartiermeister war er mit dem Scheitern der Versorgung für die Armee sowie ihrem Untergang unmittelbar konfrontiert. Er war ab Juni 1944 Oberquartiermeister im Stab des Oberbefehlshabers West in Paris und zählte als Hitlergegner zu den Vertrauten von Stauffenberg und Hofacker. Finckh war maßgeblich am Staatsstreichversuch in Paris am 20. Juli 1944 beteiligt. Er wurde nach dem Scheitern des Staatsstreichs in Paris am 27. Juli 1944 verhaftet, am 29. August 1944 vom »Volksgerichthof« zum Tode verurteilt und am 30. August in Plötzensee hingerichtet.

Goerdeler, Dr. Carl Friedrich
Geburtsdatum und Geburtsort: 31. 7. 1884 in Schneidemühl.
Todesdatum: 2. 2. 1945 hingerichtet.
Werdegang, Dienststellungen, Widerstandstätigkeit: Goerdeler war von 1930 bis 1937 Oberbürgermeister von Leipzig. 1931/32 und 1934/35 war er zugleich Reichskommissar für Preisüberwachung. Seit 1935 war er in Auseinandersetzungen mit der NSDAP verwickelt. Im April 1937 trat er als Oberbürgermeister zurück. Anschließend nahm er eine Beratertätigkeit bei der Firma Bosch auf. Bei zahlreichen Auslands- und Inlandsreisen wurde er zum Zentrum der zivilen Widerstandskreise gegen den Nationalsozialismus. Er verfasste mehrere Denkschriften und Programme für den Neuaufbau nach einem Sturz Hitlers. Goerdeler forderte anfangs nationalkonservative innen- und außenpolitische Ziele, ab 1943 näherte er sich gemäßigten und liberalen Vorstellungen zum zukünftigen Staatsaufbau. Er hoffte auch noch nach Kriegsbeginn auf Separatfriedensverhandlungen mit den Westalliierten und war Kandidat für den Posten des Reichskanzlers nach erfolgreichem Staatstreich. Er wurde bereits vor dem Attentat vom 20. Juli seit dem 14. Juli 1944 von

der Gestapo gesucht, schließlich nach einer Denunziation am 12. August 1944 verhaftet und am 8. September vom »Volksgerichtshof« zum Tode verurteilt. Er blieb aber noch fünf Monate in Haft, in der er auch Auskünfte über Widerstandsgruppen gab sowie deren Ziele und Programme rechtfertigte. Erst am 2. Februar 1945 wurde Goerdeler in Plötzensee hingerichtet.

Haeften, Werner von

Jurist und Oberleutnant der Reserve

Geburtsdatum und Geburtsort: 9. 10. 1908 in Berlin.

Todesdatum: 21. 7. 1944 auf Befehl von Generaloberst Fromm im Hof des Bendlerblocks erschossen.

Werdegang, Dienststellungen, Widerstandstätigkeit: 1939 Leutnant der Reserve, 1941 Oberleutnant der Reserve – Werner v. Haeften war ein Sohn des zweiten Präsidenten des Reichsarchivs. Nach einem Jurastudium war er als Syndikus bei einer Hamburger Bank tätig. Bei Kriegsbeginn im September 1939 wurde v. Haeften als Reserveoffizier einberufen und nahm später am Krieg gegen die Sowjetunion teil. Nach schwerer Verwundung im November 1943 wurde er Ordonnanzoffizier bei Graf Stauffenberg im Allgemeinen Heeresamt in Berlin und später auch in der Dienststelle beim Chef der Heeresrüstung und Befehlshaber des Ersatzheeres. Haeften flog mit Stauffenberg zum »Führerhauptquartier« nach Rastenburg/Ostpreußen, um ihm beim Attentat gegen Hitler zu helfen, und auch wieder nach Berlin zurück. Er unterstützte Stauffenberg ebenso beim Staatsstreichversuch in Berlin. Haeften wurde nach dem Scheitern des Staatsstreiches am 21. Juli 1944 im Hof des Bendlerblocks mit Stauffenberg und den anderen Gleichgesinnten auf Befehl Fromms erschossen.

Hase, Paul von
Generalleutnant
Geburtsdatum und Geburtsort: 24. 7. 1885 in Hannover.
Todesdatum: 8. 8. 1944 in Plötzensee hingerichtet.
Werdegang, Dienststellungen, Widerstandstätigkeit: 1907 Leutnant, 1914 Oberleutnant, 1915 Hauptmann, 1928 Major, 1933 Oberstleutnant, 1935 Oberst, 1938 Generalmajor, 1940 Generalleutnant – Hase war 1939 / 1940 Divisionskommandeur und von 1940 bis 1944 Stadtkommandant von Berlin. Er hatte seit 1938 / 39 Kontakt zu militärischen Widerstandskreisen um Beck, Canaris und Generaloberst Halder. Hase war ein Onkel der Mitverschworenen Dietrich Bonhoeffer und Hans v. Dohnanyi. Am 20. Juli 1944 sollte er mit unterstellten Einheiten für die Abriegelung und Besetzung des Regierungsviertels in Berlin sorgen. Dafür setzte v. Hase vor allem das Wachbataillon »Großdeutschland« ein. Dessen Kommandeur schwenkte aber, nachdem das Überleben Hitlers feststand, auf die Seite von Goebbels. Hase wurde am Abend des 20. Juli 1944 verhaftet, am 8. August vom »Volksgerichthof« zum Tode verurteilt und am selben Tag in Plötzensee hingerichtet.

Hoepner, Erich
Generaloberst a. D.
Geburtsdatum und Geburtsort: 14. 9. 1896 in Frankfurt / Oder.
Todesdatum: 8. 8. 1944 in Plötzensee hingerichtet.
Werdegang, Dienststellungen, Widerstandstätigkeit: 1906 Leutnant, 1914 Oberleutnant, 1915 Rittmeister, 1926 Major, 1930 Oberstleutnant, 1933 Oberst, 1936 Generalmajor, 1938 Generalleutnant, 1939 General der Kavallerie, 1940 Generaloberst – Hoepner war 1938 Divisionskommandeur und danach Kommandierender General des XVI. Armee-Corps; 1941 war er als Oberbefehlshaber der Panzergruppe 4 bzw. der 4. Panzerarmee mit seinen Panzerverbänden maßgeblich am erfolgreichen und raschen Vormarsch beim Angriff auf die Sowjetunion beteiligt. Er erließ als Oberbefehlshaber Armee- und Tagesbefehle im NS-Sprachstil, um seine Truppe im Kampf »gegen den jüdischen Bolschewismus« zu motivieren. In den Winterkämpfen 1941 / 42

um seine Soldaten besorgt, nahm Hoepner gegen Hitlers Haltebefehl am 8. Januar 1942 seine Verbände an der Ostfront in bessere Frontstellungen zurück und wurde deshalb auf Hitlers Anweisung abgesetzt und aus der Wehrmacht entlassen. Seit 1942 war er über Beck erneut in Kontakt mit militärischen Widerstandskreisen. Er war am 20. Juli 1944 als Oberbefehlshaber im Heimatkriegsgebiet vorübergehend Nachfolger des abgesetzten Generaloberst Fromm, vermochte es jedoch nicht, die ihm dann unterstellten Wehrkreisbefehlshaber zu überzeugen, sich den Verschwörern anzuschließen und in allen Wehrkreisen des Reichsgebietes die »Walküre«-Maßnahmen durchzuführen. Nach dem Scheitern des Staatsstreichs wurde Hoepner am 20. Juli 1944 im Bendlerblock von Fromm verhaftet, am 7. August vom »Volksgerichtshof« zum Tode verurteilt und am 8. August in Plötzensee hingerichtet.

Hofacker, Dr. Cäsar von
Jurist und Oberstleutnant der Reserve
Geburtsdatum: 11. 3. 1896 in Ludwigsburg.
Todesdatum: 20. 12. 1944 in Plötzensee hingerichtet.
Werdegang, Dienststellungen, Widerstandstätigkeit: 1916 Leutnant, 1935 Oberleutnant der Reserve, 1937 Hauptmann der Reserve, 1939 Major der Reserve, 1942 Oberstleutnant der Reserve – Hofacker diente im Ersten Weltkrieg im Ulanenregiment Nr. 20 sowie ab Mai 1916 als Flugzeugführer in Aufklärungs- und Jagdstaffeln, zuletzt in der Fliegertruppe der deutschen Militärkommission im Osmanischen Reich. Von Oktober 1918 bis März 1920 war er in französischer Kriegsgefangenschaft, von 1920 bis 1924 studierte er Jura und promovierte zum Dr. jur.; er betätigte sich auch im national-großdeutsch orientierten Hochschulring. Danach war er als Jurist und Handlungsbevollmächtigter in verschiedenen Industriestellungen tätig, zugleich leistete er ab 1934 meh-

rere Wehrübungen. Er war als Mitglied des »Stahlhelms« (seit 1931) in die SA (SA-Obersturmführer z. V.) übernommen worden und galt als Anhänger der NSDAP, kritisierte aber die maßlose Hitlersche Außenpolitik nach dem Münchner Abkommen. Hofacker war 1937 in die NSDAP eingetreten (August 1944 wieder ausgeschlossen). September 1939 kam er zur Luftwaffe. 1940 wurde er zum Verwaltungsstab des Militärbefehlshabers in Frankreich kommandiert. Hofacker besaß als Vetter von Graf Stauffenberg viele Kontakte zu Widerstandskreisen. Seit Februar 1944 koordinierte er als »Stabsoffizier z. b. V.« bei General v. Stülpnagel die Staatsstreichpläne in Paris und wurde zum führenden Kopf der Hitlergegner in Paris. Am 20. Juli führte er mit diesem den Umsturz in der französischen Hauptstadt erfolgreich durch. Nach dem Scheitern des Staatsstreiches in Berlin wurde er am 25. Juli in Paris verhaftet und vom »Volksgerichtshof« am 29. August zum Tode verurteilt. Am 20. Dezember 1944 wurde er hingerichtet.

Klausing, Friedrich Karl
Hauptmann
Geburtsdatum und Geburtsort: 24. 8. 1920 in München.
Todesdatum: 8. 8. 1944 in Plötzensee hingerichtet.
Werdegang, Dienststellungen, Widerstandstätigkeit: 1940 Leutnant, 1943 Oberleutnant, 1943 Hauptmann – Klausing trat 1938 in die Wehrmacht ein. Er nahm nach Beginn des Krieges als Offizier an den Kämpfen in Polen, Frankreich und in der Sowjetunion teil. An der südlichen Ostfront wurde er 1943 schwer verwundet. Klausing wurde von Fritz-Dietlof Graf v. d.

Schulenburg für die Militäropposition gewonnen. Als Adjutant von Graf Stauffenberg begleitete er ihn am 15. Juli 1944 zum »Führerhauptquartier« in Rastenburg. Am 20. Juli 1944 blieb er trotz Erkrankung im Bendlerblock und unterstützte dort Stauffenberg nach dessen Rückkehr bei der Durchführung des Staatsstreichs. Nach dem Scheitern konnte er in der Nacht aus dem Bendlerblock entkommen und vorübergehend untertauchen. Er stellte sich am 21. Juli 1944 der Gestapo, wurde am 8. August 1944 vom »Volksgerichtshof« zum Tode verurteilt und noch am selben Tag in Plötzensee hingerichtet.

Kluge, Hans Günther von
Generalfeldmarschall
Geburtsdatum und Geburtsort: 30. 10. 1882 in Posen.
Todesdatum: 19. 8. 1944 Selbstmord bei Verdun / Metz.
Werdegang, Dienststellungen, Widerstandstätigkeit: 1901 Leutnant, 1910 Oberleutnant, 1914 Hauptmann, 1923 Major, 1927 Oberstleutnant, 1930 Oberst, 1933 Generalmajor, 1934 Generalleutnant, 1936 General der Artillerie, 1939 Generaloberst, 1940 Generalfeldmarschall – 1938 wurde Kluge als Berufsoffizier entlassen; bei der Sudetenkrise im Herbst 1938 wurde er allerdings wieder reaktiviert und als Befehlshaber des Gruppenkommandos 6 eingesetzt. Von 1939 bis 1941 war er Oberbefehlshaber der 4. Armee, mit der er erfolgreich am Polen- und Frankreichfeldzug sowie am Krieg gegen die UdSSR teilnahm. Obwohl er kritisch zum Nationalsozialismus stand, vermied er es, sich zugunsten oppositioneller Kreise festzulegen. Von Dezember 1941 bis Oktober 1943 war er Oberbefehlshaber der Heeresgruppe Mitte an der Ostfront. Dort stand er öfters unter dem Einfluss von Tresckow und wusste von Widerstands- und Attentatsplänen gegen Hitler, sodass er – auch nach einem Gespräch mit Goerdeler 1942 – als möglicher Unterstützer eines Staatsstreiches gegen Hitler galt. Im Juli 1944 wurde er Oberbefehlshaber West und der Heeresgruppe B in Frankreich. Kluge weigerte sich dann allerdings – nachdem er vom Überleben Hitlers erfahren hatte – am 20. Juli 1944 in Paris, den von Stülpnagel und Hofacker eingeleiteten Umsturzversuch zu unterstützen, und setzte danach Stülp-

nagel als Militärbefehlshaber Frankreich ab. Kluge wurde am 18. August 1944 von Hitler abberufen, da er im Verdacht stand, mit den Westalliierten Verhandlungen anzustreben, und als Mitwisser des Attentats galt. Er fürchtete, vor Gericht gestellt zu werden, und beging auf der Rückfahrt am 19. August Selbstmord. Noch in seinem Abschiedsbrief an Hitler erklärte er diesem seine volle Loyalität.

Leber, Dr. Julius

Sozialdemokratischer Politiker, bis 1933 Reichstagsabgeordneter
Geburtsdatum und Geburtsort: 16. 11. 1891 in Biesheim / Elsass.
Todesdatum: 5. 1. 1945 hingerichtet.
Werdegang, Dienststellungen, Widerstandstätigkeit: Leber nahm als Offizier am Ersten Weltkrieg teil. Von 1924 bis 1933 war er als sozialdemokratischer Politiker Mitglied des Reichstags; von 1935 bis 1937 war Leber Häftling in der Strafanstalt Wolfenbüttel sowie in den Konzentrationslagern Esterwegen und Sachsenhausen. Von 1938 bis 1944 übte er eine selbständige Tätigkeit aus. Er arbeitete beim »Kreisauer Kreis« mit und hatte Kontakte zu anderen zivilen und militärischen Widerstandskreisen, so auch zu Stauffenberg, der ihn als möglichen Reichskanzler favorisierte. Nach versuchter Kontaktaufnahme mit kommunistischen Widerstandskreisen wurde Leber am 5. Juli 1944 verhaftet, am 20. Oktober 1944 vom »Volksgerichtshof« zum Tode verurteilt, aber erst am 5. Januar 1945 in Plötzensee hingerichtet.

Leuschner, Wilhelm
Sozialdemokratischer Politiker, bis 1933 hessischer Innenminister
Geburtsdatum und Geburtsort: 15. 6. 1890 in Bayreuth.
Todesdatum: 29. 9. 1944 hingerichtet.
Werdegang, Dienststellungen, Widerstandstätigkeit: Leuschner war von 1929 bis 1933 hessischer Innenminister und 1932/33 stellvertretender Vorsitzender des Allgemeinen Deutschen Gewerkschaftsbundes. Er kam 1933/34 in Haft und in Konzentrationslager. Danach nahm er eine selbständige Tätigkeit in Berlin auf. Leuschner hatte enge Widerstandskontakte zu Leber, Mierendorff und zum »Kreisauer Kreis«. Er sollte nach gelungenem Staatsstreich Vizekanzler werden. Am 16. August 1944 wurde er nach einer Denunziation verhaftet, am 8. September vom »Volksgerichtshof« zum Tode verurteilt und am 29. September hingerichtet.

Lindemann, Fritz
General der Artillerie
Geburtsdatum und Geburtsort: 11. 4. 1894 in Charlottenburg-Berlin.
Todesdatum: 22. 9. 1944 durch Schussverletzung bei Gefangennahme.
Werdegang, Dienststellungen, Widerstandstätigkeit: 1913 Leutnant, 1916 Oberleutnant, 1923 Hauptmann, 1932 Major, 1934 Oberstleutnant, 1937 Oberst, 1942 Generalmajor, 1943 Generalleutnant, 1943 General der Artillerie – Seit der Ermordung von General v. Schleicher 1934 durch die Nazis war Lindemann ein Gegner des Regimes. Im Zweiten Weltkrieg war er 1942 als Divisionskommandeur an der Ostfront eingesetzt und ab 1943 als Waffengeneral im Oberkommando des Heeres für alle Ausbildungs- und Einsatzfragen der Artillerie zuständig. Er knüpfte

Verbindungen zu mehreren militärischen Widerstandskreisen und war aktiv an den Vorbereitungen für das Attentat gegen Hitler beteiligt. Lindemann erarbeitete die Aufrufe für Generaloberst Beck. Nach dem 20. Juli 1944 tauchte er unter und setzte sich am 22. September 1944 bei seiner Gefangennahme durch die Gestapo gewaltsam zur Wehr; er starb an der dabei erlittenen Schussverletzung.

Mierendorff, Dr. Carlo
Sozialdemokratischer Politiker, Reichstagsabgeordneter bis 1933
Geburtsdatum und Geburtsort: 24. 3. 1897 in Großenhain / Dresden.
Todesdatum: 4. 12. 1943 bei alliiertem Luftbombardement auf Leipzig gestorben.
Werdegang, Dienststellungen, Widerstandstätigkeit: Mierendorff nahm als Kriegsfreiwilliger am Ersten Weltkrieg teil. Er wurde 1929 Pressechef beim Innenminister Leuschner in der hessischen Regierung. Von 1930 bis 1933 war Mierendorff Mitglied des Reichstags. Er bekämpfte publizistisch und politisch die aufsteigende NS-Bewegung. Nach deren Machtantritt wurde er im Juni 1933 verhaftet und war bis 1938 im Konzentrationslager. Danach hatte er Widerstandskontakte zu Adolf Reichwein, Graf Moltke und den »Kreisauer Kreis«. Im Dezember 1943 ist Mierendorff bei einem alliierten Luftangriff auf Leipzig gestorben.

Moltke, Helmuth James Graf von
Gutsbesitzer und Jurist
Geburtsdatum und Geburtsort: 11. 3. 1907 in Kreisau.
Todesdatum: 23. 1. 1945 in Plötzensee hingerichtet.
Werdegang, Dienststellungen, Widerstandstätigkeit: Nach einem Jurastudium war Moltke seit 1934 als Rechtsanwalt in Berlin tätig; von 1935 bis 1938 absolvierte er zusätzlich eine Anwaltsausbildung in London. Aufgrund des Kriegsbeginnes ab 1. September 1939 diente er als Kriegsverwaltungsrat in der Abteilung Kriegsvölkerrecht im Amt Ausland / Abwehr des OKW. Er versammelte im »Kreisauer Kreis« viele Hitlergegner zu mehreren Gesprächs-

kreisen auf dem Moltkeschen Familiengut Kreisau in Schlesien. Moltke war maßgeblich an den politischen Neuordnungsvorstellungen und Entwürfen für den staatlichen und gesellschaftlichen Aufbau eines neuen Deutschland nach dem Sturz Hitlers beteiligt. Er hielt dabei häufigen Kontakt zu Widerstandskreisen aus dem kirchlichen und Arbeiterbereich. Moltke bemühte sich auch wiederholt um Verbindungen mit dem Ausland. Am 19. Januar 1944 wurde er verhaftet, nachdem er Hitlergegner im Solf-Kreis über deren Bespitzelung durch die Gestapo gewarnt hatte. Nach dem 20. Juli 1944 wurden seine engen Kontakte zu Stauffenberg und anderen Militäroppositionellen bekannt. Am 11. Januar 1945 wurde er vom »Volksgerichthof« zum Tode verurteilt und am 23. Januar in Plötzensee hingerichtet.

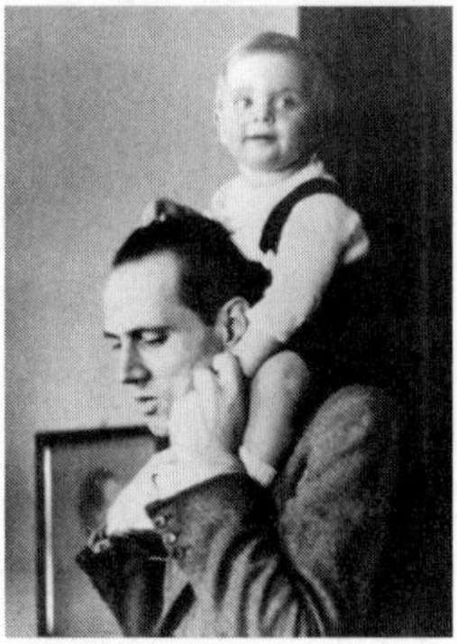

Olbricht, Friedrich

General der Infanterie

Geburtsdatum und Geburtsort: 4. 10. 1888 in Leisnig/Sachsen.

Todesdatum: 20. 7. 1944 standrechtlich erschossen.

Werdegang, Dienststellungen, Widerstandstätigkeit: 1908 Leutnant, 1914 Oberleutnant, 1916 Hauptmann, 1929 Major, 1931 Oberstleutnant, 1934 Oberst, 1937 Generalmajor, 1939 Generalleutnant, 1940 General der Infanterie – Olbricht war von 1938 bis 1940 Divisionskommandeur und von 1940 bis 1944 Chef des Allgemeinen Heeresamtes (AHA) beim Chef der Heeresrüstung und Befehlshaber des Ersatzheeres (Generaloberst Fromm). In dieser Funktion ermöglichte er die entscheidende militärische Planung im Rahmen der Vorbereitung für die »Walküre«-

Alarmbefehle bei inneren Unruhen zugunsten des Staatsstreiches gegen Hitler. Er war seit 1940 eine Zentralfigur des militärischen Widerstandes in Berlin und forderte im Herbst 1943 Stauffenberg als Chef des Stabes für das AHA an, um mit ihm den Staatsstreich gegen Hitler zu planen. Olbricht löste gemeinsam mit seinem Stabschef, Oberst Ritter Mertz v. Quirnheim, nach dem Attentat im »Führerhauptquartier« am 20. Juli 1944 den »Walküre«-Alarm für das gesamte Reichsgebiet aus. Nach dem Scheitern des Staatsstreichs wurde er auf Befehl Fromms in der Nacht zum 21. Juli 1944 im Hof des Bendlerblocks erschossen.

Oster, Hans
Generalmajor
Geburtsdatum und Geburtsort: 6. 8. 1888 in Dresden.
Todesdatum: 9. 4. 1945 im Konzentrationslager Flossenbürg umgebracht.
Werdegang, Dienststellungen, Widerstandstätigkeit: 1908 Leutnant, 1914 Oberleutnant, 1916 Hauptmann, 1928 Major, 1935 Oberstleutnant, 1939 Oberst, 1942 Generalmajor – Oster wurde 1932 nach einer außerehelichen Affäre als Berufsoffizier verabschiedet, trat aber 1933 wieder als Zivilangestellter in die Reichswehr ein und war ab 1935 als Oberstleutnant und Ergänzungsoffizier erneut in der Abwehrabteilung des Reichswehrministeriums bzw. des späteren OKW tätig. Er war seit den NS-Morden bei der Röhm-Affäre ein entschiedener Hitlergegner und bemühte sich um aktive Widerstandspläne bei der Septemberverschwörung 1938 und im Herbst 1939. Im Krieg war Oster Chef der Zentralabteilung im Amt Ausland / Abwehr unter Admiral Canaris, der ihm bei konspirativen Aktionen freie Hand ließ und ihn nach Möglichkeit deckte. Oster verriet 1940 dem niederländischen Militärattaché den bevorstehenden Angriff der Wehrmacht im Westen, um den Frankreichfeldzug zu verhindern, was jedoch nicht gelang. Am 5. April 1943 wurde er im Zusammenhang mit angeblichen Devisenvergehen in seiner Abteilung vom Dienst suspendiert und am 31. April 1944 aus dem aktiven Wehrdienst entlassen. Oster wurde am 21. Juli 1944 verhaftet und am 9. April 1945 im Konzentrationslager Flossenbürg auf Befehl Hitlers ermordet.

Quirnheim, Albrecht Ritter Mertz von
Oberst im Generalstab
Geburtsdatum und Geburtsort: 25. 3. 1905 in München.
Todesdatum: 21. 7. 1944 auf Befehl von Generaloberst Fromm im Hof des Bendlerblocks erschossen.
Werdegang, Dienststellungen, Widerstandstätigkeit: 1928 Leutnant, 1931 Oberleutnant, 1935 Hauptmann, 1940 Major, 1942 Oberstleutnant, 1943 Oberst – Mertz v. Quirnheim war ein Sohn des ersten Präsidenten des Reichsarchivs und seit 1923 Berufsoffizier. Er wurde nach der Machtergreifung vorübergehend als Ausbildungsoffizier von der Reichswehr zur SA abkommandiert. Zusammen mit Stauffenberg war er an der Kriegsakademie in Berlin zur Generalstabsausbildung. Im Krieg nahm er als Generalstabsoffizier an den Feldzügen in Polen und Frankreich teil. Ab 1941 war Mertz v. Quirnheim in der Organisationsabteilung im Generalstab des Heeres eingesetzt, wo er auch mit Stauffenberg zusammenarbeitete. 1944 tat er als Generalstabsoffizier an der südlichen Ostfront Dienst. Mit Stauffenberg befreundet, wurde er am 17. Juni 1944 dessen Nachfolger als Chef des Stabes bei General Olbricht im Allgemeinen Heeresamt. Er beteiligte sich aktiv an der Vorbereitung der Alarmierungsmaßnahmen »Walküre« für die Nutzung als Staatsstreichplan und bestärkte Stauffenberg schon am 15. Juli 1944, das Attentat auf Hitler zu wagen. Am Abend des 20. Juli 1944 bemühte er sich mit Stauffenberg in Berlin, den Staatsstreich zum Erfolg zu bringen. Mertz v. Quirnheim wurde am 21. Juli 1944 nach dem Scheitern auf Befehl Fromms im Hof des Bendlerblocks erschossen.

Rommel, Erwin
Generalfeldmarschall
Geburtsdatum und Geburtsort: 15. 11. 1891 in Heidenheim / Württemberg.
Todesdatum: 14. 10. 1944 Freitod durch Gifteinnahme.
Werdegang, Dienststellungen, Widerstandstätigkeit: 1912 Leutnant, 1915 Oberleutnant, 1918 Hauptmann, 1932 Major, 1935 Oberstleutnant, 1937 Oberst, 1939 Generalmajor, 1940 Generalleutnant, 1941 General der Panzertruppen, 1942 Generaloberst, 1942 Generalfeldmarschall – Rommel nahm am Ersten Weltkrieg als erfolgreicher und wegen besonderer Tapferkeit ausgezeichneter Frontoffizier teil. Vor dem Zweiten Krieg war er Taktiklehrer an der Infanterieschule des Heeres. Er hatte anfangs Sympathien für die Erneuerung Deutschlands durch die NS-Bewegung. 1937 war er als Verbindungsoffizier der Wehrmacht zur Hitlerjugend eingesetzt. Bei Kriegsbeginn war Rommel Kommandant des »Führerhauptquartiers«. 1940 befehligte er eine Division im Westfeldzug. Von 1941 bis 1943 war Rommel Befehlshaber des Deutschen Afrikakorps bzw. der deutsch-italienischen Panzerarmee »Afrika« in Libyen und Tunesien. Er ließ sich von Goebbels und dessen Propaganda gern als legendären Truppenführer darstellen. Seit 1943 hatte er eine distanzierte und kritische Einstellung zu Hitler und dessen Kriegführung. Im Januar 1943 wurde er Oberbefehlshaber der Heeresgruppe »Afrika«, wurde dann aber kurz darauf aus Afrika zurückbefohlen. 1944 erhielt er den Oberbefehl über die Heeresgruppe B in Italien und später in Nordfrankreich, wo er die erwartete alliierte Invasion abwehren sollte. Am 17. Juli 1944 wurde Rommel während einer Autofahrt bei einem alliierten Tieffliegerangriff schwer verwundet und kam danach in ein Lazarett, sodass er am 20. Juli nicht mehr in seinem Kommando in Frankreich war. Er wusste durch v. Hofacker von den Überlegungen zum Staatsstreich. Von Hitler wegen seiner Beteiligung und Kenntnis von den Widerstandsplänen zum Selbstmord durch Gifteinnahme gezwungen, nahm sich Rommel am 14. Oktober 1944 das Leben. Er erhielt danach ein Staatsbegräbnis.

Schulenburg, Fritz-Dietlof Graf von der

Verwaltungsjurist und Oberleutnant der Reserve

Geburtsdatum und Geburtsort: 5. 9. 1902 in London.

Todesdatum: 10. 8. 1944 in Plötzensee hingerichtet.

Werdegang, Dienststellungen, Widerstandstätigkeit: 1940 Leutnant der Reserve, 1941 Oberleutnant der Reserve – Graf v. d. Schulenburg war nach einem Jura-Studium als Regierungs- und Landrat in verschiedenen Dienststellungen in Preußen tätig. Er begrüßte anfangs die Erneuerung Deutschlands durch die NS-Bewegung; seit 1932 war er auch NSDAP-Mitglied. 1937 wurde er Polizeivizepräsident von Berlin und 1939 Regierungspräsident und stellvertretender Oberpräsident der preußischen Provinzen Ober- und Niederschlesien. 1940 wurde er aus der NSDAP ausgeschlossen, da er als politisch unzuverlässig eingestuft wurde. Er trat als Reserveoffizier in die Wehrmacht ein und nahm am Krieg gegen die UdSSR teil. Als Hitlergegner knüpfte Schulenburg zahlreiche Verbindungen zu anderen Widerstandskreisen und hielt auch Kontakt zum »Kreisauer Kreis«, ebenso zu Stauffenberg, Goerdeler, Leber und Moltke. Im Rahmen seines Einsatzes beim Sonderstab des Generals v. Unruh ab 1943, der die frontfernen Stäbe und Dienststellen nach freiem Personal zu überprüfen hatte, konnte er viele Kontakte zwischen den Hitlergegnern herstellen. Er war am 20. Juli 1944 im Bendlerblock als Verbindungsoffizier, um Stauffenberg beim Staatsstreich zu unterstützen. Dort wurde er auch verhaftet, am 10. August vom »Volksgerichtshof« zum Tode verurteilt und am selben Tag in Plötzensee hingerichtet.

Schwerin von Schwanenfeld, Ulrich-Wilhelm Graf
Gutsbesitzer, Hauptmann der Reserve
Geburtsdatum und Geburtsort: 21. 12. 1902 in Kopenhagen.
Todesdatum: 8. 9. 1944 in Plötzensee hingerichtet.
Werdegang, Dienststellungen, Widerstandstätigkeit: 1938 Leutnant der Reserve, 1940 Oberleutnant der Reserve, 1943 Hauptmann der Reserve – Graf Schwerin v. Schwanenfeld lehnte als Gutsbesitzer den Nationalsozialismus schon in der Zwischenkriegszeit entschieden ab. Er war mit Fritz-Dietlof Graf v. d. Schulenburg und Peter Graf Yorck v. Wartenburg befreundet und hatte über sie Kontakt zum »Kreisauer Kreis« und zur Gruppe um Oberst Oster im Amt Ausland / Abwehr. Graf Schwerin v. Schwanenfeld befürwortete schon vor 1939 ein Attentat auf Hitler. Im Krieg kam er 1941 als Ordonnanzoffizier zu Generalfeldmarschall v. Witzleben als Oberbefehlshaber West. Ab 1943 war er auf Betreiben von Generalmajor Oster in Berlin bei der Division »Brandenburg« der Abwehr eingesetzt, danach im Mai 1944 bei Generalquartiermeister Eduard Wagner im OKH. Er war am 20. Juli 1944 im Bendlerblock, um Stauffenberg beim Staatsstreich zu helfen. Dort wurde er verhaftet, am 21. August vom »Volksgerichtshof« zum Tode verurteilt und am 8. September 1944 in Plötzensee hingerichtet.

Stauffenberg, Dr. Berthold Schenk Graf von
Jurist, Marineoberstabsrichter
Geburtsdatum und Geburtsort: 15. 3. 1905 in Stuttgart.
Todesdatum: 10. 8. 1944 in Plötzensee hingerichtet.
Werdegang, Dienststellungen, Widerstandstätigkeit: Nach einem Jura-Studium, das er 1929 mit der Promotion zum Dr. jur. abschloss, war Berthold Graf Stauffenberg, der ältere Bruder von Claus Graf Stauffenberg, ab 1929 als Assistent und Referent am Kaiser-Wilhelm-Institut für ausländisches öffentliches Recht tä-

tig. Für kurze Zeit war er 1931 am Ständigen Internationalen Gerichtshof in Den Haag eingesetzt. Bei Kriegsbeginn wurde er Intendanturrat bzw. Marinestabsrichter in der Völkerrechtsabteilung der Seekriegsleitung im OKM in Berlin, wo er Rechtsfragen der Seekriegführung bearbeitete und auch in Kontakt mit Graf Moltke kam. Später war er Abteilungsleiter und Marineoberstabsrichter im Stab des OKM. Er unterstützte von Beginn an die Pläne seines Bruders zu einem Attentat und Staatsstreich gegen Hitler. Am 20. Juli 1944 war er im Bendlerblock, um bei der Durchführung des Staatsstreichs zu helfen. Er wurde dort am 20. Juli verhaftet, am 10. August vom »Volksgerichtshof« zum Tode verurteilt und noch am selben Tag in Plötzensee hingerichtet.

Stauffenberg, Claus Schenk Graf von
Oberst im Generalstab
Geburtsdatum und Geburtsort: 15. 11. 1907 auf Schloss Jettingen (der Zwillingsbruder Konrad starb schon am 16. 11. 1907).
Todesdatum: 20. 7. 1944 im Hof des Bendlerblocks auf Befehl von Generaloberst Fromm erschossen.
Werdegang, Dienststellungen, Widerstandstätigkeit: 1930 Leutnant, 1933 Oberleutnant, 1937 Rittmeister, 1941 Major, 1943 Oberstleutnant, 1944 Oberst – Stauffenbergs Familie zählte zum süddeutsch-katholischen Adel. Der Vater war Oberhofmarschall bei König Wilhelm II. von Württemberg. Als Jugendlicher hatte Stauffenberg Kontakt zum Kreis um den Dichter Stefan George. Er trat 1926 in die Reichswehr beim Bamberger Reiterregiment Nr. 17 ein. Stauffenberg stand der Weimarer Republik

reserviert gegenüber und begrüßte anfangs den Machtantritt der NS-Regierung aus nationalen Erneuerungsideen. Er hoffte auf einen nationalen Wiederaufbau. Am 30. Januar 1933 beteiligte sich Stauffenberg an einem Umzug begeisterter Bürgerinnen und Bürger in Bamberg zugunsten der Ernennung Hitlers zum Reichskanzler. Am 26. September 1933 heiratete er Nina v. Lerchenfeld. Von Bamberg wurde Stauffenberg als Bereiteroffizier nach Hannover versetzt. Er erwarb das Diplom als Militärdolmetscher in Englisch mit Auszeichnung und erhielt dafür im September 1936 einen zweiwöchigen Aufenthalt an der Militärakademie in Sandhurst in Großbritannien. Nach erfolgreicher Generalstabsausbildung an der Kriegsakademie in Berlin von 1936 bis 1938, an der er zusammen mit Finckh und Mertz v. Quirnheim im selben Hörsaalkurs war und wo seine geistigen Anlagen und Fähigkeiten sowie sein taktisches und technisches Können besonders gelobt wurden, kam Stauffenberg als zweiter Generalstabsoffizier (Ib-Offizier) zur 1. leichten Infanteriedivision nach Wuppertal. Er nahm am Polen- und Frankreichfeldzug teil. Den Sieg über Frankreich registrierte auch er wie viele andere Offiziere mit großer und stolzer Genugtuung. 1941 kam er in die Organisationsabteilung im Generalstab des Heeres. In dieser Stellung hatte er auch mit der Aufstellung und Ausbildung freiwilliger Verbände aus den verschiedenen Nationalitäten der UdSSR auf deutscher Seite zu tun. Er kritisierte die unmenschliche Behandlung der russischen Bevölkerung in den eroberten Gebieten der UdSSR durch die NS-Besatzungspolitik. Aus scharfer Ablehnung der ihm bekannt gewordenen Hitlerschen Ausrottungs- und Vernichtungspolitik wurde er ab 1942 zum Gegner des NS-Regimes und dessen Diktators. Er bemühte sich, viele Gleichgesinnte zu sammeln und auch andere Offiziere für den konspirativen Kampf gegen Hitler zu gewinnen. Stauffenberg suchte wiederholt nach einer Möglichkeit und einem Offizier, der Zugang zu Hitlers Besprechungen hatte und ein Attentat auf den Diktator ausführen konnte. Er selbst erklärte sich ebenfalls mehrmals bereit, den Anschlag auf Hitler vorzunehmen, sobald er an den Diktator herankommen konnte. Mitte Februar 1943 kam er als 1. Generalstabsoffizier zur 10. Panzerdivision nach Nordafrika (Tunesien). Dort wurde er Zeuge der großen mate-

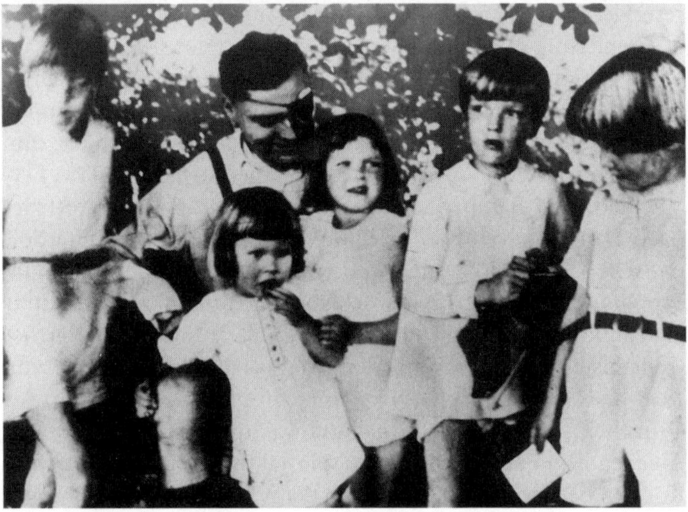

Graf Stauffenberg auf Genesungsurlaub nach der schweren Verwundung in Nordafrika.

riellen Überlegenheit der Westalliierten und wurde am 7. April 1943 durch alliierten Tieffliegerangriff schwer verwundet. Er verlor ein Auge, die rechte Hand und zwei Finger der linken Hand. Mit außerordentlicher Willenskraft kämpfte Stauffenberg danach gegen die körperliche Behinderung, um wieder einsatz- und dienstfähig zu sein. Nach teilweiser Genesung wurde er im Sommer 1943 zum entscheidenden Hitlergegner und Befürworter eines Attentats auf den Diktator. Er plante zusammen mit v. Tresckow den Einsatz der »Walküre«-Alarmierung als militärische Grundlage für einen Staatsstreich gegen Hitler und hielt engen Kontakt zum »Kreisauer Kreis«, zur Oppositionsgruppe um Beck und Goerdeler sowie zu Arbeiterkreisen um Leber und Leuschner, sodass er zum Zentrum der Attentatsplanung gegen Hitler wurde. Im Oktober 1943 wurde er von Olbricht als dessen Stabschef in das Allgemeine Heeresamt (AHA) nach Berlin geholt, um mit ihm die nötigen detaillierten Vorbereitungen für den Staatsstreich vorzunehmen. Am 1. Juli wechselte er zur Stelle des Chefs des Stabes beim Chef der Heeresrüstung und Befehlshaber des Ersatzheeres, Generaloberst Fromm. Er war nun bereit, das Attentat selbst auszuführen, nachdem er als Stabschef von Fromm Zugang zu den üblichen »Führerbesprechungen« im »Führerhauptquartier« hatte. Stauffenberg nahm damit die schwierige Doppelfunktion ein, sowohl das Attentat in Ostpreußen auszuführen als auch den Staatsstreichversuch in Berlin zu leiten. Bei gelungenem Staatsstreich sollte er Staatssekretär im Reichskriegsministerium werden. Stauffenberg führte dann selbst den Anschlag auf Hitler am 20. Juli 1944 im »Führerhauptquartier« Wolfschanze bei Rastenburg in Ostpreußen aus, flog nach Berlin zurück und suchte dort im Bendlerblock zusammen mit Olbricht und Ritter Mertz v. Quirnheim, den militärisch-politischen Staatsstreich aus der Dienststelle des AHA sowie des Befehlshabers des Ersatzheeres voranzutreiben, obwohl Hitler das Bombenattentat überlebt hatte. Nach dem Scheitern wurde Stauffenberg durch Fromm verhaftet und auf dessen Befehl am 21. Juli 1944 im Hof des Bendlerblocks erschossen.

Stieff, Helmuth
Generalmajor
Geburtsdatum und Geburtsort: 6. 6. 1901 in Deutsch Eylau (Westpreußen).
Todesdatum: 8. 8. 1944 in Plötzensee hingerichtet.
Werdegang, Dienststellungen, Widerstandstätigkeit: 1922 Leutnant, 1927 Oberleutnant, 1934 Hauptmann, 1938 Major, 1940 Oberstleutnant, 1942 Oberst, 1944 Generalmajor – Stieff war als Berufsoffizier von 1934 bis 1936 an der Kriegsakademie zur Generalstabsausbildung und seit 1938 im Generalstab des Heeres eingesetzt. Er lehnte wiederholt mit scharfen Worten die selbst beobachteten NS-Verbrechen in Polen und in der UdSSR ab; zudem wurde er durch v. Tresckow für den Widerstand gegen Hitler gewonnen. 1942 war er Chef der Organisationsabteilung im

Generalstab des Heeres und in dieser Funktion Vorgesetzter von Graf Stauffenberg, als dieser im Generalstab des Heeres Dienst leistete. Stieff wollte zeitweise selbst das Attentat auf Hitler ausführen, da er Zugang zu Hitlers Lagebesprechungen hatte, lehnte dann aber doch die Ausführung ab. Er beteiligte sich an der Beschaffung und Aufbewahrung des Sprengstoffes für das Attentat. Stieff wurde noch am 21. Juli 1944 im »Führerhauptquartier« verhaftet, am 8. August 1944 vom »Volksgerichtshof« zum Tode verurteilt und am selben Tag in Plötzensee hingerichtet.

Stülpnagel, Carl-Heinrich von
General der Infanterie
Geburtsdatum und Geburtsort: 2. 1. 1886 in Berlin.
Todesdatum: 30. 8. 1944 in Plötzensee hingerichtet.
Werdegang, Dienststellungen, Widerstandstätigkeit: 1906 Leutnant, 1913 Oberleutnant, 1915 Hauptmann, 1925 Major, 1930 Oberstleutnant, 1932 Oberst, 1935 Generalmajor, 1937 Generalleutnant, 1939 General der Infanterie – Stülpnagel war mit Generaloberst Beck befreundet und 1938 / 39 als Oberquartiermeister II bzw. I im Generalstab des Heeres dessen und auch General Halders Stellvertreter als Chef des Generalstabes des Heeres. Er war 1938 und 1939 / 40 bei Widerstandsplänen von General Halder und General v. Witzleben beteiligt. 1940 wurde er als Kommandierender General des II. Armeekorps eingesetzt und 1940 / 41 als Vorsitzender der Waffenstillstandskommission mit Frankreich. 1941 war er Oberbefehlshaber der 17. Armee im Krieg gegen die Sowjetunion. Er erließ in dieser Kommandostelle einige umstrittene Weisungen über die Einschätzung des Judentums als potenzieller Gegner im Osten. Von 1942 bis 1944 war er Militärbefehlshaber in Frankreich in Paris. In dieser Funktion hatte er auch Geiselerschießungen zu verantworten, obwohl die SD-Stellen ihm nicht unterstanden. Von Stülphagel arbeitete

zusammen mit Oberstleutnant v. Hofacker für die Widerstandspläne in der französischen Hauptstadt. Er konnte am 20. Juli 1944 die Alarmmaßnahmen und Verhaftungen von SS, SD und Gestapo in Paris erfolgreich durchführen, vermochte aber nicht, Feldmarschall v. Kluge zum Mitmachen gegen Hitler zu überzeugen. Nach dem Scheitern wurde er von Kluge seines Postens enthoben und unternahm am 21. Juli 1944 auf der befohlenen Rückfahrt nach Deutschland unterwegs einen Selbstmordversuch, der zur Erblindung führte. Er wurde danach verhaftet und vom »Volksgerichtshof« am 30. August 1944 zum Tode verurteilt und noch am selben Tag hingerichtet.

Tresckow, Henning von
Generalmajor
Geburtsdatum und Geburtsort: 10. 1. 1901 in Magdeburg.
Todesdatum: 21. 7. 1944 Freitod an der Ostfront.
Werdegang, Dienststellungen, Widerstandstätigkeit: 1918 Leutnant, 1920 aus dem Militärdienst ausgeschieden, 1926 wieder in die Reichswehr eingetreten, 1928 Oberleutnant, 1934 Hauptmann, 1938 Major, 1940 Oberstleutnant, 1942 Oberst, 1944 Generalmajor – Tresckow entstammte einer alten preußischen Adelsfamilie. Er nahm als Offizier am Ersten Weltkrieg teil. Nach der deutschen Niederlage und dem Zusammenbruch der Monarchie wurde er in die neue Reichswehr übernommen. Im Oktober 1920 verließ Tresckow das Militär, um ein Studium der Rechts- und Staatswissenschaften in Kiel aufzunehmen, das er aber im Januar 1923 abbrach. Danach trat er als Börsenmakler in ein Berliner Bankhaus ein. Eine im Juli 1924 begonnene Weltreise brach Tresckow im November 1924 ab, um finanzielle Schwierigkeiten vom väterlichen Familiengut Wartenberg in der Neumark abzuwenden. 1926 trat er wieder in die Reichswehr ein. Als national gesinnter Offizier beklagte er die parteipolitische Zerris-

senheit der Weimarer Republik und wurde von Hitler und dem Nationalsozialismus angezogen. Er begrüßte dessen Eintreten für die Belange des Militärs und für eine Vergrößerung der militärischen Macht. Der übersteigerten nationalen Erregung stand er aber kritisch gegenüber. Als mit der Ermordung der Generale v. Schleicher und v. Bredow bei der Röhm-Krise das Offizierskorps der Reichswehr direkt berührt wurde, war Tresckow über den verbrecherischen Charakter des Systems erschüttert. Bei der Blomberg-Fritsch-Affäre, als Wehrmacht- und Heeresführung als innenpolitische Machtfaktoren ausgeschaltet wurden, gewann er Kontakt mit oppositionellen Kreisen um General v. Witzleben. Im Westfeldzug war er im Generalstab der Heeresgruppe A für deren Operationsführung zuständig. Als 1. Generalstabsoffizier bei der Heeresgruppe Mitte, die unter dem Befehl seines Onkels Generalfeldmarschall Fedor v. Bock stand, oblag ihm ab Frühjahr 1941 die Angriffsvorbereitung im mittleren Teil der neuen Ostfront gegen die Sowjetunion. Vergeblich bedrängte er Bock, bei Hitler die Rücknahme des berüchtigten Kriegsgerichtsbarkeitserlasses vom 13. Mai und des Kommissarbefehls vom 6. Juni 1941 zu erreichen. Die von Tresckow erhoffte Auflehnung aller Oberbefehlshaber im Osten gegen die verbrecherischen Befehle Hitlers blieb aus. Mit den unter Heinrich Himmlers Befehl handelnden Einsatzgruppen des SD und den SS-Infanterie-Brigaden, die Teile der slawischen und jüdischen Bevölkerung in den besetzten Gebieten der UdSSR systematisch umzubringen hatten, bestanden logistische und taktische Absprachen. Andererseits waren diese bei der Ausführung ihres Mordauftrages gemäß Festlegung mit dem OKH vom 28. April 1941 allein dem Reichsführer-SS Himmler verantwortlich. Aus antibolschewistischer Grundeinstellung verstand Tresckow den Kampf gegen die sowjetische Partisanentätigkeit, der sich allerdings auch gegen die jüdische Bevölkerung richtete, als übliche militärische Abwehraktion. Eine Zustimmung oder Teilhabe an den grausamen Mordaktionen des SD resultierte daraus nicht. Tresckow war bei seinem Kampf gegen Hitlers Regime bereit, auch während des Krieges den Staatsstreich gegen Hitler zu wagen. Es gelang ihm, den Stab der Heeresgruppe Mitte zu einem Zentrum des Widerstandes auszubauen. Während eines Krankenurlaubs in Berlin im Januar 1943 nahm er auch mit zivilen Widerstandskreisen Kontakt auf. Erfolglos waren der von Tresckow initiierte Anschlag auf Hitlers Flugzeug, seine Pläne für ein Pistolenattentat oder der beabsichtigte Sprengstoffanschlag im Berliner Zeughaus durch den Mitverschwörer Major v. Gersdorff. Tresckow bearbeitete den für das Ersatzheer in der Heimat aufgestellten Alarmplan »Walküre«, um ihn für die Durchführung des Attentates auf Hitler verwenden zu können. Er selbst war allerdings ab Oktober 1943 als Oberst und Regimentskommandeur, später als Chef des Generalstabes der 2. Armee an der Ostfront. Für den Fall des Gelingens des Staatsstreiches gab es Pläne, Tresckow zum »Chef der Deutschen Polizei« zu ernennen. Nach der Invasion der Alliierten im Juni 1944 in der Normandie war es Tresckow, der als entschlossener Verfechter eines Sprengstoffattentates auf Hitler Stauffenberg riet, das Attentat zu wagen, auch wenn man einen Fehlschlag einkalkulieren müsse. Es kam ihm nun »nicht mehr auf den praktischen Zweck an, sondern darauf, dass die deutsche Widerstandsbewegung vor der Welt und vor der Geschichte unter Einsatz des Lebens den entscheidenden Wurf gewagt hat«, wie seine Worte überliefert wurden. Die Ereignisse am 20. Juli 1944 konnte Tresckow nur mühsam von der Front aus verfolgen. Nach dem Scheitern des Anschlags wählte er den Freitod. Am 21. Juli 1944 nahm er sich bei Bialystok unter Vortäuschung eines Gefechts an der Front das Leben.

Trott zu Solz, Dr. Adam von

Jurist und Legationsrat im Auswärtigen Amt

Geburtsdatum und Geburtsort: 9. 8. 1909 in Potsdam.

Todesdatum: 26. 8. 1944 hingerichtet.

Werdegang, Dienststellungen, Widerstandstätigkeit: Trott war nach seinem Jura-Studium und der 1931 erfolgten Promotion zum Dr. jur. 1932/33 als Stipendiat in Oxford/Großbritannien und 1937/38 in den USA, China und Japan. Auch von erneuten Reisen nach Großbritannien und in die USA 1939/40 kehrte er nach Deutschland zurück und trat 1940 in das Auswärtige Amt ein, wo er später als Legationsrat in der Informationsabteilung und danach im Indien-Referat in Berlin arbeitete. Als Beamter des AA wurde er 1940 NSDAP-Mitglied, hatte aber zugleich Kontakt zu militärischen Widerstandskreisen. Er nutzte zahlreiche diplomatische Reisen für Kontaktaufnahmen im Ausland und zu Exilpolitikern. Seit 1941 arbeitete er im »Kreisauer Kreis« mit und suchte wiederholt nach Kontaktmöglichkeiten zu den Westalliierten, um den politischen Spielraum einer Widerstandsregierung nach Hitler auszuloten. Nach Gelingen des Staatsstreiches sollte Trott Staatssekretär des AA werden. Er wurde am 25. Juli 1944 verhaftet, am 15. August vom »Volksgerichtshof« zum Tode verurteilt und am 26. August 1944 in Plötzensee hingerichtet.

Witzleben, Erwin von
Generalfeldmarschall
Geburtsdatum und Geburtsort: 4. 12. 1881 in Breslau.
Todesdatum: 8. 8. 1944 in Plötzensee hingerichtet.
Werdegang, Dienststellungen, Widerstandstätigkeit: 1901 Leutnant, 1910 Oberleutnant, 1914 Hauptmann, 1923 Major, 1929 Oberstleutnant, 1931 Oberst, 1934 Generalmajor, 1934 Generalleutnant, 1936 General der Infanterie, 1939 Generaloberst, 1940 Generalfeldmarschall – Witzleben wurde 1938 Oberbefehlshaber des Gruppenkommandos II. Er war früh ein entschiedener Gegner des Nationalsozialismus und entwickelte 1938 und 1939/40 zusammen mit General Halder Widerstandspläne gegen Hitlers Kriegspolitik. Er nahm als Oberbefehlshaber der 1. Armee am Frankreichfeldzug teil und wurde danach Generalfeldmarschall sowie ab Oktober 1940 Oberbefehlshaber der Heeresgruppe D in Frankreich. Von Mai 1941 bis März 1942 war er als Oberbefehlshaber West in Paris eingesetzt. Auch als er aus gesundheitlichen Gründen in die »Führerreserve« versetzt wurde, hielt er weiterhin zu Widerstandskreisen Kontakt. Er war seit 1943/44 an den Staatsstreichvorbereitungen beteiligt und sollte beim Um-

sturz Oberbefehlshaber der Wehrmacht werden. Witzleben unterzeichnete im Voraus die vorgesehenen entsprechenden Aufrufe an die Wehrmacht. Am 20. Juli 1944 traf er erst am Abend in der Bendlerstraße ein, fuhr allerdings wieder weg, als er das Scheitern des Staatsstreiches erkannte. Witzleben wurde am 21. Juli 1944 verhaftet und am 8. August 1944 vom »Volksgerichtshof« zum Tode verurteilt und noch am selben Tag in Plötzensee hingerichtet.

Yorck von Wartenburg, Dr. Peter Graf
Verwaltungsjurist, Oberleutnant der Reserve
Geburtsdatum u. Geburtsort: 13. 11. 1904 in Klein-Oels (Schlesien).
Todesdatum: 8. 8. 1944 in Plötzensee hingerichtet.
Werdegang, Dienststellungen, Widerstandstätigkeit: 1938 Leutnant der Reserve, 1939 Oberleutnant der Reserve – Graf Yorck v. Wartenburg war nach einem Jura-Studium, das er 1927 mit der Promotion zum Dr. jur. abschloss, in verschiedenen Anwaltskanzleien und beim Oberpräsidium in Breslau tätig. Von 1936 bis 1939 war er als Regierungs- und Oberregierungsrat beim Reichskommissar für die Preisbildung eingesetzt. Mit Kriegsbeginn 1939 wurde er als Reserveoffizier einberufen und kam 1942 zum Wirtschaftsstab Ost in das Wehrwirtschafts- und Rüstungsamt des OKW. Er war mit Moltke die zentrale Figur im »Kreisauer Kreis« und unterstützte nach einigem Zögern den Plan eines Attentats gegen Hitler. Yorck v. Wartenburg hielt engen Kontakt zu seinem Vetter Graf Stauffenberg und sollte nach dem Umsturz Staatssekretär in der Reichskanzlei werden. Am 20. Juli 1944 war er in der Bendlerstraße, um Stauffenberg beim Umsturzversuch zu unterstützen. Nach dem Scheitern des Staatsstreiches wurde er dort verhaftet und am 8. August 1944 vom »Volksgerichtshof« zum Tode verurteilt und noch am selben Tag in Plötzensee hingerichtet.

Zwei Gegenspieler am 20. Juli 1944:

Fromm, Fritz
Generaloberst
Geburtsdatum und Geburtsort: 8. 10. 1888 in Berlin.
Todesdatum: 12. 3. 1945 erschossen.
Werdegang, Dienststellungen, Widerstandstätigkeit: 1908 Leutnant, 1914 Oberleutnant, 1916 Hauptmann, 1927 Major, 1931 Oberstleutnant, 1933 Oberst, 1935 Generalmajor, 1938 Generalleutnant, 1939 General der Artillerie, 1940 Generaloberst – Fromm war Berufsoffizier und im Ersten Weltkrieg ab 1917 im Generalstab eingesetzt. Er unterstützte vor dem Zweiten Weltkrieg als Chef des Allgemeinen Heeresamtes (AHA) das NS-Aufrüstungsprogramm nachhaltig. Von 1939 bis 1944 war er Chef der Heeresrüstung und Befehlshaber des Ersatzheeres (BDE). Fromm hatte Kenntnis von den Widerstandsplänen, ließ aber offen, ob er sich einem Staatsstreich gegen Hitler anschließen werde. Er weigerte sich dann letztlich, als er von Hitlers Überleben erfuhr, den Staatsstreich am 20. Juli 1944 zu unterstützen, und wurde vorübergehend von den Verschwörern verhaftet. Nach seiner Befreiung durch Hitler treue Stabsoffiziere ließ er eigenmächtig Graf v. Stauffenberg, Olbricht, Mertz v. Quirnheim und v. Haeften am 21. Juli im Hof des Bendlerblocks erschießen, um seine Mitwisserschaft zu vertuschen. Er wurde dennoch am 21. Juli 1944 verhaftet, am 7. März 1945 vom »Volksgerichtshof« zum Tode verurteilt und am 12. März 1945 erschossen.

Remer, Otto Ernst
Major (später noch Generalmajor)
Geburtsdatum und Geburtsort: 18. 8. 1912 in Neubrandenburg.
Todesdatum: 4. 10. 1997 in Marbella / Spanien.
Werdegang, Dienststellungen, Widerstandstätigkeit: 1935 Leutnant, 1938 Oberleutnant, 1941 Hauptmann, 1943 Major, 1. 7. 1944 nachträgliche, bevorzugte Beförderung zum Oberst, 30. 1. 1945 Generalmajor – Nach Fronteinsatz und Verwundung war Remer, der seit 1932 Berufssoldat war, ab Mai 1944 Kommandeur des Wachregimentes »Großdeutschland« in Berlin. Er hatte

am 20. Juli 1944 Zweifel an den ihm von General v. Hase gegebenen Befehlen, das Regierungsviertel zu besetzen und Reichsminister Goebbels zu verhaften. Er ließ sich von Goebbels umstimmen, um sich selbst von Hitlers Überleben beim Attentat zu überzeugen. Nachdem er mit Hitler telefonisch gesprochen hatte, wurde er von diesem persönlich mit der Bekämpfung der Verschwörer und der Niederschlagung des Staatsstreichs in Berlin beauftragt. Hitler zeichnete ihn dafür wiederholt aus und ernannte ihn am 1. August 1944 zum Kommandeur der Führer-Begleit-Brigade. Bei Kriegsende war er Kommandeur der Führer-Begleit-Division, bis 1947 in Kriegsgefangenschaft. Danach betätigte er sich als rechtsradikaler Politiker, wurde wegen Volksverhetzung und Verleumdung der Attentäter des 20. Juli 1944 mehrfach verurteilt (u. a. 1952 Braunschweiger Remer-Prozess) und flüchtete 1994 vor Antritt einer Haftstrafe nach Spanien, wo er im Oktober 1997 starb.

5. Die Frauen des 20. Juli 1944 und des Widerstands gegen das NS-Regime

Als der Reichsführer SS, Heinrich Himmler, in seiner Rede vor den NSDAP-Gauleitern in Posen am 3. August 1944 erklärte, die NS-Führung werde nunmehr nach dem Anschlag auf den »Führer« nach dem Recht der Blutrache verfahren [1], wurde den Zuhörern deutlich, dass danach auch die Familien der Hitlergegner und insbesondere ihre Frauen die Rache Hitlers und seiner Führung zu erwarten hatten. Mit verschrobenen Vorstellungen über ein angebliches germanisches Leitbild und Erbe fühlte sich Himmler bei dieser Ankündigung der Blutrache in Übereinstimmung mit germanischen Vorfahren, die ebenfalls eine betroffene Sippe gänzlich ausgerottet hätten. Insbesondere sollte diese Rache die Familie des Attentäters Stauffenberg treffen: »Dieser Mann hat Verrat geübt, das Blut ist schlecht, da ist Verräterblut drin, das wird ausgerottet. Und bei der Blutrache wurde ausgerottet bis zum letzten Glied in der ganzen Sippe. Die Familie Stauffenberg wird ausgerottet werden bis ins letzte Glied« [2], so erklärte Himmler.

Als der Reichsführer SS seine Rede hielt, waren die Verhaftungen schon im vollen Gange. Sie trafen allerdings nicht nur die Familie Stauffenbergs, sondern auch weitere Familien und Ehefrauen der an dem Attentat auf Hitler beteiligten Verschwörer wie unter anderem die Familien Bernardis, v. Dohnanyi, Finckh, v. Freytag-Loring-

Nina Gräfin und Claus Graf v. Stauffenberg

hoven, Goerdeler, v. Haeften, Hagen, v. Hammerstein-Equord, Hansen, Graf v. Hardenberg, Harnack, v. Hase, Haubach, Hoepner, v. Hofacker, v. Kleist, Leber, Leuschner, Graf v. Lehndorff, Lindemann, Graf v. Moltke, Oster, Popitz, Graf v. d. Schulenburg, Graf Schwerin v. Schwanenfeld, v. Seydlitz, v. Stülpnagel, v. Tresckow, v. Trott zu Solz und Graf Yorck v. Wartenburg. Mit dem bei den Gestapo-Ermittlungen allmählichen Bekanntwerden des großen Kreises der Hitlergegner wurden dann allerdings auch Frauen von anderen Oppositionellen verhaftet, die nicht unmittelbar mit dem Hitler-Anschlag am 20. Juli 1944 zu tun hatten.

Die Frauen der Verschwörer und Widerstandskämpfer sollten nunmehr für das Vorhaben und die Tat ihrer Männer büßen. Sie lebten danach in der Angst, dass das gescheiterte Attentat auch ihr Leben kosten würde oder dass sie zumindest nach dem Tod ihrer Männer ab sofort ein schweres Los zu ertragen hätten. Himmler legte sich allerdings zur Art und Weise bei der Ausführung der angekündigten »Sippenhaft« nicht fest. Es gab letztlich keine einheitliche Richtlinie für diese Inhaftierung; man wollte von Fall zu Fall entscheiden können. Beispielsweise wurden Brigitte Gerstenmaier, Rosemarie Reichwein und Freya Gräfin v. Moltke nicht inhaftiert und Charlotte Gräfin v. d. Schulenburg wurde mit ihren sechs Kleinkindern in Trebbow (Mecklenburg) »nur« in Hausarrest genommen. Andere Frauen wurden schon kurz nach dem 20. Juli verhaftet, von zu Hause abgeholt sowie von ihren Familien und zumeist noch kleinen Kindern getrennt. Sie kamen in Gefängnisse, meistens in Einzelhaft, und in Konzentrationslager, wie z. B. Nina Schenk Gräfin v. Stauffenberg, Marion Gräfin Yorck v. Wartenburg, Barbara v. Haeften und Claritta v. Trott zu Solz, ohne zu wissen, was mit ihren Kindern oder nächsten Angehörigen geschah[3]. Der Hass und die Wut des Regimes sollte diese Familien in voller Härte treffen, deshalb wurden die kleineren Kinder der Verschwörer – so auch die 1- bis 8-jährigen Kinder der Familien Stauffenberg und Haeften – unter falschen Namen verschleppt. Barbara v. Haeften nahm man dabei sogar ihre erst neun Wochen alte Tochter Ulrike weg. Ein großer Teil dieser Kinder wurde in ein Kinderheim in Bad Sachsa gebracht, wo sie erst bei Kriegsende die Freiheit wieder erlangten.

Charlotte Gräfin v. d. Schulenburg mit ihrer Familie

Nina Gräfin v. Stauffenberg, die seit 1933 mit Claus Graf Stauffenberg verheiratet war, musste während ihrer Haftzeit in einem NS-Frauenentbindungsheim und in Einzelhaft in einer Klinik in Frankfurt an der Oder am 17. Januar 1945 ihr fünftes Kind Konstanze gebären[4]. Sie kam dann erst nach längerem Gefangenentransport bei Kriegsende frei, als sie von US-Truppen befreit wurde.

Nur großes Glück und das baldige Kriegsende im Mai 1945 verhinderten, dass die von Hitler und Himmler angekündigte Absicht generell ausgeführt werden konnte. Zur Gruppe der Frauen, die durch Unterstützung der Pläne für den Staatsstreichversuch am 20. Juli 1944 und durch Beteiligung an konspirativen Treffen des bürgerlich-militärischen Widerstandes nach dem missglückten Hitlerattentat in unmittelbare Gefahr gerieten, gehörten in erster Linie die Frauen, Mütter, Verlobten und Schwestern der Planer und Attentäter. Viele dieser Ehefrauen und Familien konnten schließlich von vorrückenden alliierten Truppen aus ihren bisherigen Gefängnissen und Gefangenenlagern befreit werden. Beispielsweise wurden nach KZ-Aufenthalten in Stutthof, Buchenwald und Dachau mehrere verhaftete und als Sonderhäftlinge Hitlers und Himmlers verschleppte Ehefrauen, Schwestern, Schwiegermütter, Tanten, Mütter und Töchter der Verschwörer und Attentäter Ende April 1945 in Niederndorf bei Toblach in Südtirol zuerst von Wehrmachtstruppen und danach von alliierten Truppen aus der Gewalt der SS in Sicherheit gebracht. Zu ihnen zählten Annelise Gisevius, die Schwester des untergetauchten und im Januar 1945 ins Ausland entkommenen Hans Bernd Gisevius, Anneliese Goerdeler, Benigma Goerdeler, Irma Goerdeler, Jutta Goerdeler, Dr. Marianne Goerdeler, Käte Gudzent, Gertrud Halder, Maria Freifrau v. Hammerstein-Equord, Hildur Freiin v. Hammerstein-Equord, Ilse-Lotte v. Hofacker, Anna-Luise v. Hofacker, Elisabeth Kaiser, Therese Kaiser, Anni v. Lerchenfeld, die Schwiegermutter von Claus Graf v. Stauffenberg, Lini Lindemann geb. v. Friedeburg, Fey Pirzio-Biroli, geb. v. Hassell, die Tochter des ehemaligen deutschen Botschafters in Rom, Gisela Gräfin v. Plettenberg, Ingeborg Schröder, Alexandra Gräfin Schenk v. Stauffenberg, Elisabeth Gräfin Schenk v. Stauffenberg, Inez Gräfin Schenk v. Stauffenberg, Maria (Mika) Gräfin Schenk v. Stauffenberg, die Frau von Berthold Graf Schenk v. Stauffenberg, Marie-Gabriele Gräfin Schenk v. Stauffenberg und Isa Vermehren [5].

Auch die fast 70-jährige Mutter von Claus Stauffenberg, Gräfin Caroline Schenk v. Stauffenberg geb. Gräfin v. Üxküll-Gyllenband, frühere Hofdame der Königin Charlotte von Württemberg, die zugleich aufgrund der Beteiligung ihres Bruders, Oberst z. V. Nikolaus Graf v. Üxküll-Gyllenband, an der Staatsstreichplanung für die Gestapo gleichsam »doppelt verdächtig« war, wurde wie ihre Schwester Alexandrine Gräfin v. Üxküll-Gyllenband in Einzelhaft genommen und blieb ab November 1944 bis zum Kriegsende in Lautlingen in Einzelarrest. Melitta Gräfin Schenk v. Stauffenberg, die bekannte Flugzeugingenieurin, Flugkapitänin und Ehefrau von Alexander Schenk Graf v. Stauffenberg, die keine Verbindung zum Widerstand hatte, wurde ebenfalls verhaftet. Da sie eine kriegswichtige Aufgabe als Testpilotin und Ausbilderin für Nachtjagdflugzeugführer ausfübte, wurde sie nach einigen Wochen wieder entlassen und konnte danach Kontakt zu den inhaftierten Mitgliedern der Stauffenberg-Familie halten und auch verfolgen, wohin die Kinder der Familie Stauffenberg verschleppt wurden, bis sie am 8. April 1945 bei einem Luftkampf mit einem US-Piloten ums Leben kam [6].

Einige verhaftete Frauen wussten überhaupt nichts vom Widerstand ihrer Männer; aber viele hatten die Pläne für den Staatsstreichversuch am 20. Juli 1944 unterstützt und an konspirativen Treffen des bürgerlich-militärischen Widerstandes teilgenommen. Sie versuchten auch nicht, ihre Männer davon abzubringen. Andere haben bewusst Verschwörer aufgenommen und beherbergt, um ihnen zu ermöglichen, rechtzeitig am Ort des Staatsstreichversuches zu sein, wie Maria Agnes Gräfin zu Dohna [7], oder hatten, wie Elisabeth Gräfin v. Plessen, in ihren Wohnungen geheime Treffen der Hitlergegner ermöglicht [8]. Die Widerstandstätigkeit der Frauen der Verschwörer des 20. Juli 1944 zeigte sich vor allem im Alltag, meist im privaten Bereich. Sie hatten die Treffen der späteren Attentäter, wie beim »Kreisauer Kreis«, zu organisieren, abzuschirmen und den notwendigen ungestörten Freiraum sowie eine vertrauensvolle Atmosphäre für die vielen Gespräche und Diskussionen zu schaffen. Dabei mussten viele Anreisende in den Häusern und Wohnungen untergebracht und versorgt werden; zudem sollten sich die Beteiligten zugleich sicher fühlen [9].

Nicht alle Frauen der Verschwörer waren in die Zusammenhänge des geplanten Staatsstreiches durch ihre Männer eingeweiht oder über alle Details des Sprengstoffanschlags auf Hitler informiert. Auch Nina Gräfin v. Stauffenberg wusste nicht, dass sich ihr Mann entschlossen hatte, das Sprengstoffattentat auf Hitler selbst auszuführen [10]. Manche Ehefrau hat sich deshalb ausgeschlossen gefühlt vom Leben ihres Partners, der Entscheidungen auch für sie und ihre Familien traf [11]. Manche Beteiligungen an den Staatsstreichvorbereitungen wurden gering eingeschätzt, obwohl sie gefährlich waren. Im Nachhinein haben Freya Gräfin v. Moltke, die seit 1931 mit Helmuth James Graf v.

Freya Gräfin v. Moltke

Moltke verheiratet war, und Marion Gräfin Yorck v. Wartenburg, die seit 1930 Ehefrau von Peter Yorck Graf v. Wartenburg war, erklärt, sie hätten bei den Tagungen und Planungen des »Kreisauer Kreises« auf den Gütern beider Familien in Kreisau, Klein-Öls und Kauern sowie in den Berliner Wohnungen der v. Moltkes und Yorcks in der Regel eher passiv zugehört[12], als Widerstand aktiv praktiziert. Auch dieses Zuhören war ein lebensgefährliches Unterfangen. In Zeiten, in denen sich Menschen in Deutschland denunzierten und dadurch in Lebensgefahr brachten, konnten auch sie durch eine Unbedachtsamkeit in Gefahr geraten oder der Mitwisserschaft bezichtigt werden. Beispielsweise wurde die Schwester des ins Exil getriebenen Schriftstellers Erich Maria Remarque, Elfriede Scholz, 1943 verurteilt und hingerichtet, nachdem sie von »Freundinnen« wegen ihrer ablehnenden Äußerungen über Hitlers Regime denunziert worden war.

Die Ehemänner mussten sich folglich fest auf die Verschwiegenheit und loyale Mitverantwortung der Ehefrauen und auch auf den von diesen ausgesuchten Bekanntenkreis verlassen können. Ein falsches Wort zu einer nicht vertrauenswürdigen Person im Bekanntenkreis der Ehefrauen konnte zur lebensgefährlichen Denunziation bei der Gestapo oder Partei führen. Bereits die zur Kenntnis gelangte Mitwisserschaft konnte bei Landes- und Hochverrat aufgrund der Gesetzeslage des NS-Staates mit dem Tode bestraft werden. Einige Männer scheuten sich deshalb, ihre Frauen – gerade als Mütter von kleineren Kindern – durch eine derartige direkte und bewusste Mitwisserschaft in die Verantwortung für die Verschwörung zu nehmen, um sie nicht auch noch unnötig zu gefährden. So war die Ehefrau von Oberst i. G. Wessel Frhr. v. Freytag-Loringhoven, Elisabeth v. Freytag-Loringhoven, die vier Kinder hatte, überhaupt nicht informiert und völlig überrascht, als sie nach dem Freitod ihres Mannes Ende August 1944 verhaftet wurde[13].

Gleichwohl konnten die Aktionen und Pläne der Männer nicht vor allen Frauen geheim gehalten werden. Auf der anderen Seite haben viele Verschwörer und am Attentat Beteiligte von der Moral und Stärke ihrer Frauen profitiert. Sie konnten erleichtert zur Kenntnis nehmen, dass sie mit der vollen Zustimmung ihrer Frauen rechnen konnten, wenn sie den Kampf gegen Hitler planten und betrieben[14]. Dass diese Haltung ab 1933, als gerade viele Frauen angesichts des neuen »Führers« in orientierungs- und hemmungslose Verzückung fielen, eine besondere, nicht alltägliche geistige Festigung und Bildung demonstrierte, wurde vielen Beteiligten bewusst, als das idealtypische nationalsozialistische »Bild« der Frau immer stärker die Forderung nach der unpolitischen Begleiterin des Mannes in Öffentlichkeit und Gesellschaft propagierte[15]. Vor dem Hintergrund dieser Beobachtungen war es ebenfalls besonders zu würdigen, wenn manche Ehefrauen aus eigener Entscheidung bemüht waren, den Widerstand gegen das Regime ihren Männern zu überlassen, und ihre Aufgabe darin sahen, »alles [zu] vermeiden, was die komplizierten Staatsstreichvorbereitungen hätte ›stören‹ können«, wie Dorothee v. Meding bei ihren Interviews mit beteiligten Ehefrauen feststellte[16].

Allerdings darf man darüber hinaus annehmen, dass die Ehemänner sicher auch mit ihren Frauen als übliche Gesprächspartner den einen oder anderen Programmpunkt der zukünftigen politischen und gesellschaftlichen Ordnung für die Zeit nach Hitler vor oder nach den größeren Treffen im Rahmen der vertrauensvollen Zweisamkeit in ihren Ehen besprochen haben. Die Frauen mussten und haben ihren Ehemännern und Partnern eine enge seelische Zustimmung und vertrauensvolle Unterstützung geboten; es ist bezeichnend, dass die Witwen der Verschwörer des 20. Juli 1944 nicht wieder geheiratet haben. Durch viele Briefe war zum Beispiel Marion Gräfin Yorck v. Wartenburg über die Fortgänge der Pläne informiert. Feste »Aufgabe« der Ehefrauen war es, ihre Männer und deren Freunde mit Lebensmitteln, d. h. mit den Erzeugnissen des Gutes zu versorgen. Alle paar Wochen fuhr Gräfin Yorck v. Wartenburg mit dem Zug, reichlich bepackt mit Lebensmitteln nach Berlin, was eigentlich verboten war, da die Bevölkerung im Reich mit Lebensmittelkarten und zugeteilten Rationen auskommen musste. Marion Yorck schreibt, in Schlesien habe man allerdings bis zum Ende des

Marion Gräfin Yorck v. Wartenburg

Krieges ausreichend zu essen gehabt, sodass man davon auch an die Bekannten und Freunde bei den Tagungen und Besprechungen der Kreisauer abgeben konnte [17].

Unmittelbar mit der praktischen Vorbereitung des Staatsstreichversuches gegen Hitler am 20. Juli 1944 waren auch die Sekretärinnen und Mitarbeiterinnen von General Friedrich Olbricht, Oberst i. G. Claus Schenk Graf v. Stauffenberg und Oberst i. G. Albrecht Ritter Mertz v. Quirnheim beschäftigt, da sie die öfters veränderten Befehle für die Operation »Walküre« schrieben. Margarethe v. Oven, die spätere Gräfin v. Hardenberg, die von Oberst i. G. Henning v. Tresckow im Sommer 1943 als Sekretärin des militärischen Nachkommandos für die Heeresgruppe Mitte in Berlin untergebracht worden war [18], war schon früher als Sekretärin für Generaloberst Kurt v. Hammerstein-Equord und Generaloberst Werner Freiherr v. Fritsch im Bendlerblock tätig und auch Erika v. Tresckow, Henning v. Tresckows Frau, sowie Ehrengard Gräfin v. d. Schulenburg, die im Berliner Wehrkreiskommando III als Vorzimmersekretärin bei dem in die Verschwörung eingeweihten Chef des Generalstabes Generalmajor Hans Günther v. Rost und auch dessen Nachfolger Generalmajor Otto Herfurth tätig war, halfen ihr bei den Schreibarbeiten auf einer ausgeliehenen Schreibmaschine für die Anordnungen und Verfügungen, die später als Plan »Walküre« die Grundlage für den Staatsstreich darstellten. Nicht selten trafen sich Tresckow und Stauffenberg im Sommer und Herbst 1943 außerhalb des Bendlerblocks, sogar im Berliner Grunewald, um die Befehle mit Margarethe v. Oven abzusprechen und zu verbessern, sodass die konspirative Absicht nicht zu verbergen war [19] und manche Gefahren des Entdecktwerdens in sich barg. Alte überholte Befehlsentwürfe wurden aus Sicherheitsgründen sogar einmal der Ehefrau von Claus Graf Stauffenberg, Nina Gräfin v. Stauffenberg, nach Bamberg mitgegeben, damit sie sie dort unauffällig vernichten konnte.

Auch Frauen, die nicht unmittelbar in die Planung des 20. Juli 1944 eingeweiht waren, sondern als Sekretärinnen in verschiedenen militärischen Kommando- und Dienststellen tätig waren, wurde bei den vielen geheimen Treffen und manchen mündlichen Andeutungen bewusst, dass es sich bei häufigen Treffen mit zum Teil der Dienststelle unbekannten Stabsoffizieren aus Berlin nicht um übliche militärische Besprechungen, sondern um oppositionelle Kontakte handelte. So schilderte die frühere Sekretärin von General Carl-Heinrich v. Stülpnagel in Paris, Friderike Freifrau v. Pölnitz, dass sie von den Staatsstreichabsichten Kenntnis erlangt hatte und dass sie zudem von Oberstleutnant Cäsar v. Hofacker ausdrücklich darum gebeten wurde, im Vorzimmer darauf zu achten, dass seine häufigen Gespräche mit Stülpnagel nicht mitgehört oder beobachtet werden konnten[20]. Als frühere Sekretärin im Allgemeinen Heeresamt im Bendlerblock hat Anni Lerche 1946 in einem Brief an Frau Bernardis überliefert, wie oft die Verschwörer bis spät in den Abend und in die Nacht hinein arbeiteten, sodass sie in diesen Zeiten von missliebigen dienstlichen Störungen verschont blieben und auch ihre Schreibkräfte im Unklaren über ihr Vorhaben ließen. Zweifellos war dies auch eine Fürsorgemaßnahme, um die Sekretärinnen nicht vor der Gestapo zu gefährden. Gelegentlich gab es aber für die Sekretärinnen Hinweise auf die besondere Gesinnung ihrer jungen Vorgesetzten. Dennoch gab es aus ihrem Kreis keine Denunziation an die Gestapo[21].

Es wäre allerdings verfehlt, den Anteil von Frauen am Widerstand gegen Hitler und sein Regime nur auf die Mütter, Ehefrauen, Verlobten und Geschwister oder Sekretärinnen der am 20. Juli 1944 unmittelbar beteiligten Verschwörer zu reduzieren. Denn immerhin waren fast zehn Prozent Frauen unter den während der NS-Zeit etwa 12000 hingerichteten Deutschen[22]. Die meisten von ihnen sind unbekannt geblieben. Es ist allerdings symptomatisch, dass die Verfolgung von Frauen als Gegner des NS-Regimes ebenso wie bei den Männern unmittelbar nach der Machtübernahme 1933 mit der Einrichtung eines ersten zentralen Frauen-Konzentrationslagers in Moringen bei Göttingen begann. In dieses Lager wurden beispielsweise die SPD-Reichstagsabgeordnete Minna Cammers wegen des Verteilens von Flugblättern gegen die NSDAP und die KPD-Reichstagsabgeordneten Franziska Kessel und Helene Fleischer von der Gestapo verschleppt und umgebracht. Im Juni 1938 wurde Liselotte Herrmann, die 1933 als Studentin wegen jüdischer Herkunft und antinationalsozialistischer Einstellung von der Berliner Universität ausgeschlossen worden war, als erste Frau von einem Gericht wegen illegalen Verteilens von Flugblättern zum Tode verurteilt und anschließend in Plötzensee hingerichtet[23]. Sophie Scholl ist wohl die bekannteste Frau, die als Mitglied der studentischen Gruppe »Weiße Rose« wegen ihres Widerstandes gegen Hitler durch Bekanntmachung von NS-Kriegsverbrechen auf Flugblättern am 22. Februar 1943 in München-Stadelheim als 21-Jährige hingerichtet wurde[24]. Inzwischen liegen mehrere Publikationen und Forschungen zu Frauen im Widerstand gegen Hitler vor, die dokumentieren, dass viele Frauen auch außerhalb des Staatsstreichversuches am 20. Juli 1944 ebenso wie viele Männer aktiven Widerstand gegen das NS-Regime leisteten[25].

Besondere Aktivität der Opposition entwickelten Frauen vor allem im konspirativen kommunistischen und sozialistischen Widerstandskampf gegen den NS-Staat, wenn sie wie im Sozialistischen Kampfbund bei Flugblattaktionen im Grenzübergang oder bei geheimen Transport- und Verteilungsaufgaben sowie durch Mitarbeit in der illegalen Parteiarbeit halfen[26]. Ähnliche Aufgaben übernahmen Frauen, wenn sie Botschaften mündlich weitergaben oder deren Inhalt übermittelten, weil die betreffenden Ehemänner, Brüder oder Väter befürchten mussten, bereits von der Gestapo oder dem Sicherheitsdienst der SS observiert zu werden. So lässt sich ein hoher Anteil von Frauen bei der Widerstandsgruppe der »Roten Kapelle« feststellen[27], in der sie mit bestimmten Aufgaben aktiv bei den vielfältigen Widerstandsaktionen durch Weitergabe militärischer Geheimnisse beteiligt waren. Hier wirkten sie gleichberechtigt neben den Männern als revolutionäre Aktivistinnen, die den Sturz des NS-Systems aus ideologischer und politischer Einsicht anstrebten. Zahlreiche Frauen dieser Gruppe wurden später vom Reichskriegsgericht in mehreren Prozessen 1942/43 zum Tode verurteilt und danach umgebracht, wie z.B. Hilde Coppi und Liane Berkowitz, die sogar beide ihre Söhne in Haft gebaren, Maria Terwiel, Elisabeth Schumacher, Oda Schottmüller, Erika v. Brockdorff, Greta Kuckhoff, Ingeborg Kummerow, Eva Rittmeister, Eva-Maria Buch, Cato Bontjes van Beek, Marta Husemann, Mildred Harnack-Fish, Joy Weisenborn, Libertas Schulze-Boysen. Die meisten Verurteilten wurden im August 1943 hingerichtet.

Mehrere Frauen arbeiteten ferner gegen das Regime, indem sie aus religiösen oder humanitären Gründen rassisch Verfolgten halfen [28]. Viele Frauen zeigten aber auch ihre Haltung gegen das diktatorische Regime, indem sie die Arbeit verweigerten oder sabotierten. Einige Frauen wurden wegen Volksverhetzung, Wehrkraftzersetzung oder Heimtücke vor dem »Volksgerichtshof« angeklagt und verurteilt.

6. Der 20. Juli 1944 im Kontext der übrigen deutschen Widerstandsgruppen

Bei dem unter Führung Stauffenbergs unternommenen Attentats- und Staatsstreichversuch am 20. Juli 1944 handelte es sich keineswegs um die Umsturzaktion einer isolierten »kleinen Clique« von Generalen und Offizieren, wie Hitler und die NS-Stellen in den ersten Stunden nach dem Attentat behaupteten, sondern um die Tat einer Oppositionsgruppe mit weit verzweigten Verbindungen zu anderen Widerstandskreisen – wenn auch keine Massenorganisation hinter ihnen stand. Stauffenberg hielt selbst engen Kontakt mit mehreren Wilderstandsgruppen und oppositionellen Personen, mit denen er wiederholt die Neugestaltung Deutschlands nach einem gelungenen Staatsstreich besprach. Mehrere führende Hitlergegner sowohl aus nationalkonservativen als auch aus Arbeiterkreisen waren ihm bekannt, da sie zudem für herausgehobene Aufgaben unmittelbar bei oder nach seinem Staatsstreich vorgesehen waren. So ist auch anzunehmen, dass Stauffenberg in seinem Vorhaben, ab Juni/Juli 1944 das Attentat persönlich auszuführen, besonders bestärkt wurde, nachdem die ihm gut bekannten zivilen Mitverschwörer Adolf Reichwein und Julius Leber am 4. und 5. Juli nach geheimen Kontakten mit kommunistischen Widerstandsleuten von der Gestapo verhaftet wurden und es nicht auszuschließen war, dass die Sicherheitsdienste danach bald auf weitere Verbindungen zu anderen Verschwörern stoßen würden. Der nach der Verhaftung Lebers und Reichweins bestehende zeitliche Druck, das Attentat auf Hitler alsbald vorzunehmen, dokumentiert auch die Einbindung der Militäropposition in die vielen Widerstandskreise ziviler Verschwörer. Dass Stauffenberg nicht singulär aus militärischen Gründen bereit war, das Attentat auszuführen, bezeugt zudem seine Forderung vom 2. oder 3. Juli, nunmehr ein besonderes Bekenntnis mit seinen Brüdern und engeren Freunden zu formulieren, um gleichsam mit diesem Schwur die Uneigennützigkeit und Lauterkeit seines Anschlags auf den Diktator und das ernsthafte und selbstlose Verlangen nach einer »Neuen Ordnung« in Deutschland zu dokumentieren[1].

Trotz Gestapo, SD und anderen nationalsozialistischen Repressionsmechanismen bestand seit längerem ein weites Netz einzelner Hitlergegner, die sich untereinander absprachen, um mit Hilfe militärischer Verschwörergruppen den Sturz Hitlers zu unternehmen. Viele Verschwörer gehörten aufgrund ihrer Reserveoffizier- oder Mobilmachungsdienststellung sowohl zu Kreisen der Militäropposition als auch zu zivilen Widerstandszentren, wie z. B. Hellmuth James Graf v. Moltke und Dr. Peter Graf Yorck v. Wartenberg, die zugleich die führenden Personen im zivilen »Kreisauer Kreis« waren. In diesem Kreis waren politisch engagierte Intellektuelle versammelt, die schon vor Kriegsbeginn aufgrund der sozialen und materiellen Folgen sowohl des Ersten Weltkrieges als auch der Weltwirtschaftskrise neue Wege im gesellschaftlichen Bereich suchten und gegenüber der bisherigen Gesellschaftsordnung kritisch eingestellt waren. Mehrere Personen dieses Kreises stammten auch aus Gruppen religiöser Sozialisten oder verfolgten im Bemühen um eine Erneuerung der Gesellschaftsordnung Ziele der Sozialdemokratie, wie beispielsweise Dr. Carlo Mierendorff, Professor Dr. Adolf Reichwein und Theo Haubach. Auf evangelischer und katholischer Seite wurden die Bestrebungen um Reform und Gestaltung eines »religiösen Sozialismus«[2] von Pfarrer Dr. Harald Poelchau, dem früheren Landrat von Rendsburg Dr. Theodor Steltzer, Dr. Eugen Gerstenmaier, Professor Dr. Otto Heinrich v. d. Gablentz sowie im Kreis süddeutscher Jesuitenpatres von Dr. Augustin Rösch, Dr. Alfred Delp, Professor Dr. Lothar König und von den Zentrumspolitikern Professor Dr. Hans Peters und Dr. Paulus van Husen unterstützt[3]. Insbesondere bildete das Streben nach sozio-politischer Einheit und gemeinsamer politischer Handlung ein zentrales Fundament für diesen Gesprächskreis der später als »Kreisauer« bezeichneten Gruppe, die ihren Namen nach der

Aufdeckung durch Gestapo und Sicherheitsdienst nach dem schlesischen Gut der Familie des früheren preußischen Generalfeldmarschalls Graf v. Moltke erhielt. Die Zugehörigkeit zum »Kreisauer Kreis« basierte nicht auf einer formell vollzogenen Mitgliedschaft; auch bestand keine feste Organisationsform, sodass es unterschiedliche Meinungen darüber gibt, wer letztlich zu diesem Kreis zählte[4].

Insgesamt umfasste die Gruppe um die Familien Moltke und Yorck v. Wartenburg, auf dessen Gutssitz bei Klein-Oels im Kreis Ohlau ebenfalls Zusammenkünfte stattfanden, über einhundert Personen. Zum Mittelpunkt des Gesprächskreises wurde der Rechtsanwalt und Gutsbesitzer Helmuth James Graf v. Moltke[5]. Seit 1938 bestand zwischen ihm und Oberregierungsrat Dr. Peter Graf Yorck v. Wartenburg eine anfangs lockere Verbindung, die ab 1940 zur Keimzelle des sich allmählich als gegnerisches Forum zu den Nationalsozialisten entwickelnden Kreises wurde. Zum engeren Kreis gehörten nicht nur die Ehefrauen Freya Gräfin v. Moltke und Marion Gräfin Yorck v. Wartenburg, die vor allem mit anderen Ehefrauen organisatorische Aufgaben übernahmen, sondern auch mehrere Verwandte und Freunde wie die Wirtschaftswissenschaftler Dr. Horst v. Einsiedel, Dr. Carl Dietrich v. Trotha, der Staatsrechtler und Universitätsprofessor Dr. Hans Peters und der früher der SPD angehörende Pädagogikprofessor Adolf Reichwein sowie schlesische Bekannte der beiden Grafen wie der frühere Oberpräsident von Oberschlesien, Dr. Hans Lukaschek, der sich nach 1933 geweigert hatte, nationalsozialistische Anordnungen durchzuführen und deshalb entlassen worden war[6].

Insbesondere nach der Sudetenkrise im Herbst 1938 waren Moltke, Yorck v. Wartenburg und ihre Freunde der Ansicht, dass das Deutsche Reich in seiner politischen und gesellschaftlichen NS-Struktur fundamental und tief greifend erneuert werden müsse, sobald Hitler mit seinem Regime und seiner Vabanquepolitik gescheitert sei. Ab Winter 1938/39 erhielt die anfangs als »Moltke-Kreis« definierte Gruppe deutliche Konturen als ein gegen die NS-Diktatur gerichtetes Gremium. Eine weitere Gruppe sammelte sich ab Jahresende 1939 um Peter Graf Yorck v. Wartenburg. Beide Oppositionskreise fanden im Sommer 1940 zusammen. Damals waren die um Moltke, der inzwischen seit Kriegsbeginn als Kriegsverwaltungsrat in der völkerrechtlichen Abteilung des Amtes Ausland/Abwehr unter Admiral Canaris arbeitete[7], und Yorck v. Wartenburg, der im Krieg als Oberleutnant der Reserve Dienst tat, versammelten Hitlergegner noch der Ansicht, der Diktator werde durch den selbst entfachten Krieg sehr bald »seinen eigenen Untergang erleben«[8].

Da in den Gesprächskreisen durch die zahlreichen wissenschaftlich ausgebildeten Teilnehmer ab Ende 1940 großer Sachverstand bezüglich des Völkerrechts, Staatsrechts, der Wirtschaft und religiösen sowie sozialen Fragen zur Verfügung stand, zeichneten sich die aus Ablehnung des NS-Systems entstandenen Reformvorstellungen durch einen weit gefächerten wissenschaftlichen Standard aus. Sie resultierten aus ganz unterschiedlichen politischen, sozialen und religiösen Strömungen und waren Ausdruck einer breiten Koalition. Durch Oberleutnant der Reserve Fritz-Dietlof Graf v. d. Schulenburg bestanden zudem Verbindungen zu weiteren staatlichen Verwaltungsfachleuten[9].

Darüber hinaus kamen über Carlo Mierendorff, Theo Haubach und Adolf Reichwein auch intensive Kontakte und Gespräche mit anderen sozialdemokratischen Kreisen um Wilhelm Leuschner und Hermann Maass zustande; über Mierendorff gab es zudem ab September 1943 Verbindung zu Dr. Julius Leber[10]. Aus Finanz- und Wirtschaftskreisen stießen Günter Schmölders, Hermann Josef Abs, Ernst v. Borsig, Ernst v. Siemens und Karl Blessing hinzu. Außenpolitische Fragen wurden mit Dr. Adam v. Trott zu Solz und Hans-Bernd v. Haeften, einem Bruder von Stauffenbergs Ordonnanzoffizier, aus dem Auswärtigen Amt erörtert. Enge Kontakte zu katholischen Kreisen bestanden über Karl Ludwig Freiherr von und zu Guttenberg, den Jesuitenprovinzial Augustin Rösch und die Patres Dr. Alfred Delp, Professor Dr. Lothar König und Hans v. Galli[11]. Ab Sommer 1942 war man über Eugen Gerstenmaier auch mit dem evangelischen Landesbischof von Württemberg, Theophil Wurm, im Gespräch. Lockere Verbindung existierte ferner zu dem früheren bayerischen Gesandten in Berlin, Franz Sperr, und dessen Münchner Bekannten sowie zu dem Augsburger Rechtsanwalt Dr. Franz Reisert. Alfred Delp hielt außerdem Kontakt zu den katholischen

Arbeiterführern Bernhard Letterhaus, Nikolaus Groß und Hermann Josef Schmidt im Kölner Raum. Ferner kam es über Graf Yorck v. Wartenburg und Dietrich Bonhoeffer zur Aufnahme von Verbindungen mit den »Freiburger Kreisen« um die Professoren Dr. Walter Eucken, Dr. Alfred Lampe, Dr. Gerhard Ritter und Dr. Constantin v. Dietze. Auch zum Bischof von Berlin, Konrad Graf v. Preysing, hatte Moltke mehrmals Kontakt [12].

Zum inneren »Kreisauer Kreis« um Moltke und Yorck gehörten etwa 20 Gleichgesinnte, die von 1942 bis 1943 zu unterschiedlicher Zeit an mehreren kleinen und drei größeren konspirativen Besprechungen in Berlin und Kreisau teilnahmen. Die Zusammenkünfte dienten der Erarbeitung des »Kreisauer Programms«, dem gemeinsam formulierten Entwurf für eine neue rechtsstaatliche Ordnung Deutschlands nach dem Ende der NS-Herrschaft. Ihr Ziel war weniger die Vorbereitung des direkten Widerstandskampfes gegen Hitlers Regime, den man zu dieser Zeit noch »für aussichtslos hielt« [13]. Andere Mitglieder des Kreises wurden über die Kreisauer und Berliner Besprechungsergebnisse und Resolutionen ständig unterrichtet.

Um die besprochenen Einzelfragen und erzielten Teilergebnisse besser koordinieren zu können, führten Graf Moltke und Graf Yorck ab Mai 1942 größere Zusammenkünfte durch. Auf der ersten Tagung in Kreisau an Pfingsten, vom 22. bis 25. Mai 1942, erörterte man die mögliche Neugestaltung im religiösen, universitären und erzieherischen Bereich. Bei der zweiten Tagung vom 16. bis 18. Oktober 1942 besprach man die Vorstellungen und Überlegungen für die Staats-, Wirtschafts- und Gesellschaftsreform. Die Leitideen zielten auf die Abschaffung des zentralistischen NS-Staates, wie es Graf Moltke schon 1939 gefordert hatte. Auf einer dritten Tagung vom 12. bis 14. Juni 1943 wurden mögliche Änderungen in der deutschen Außenpolitik für die Nachkriegszeit sowie Auswirkungen und Bestrafungen der NS-Kriegsverbrechen in Deutschland erörtert. Insbesondere die Handhabung der Kriegsverbrecherfrage wurde als moralischer Maßstab für die Frage angesehen, wie sich die deutsche Bevölkerung vom Nationalsozialismus, den sie so lange unterstützt und mitgetragen hatte, lösen und letztlich abwenden konnte [14].

Sowohl bei ihren Vorstellungen zum politischen und ökonomischen Staatsaufbau als auch zur religiösen Reform waren die »Kreisauer« vom Gedanken der staatlichen und gesellschaftlichen »Neuordnung« für die Zukunft Deutschlands geprägt. Die Ergebnisse der drei Zusammenkünfte wurden schließlich von Moltke im Sommer 1943 als »Grundsätze für die Neuordnung« zusammengefasst und einem größeren Personenkreis im Reich und sogar in besetzten Gebieten bekannt gemacht [15]. Diese Kreisauer »Grundsätze«, deren Hauptforderung es war, das »zertretene Recht« wieder aufzurichten, bestimmten in großem Maße die staats-, gesellschafts- und wirtschaftspolitischen Vorstellungen jener Widerstandsgruppen um Stauffenberg, Beck und Goerdeler, die das Attentat am 20. Juli 1944 ausführten, um das von ihnen angestrebte neue Deutschland errichten zu können.

Mittlerweile ist durch neuere Forschungen bekannt, dass die »Kreisauer« um Graf Moltke auch konkrete Überlegungen für eine systematische Vorbereitung zum Staatsstreich gegen Hitler anstellten [16]. Am 8. Januar 1943 fand durch Graf v. d. Schulenburgs Bemühen ein direkter Kontakt zwischen Goerdeler, Beck, Popitz, Hassell und Jessen aus der Goerdeler-Gruppe und Moltke, Yorck, Trott, v. d. Schulenburg und Gerstenmaier vom »Kreisauer Kreis« statt. Dabei wurde der Unterschied der Reformpläne zwischen den Jüngeren und Älteren deutlich. Moltke bezeichnete dann auch die Gruppe um Goerdeler als »Kreis von Reaktionären« [17].

Da Moltke im Hinblick auf die Widerstandsbereitschaft der Generale, mit der Goerdeler fest rechnete, sehr skeptisch war, schlug er Ende 1943 in einem Memorandum den Westalliierten eine enge militärisch-politische Zusammenarbeit »größten Stils« mit der im Reich zu errichtenden deutschen Gegenregierung vor, um dadurch alliierte Luftlandetruppen als Bundesgenossen im Kampf gegen die NS-Herrschaft zu gewinnen. Dieses Memorandum versuchte er nach einem ersten Kontakt im Juli 1943 bei einer Reise nach Istanbul über Alexander Rüstow, Hans Wilbrandt und den US-Botschafter in Kairo, Alexander Kirk, den Westalliierten zur Kenntnis zu bringen. Die Mission scheiterte jedoch [18].

Moltke versuchte auch mehrmals, Gleichgesinnte zu finden, die jeweils für bestimmte besetzte Gebiete entsprechende Kontaktaufgaben übernehmen sollten, wie sie Oberstleutnant der

Reserve Theodor Steltzer für Norwegen und Moltkes Freund Fritz Christiansen-Weniger für Polen oder Oberst Wilhelm Staehle für die Niederlande durchführten[19]. Auch Trott und Moltke hielten 1942/43 Verbindung zu niederländischen Widerstandsgruppen. Auf ähnliche Weise stellten Theodor Steltzer und Wilhelm Staehle Verbindungen zu norwegischen und niederländischen Widerstands- und Untergrundgruppen her. Dabei versuchten sie zudem, Gewaltmaßnahmen der Besatzungsbehörden abzumildern. Ebenso nutzte Moltke im Juni 1943 eine Reise nach Brüssel, um mit dem dortigen Militärbefehlshaber General Alexander v. Falkenhausen oppositionelle Gespräche zu führen und Geiselmorde zu verhindern. Über Carlo Schmid, den Moltke im Oktober 1941 kennen gelernt hatte, und der als Kriegsverwaltungsoberrat in Lille im besetzten Nordfrankreich tätig war, konnte Moltke zusätzlichen Einfluss auf Geiselerschießungen nehmen und sie teilweise verhindern. Allerdings sind konkrete Bemühungen für spezielle Planungen eines möglichen Staatsstreiches vonseiten des »Kreisauer Kreises« nicht konsequent und erst in späterer Zeit entwickelt worden[20].

Ab Herbst 1943 bestand nicht nur zwischen Graf Stauffenberg und seinem Vetter Graf Yorck v. Wartenburg eine enge Verbindung, sondern auch mit anderen »Kreisauern«, die dadurch über das beabsichtigte und bevorstehende Attentatsvorhaben im Kreis um Stauffenberg, Tresckow und Olbricht gut unterrichtet waren. Stauffenberg nahm ebenfalls an einigen Gesprächen mit Mitgliedern des »Kreisauer Kreises« in Berlin und Potsdam teil. Graf Moltke hat anfangs religiöse Bedenken gegen ein Attentat auf Hitler angemeldet. Er und andere »Kreisauer« wollten vielmehr den militärischen Zusammenbruch Deutschlands abwarten, bevor sie zur Neuordnung schritten. Als Moltke am 19. Januar 1944 überraschend festgenommen wurde, verlor der »Kreisauer Kreis« seine zentrale Integrationsfigur, sodass die Gruppe danach zerfiel. Allerdings stand die Verhaftung Moltkes nicht im Zusammenhang mit dem insgeheimen Wirken des »Kreisauer Kreises«, sondern mit seiner Hilfsbereitschaft, als er einen Bekannten aus dem oppositionellen »Solf-Kreis« vor der drohenden Festnahme durch die Gestapo warnte, was der Geheimen Staatspolizei jedoch bekannt wurde und zu seiner Verhaftung führte[21].

Einige »Kreisauer«, wie Graf Yorck v. Wartenburg, Leber, Reichwein, Trott, Leuschner und Maass schlossen sich danach enger der Gruppe um Stauffenberg an, der ihre sozialdemokratischen Ansichten gegen Goerdeler und dessen konservative Linie unterstützte. Nach dem misslungenen Attentat vom 20. Juli wurde ein großer Teil der »Kreisauer« vor dem NS-»Volksgerichtshof« angeklagt und dort zum Tode verurteilt, nachdem die Gestapo Anfang August 1944 die ersten Erkenntnisse über die Zusammenhänge der Widerstandspläne mit den Tagungen des »Kreisauer Kreises« gewonnen hatte; bis zum Kriegsende wurden Graf Moltke, Graf Yorck v. Wartenburg, Fritz-Dietlof Graf v. d. Schulenburg, v. Trott zu Solz, Reichwein, Delp und Hans-Bernd v. Haeften ebenso wie die Sozialdemokraten Leber, Reichwein, Haubach, Leuschner und Maass von den Nationalsozialisten umgebracht, nachdem sie zum Teil in den Verhören noch schwer gefoltert worden waren. Mehrere »Kreisauer«, wie z. B. Fürst Fugger v. Glött, Dr. Gerstenmaier und Dr. Reisert, erhielten Haftstrafen. Sie konnten bei Kriegsende von alliierten Truppen befreit werden. Auch Steltzer, Einsiedel, Rösch, König, Lukaschek, Husen und Trotha überlebten das Kriegsende, ohne dass sie allerdings nochmals beim militärischen Zusammenbruch des Hitlerstaates ein Aufbegehren gegen die Nationalsozialisten erreichen oder beobachten konnten.

Über Generaloberst a. D. Beck bestand zwischen der Widerstandsgruppe um Olbricht, Stauffenberg und Tresckow enge Verbindung zum ehemaligen Leipziger Oberbürgermeister Carl Goerdeler und dessen bürgerliche und konservative Gleichgesinnte. So fand die Gestapo später in Goerdelers Berliner Quartier zahlreiche Entwürfe, Aufrufe und Regierungserklärungen und einen Teil des Tagebuches von Hauptmann der Reserve Hermann Kaiser, welche die weit verzweigten Verbindungen der verschiedenen Oppositionsgruppen darlegten [22]. Auf Bitte von Beck, der nach gelungenem Umsturz als Generalstatthalter oder Reichsverweser interimistisches Staatsoberhaupt werden sollte, stellte Goerdeler Ende November 1943 bereits eine geheime Ministerliste für ein zukünftiges Kabinett nach dem Sturz Hitlers zusammen [23]. Um möglichst viele Gruppen und gesellschaftspolitische Richtungen der verschiedenen Verschwörergruppen zu berücksichtigen, sah Goerdelers Liste auch zusätzlich Staatssekretärsposten vor. Gleichzeitig wollte er aber ebenso Fachkräfte in sein Kabinett aufnehmen, die keiner Widerstandsgruppierung angehörten, wie z. B. den Reichsfinanzminister Graf Schwerin v. Krosigk. Für manche Ministerposten gab es unterschiedliche Vorschläge. Einvernehmen bestand, dass als Vizekanzler der Sozialdemokrat Wilhelm Leuschner vorgesehen wurde. Auf Stauffenbergs Einflussnahme war die Berücksichtigung von Julius Leber als zukünftigem Reichsminister zurückzuführen[24]. Ob Goerdeler nur als Übergangskanzler für eine kurze Zeit amtieren sollte, lässt sich nicht genau feststellen. Allerdings gab es im Kreis um Stauffenberg Überlegungen, den früheren liberal-bürgerlichen Oberbürgermeister von Leipzig, dessen Vorstellungen dort gelegentlich als »reaktionär« bezeichnet wurden, bald nach dem gelungenen Umsturz durch die Sozialdemokraten Leber oder Leuschner zu ersetzen. Diese wechselnde personelle Auswahl der vorgesehenen Regierungsmannschaft war ein Spiegelbild der schwankenden verfassungs-, wirtschafts- und gesellschaftspolitischen Vorstellungen und ihrer fortlaufenden Veränderungen bis zum Juli 1944.

Die verfassungspolitischen Zukunftspläne der Verschwörer zeigten schon recht früh die weitgehende Ablehnung einer auf Parteienarbeit gestützten parlamentarischen Demokratie. Dies war insofern nicht überraschend, als die zurückliegende Weimarer Republik mit ihren politischen Problemen und ihrem Vielparteien-System gleichsam zur NS-Diktatur geführt hatte. Die Überlegungen der Verschwörer gingen deshalb mehr auf preußische Traditionen des 19. Jahrhunderts zurück; dabei entwickelte man in konservativen Kreisen auch die Vorstellung, die Monarchie als politisches Modell wieder herzustellen, wie dies insbesondere die 1938 und 1939 entworfenen Denkschriften verschiedener Hitlergegner dokumentieren. Ausgeprägte autoritäre Komponenten enthielt beispielsweise ein von Ulrich v. Hassell im Januar/Februar 1940 ausgearbeiteter Verfassungsentwurf als politisches »Programm«, nach dem sogar einige nationalsozialistische Einrichtungen im Hinblick auf die Beibehaltung bzw. Errichtung einer konfliktfreien Volksgemeinschaft im Prinzip weiterbestehen sollten[25].

Die Reserviertheit gegenüber dem früheren Parteiensystem resultierte auch aus der wenig ermutigenden Passivität der Masse der deutschen Arbeiterschaft, die während des Krieges zum größten Teil Hitler Gefolgschaft leistete. Zudem fehlten erfahrene Parlamentarier, die aufgrund ihres früheren parlamentarischen Wirkens den Verfassungsplänen der Verschwörer größere Impulse hätten geben können. Insofern war das Gesellschaftsbild der am 20. Juli-Attentat beteiligten Widerstandskreise nicht auf die Wiederherstellung der politischen Ordnung und Werte der Weimarer Republik ausgerichtet. Ihr Ziel war nicht die Restauration der von den Nationalsozialisten abgeschafften demokratischen Institutionen, sondern ein Neuanfang nach dem Ende des NS-Systems. In der Denkschrift »Das Ziel« von 1941, die Goerdelers und Becks Verfassungspläne konkretisierte, werden ebenfalls die konservativen und reaktionären Tendenzen des Neuordnungsprogramms deutlich. Reichskanzler, Reichsregierung und Reichsständehaus hatten darin einen herausgehobenen Platz; weniger wichtig schien der Reichstag als Volksvertretung zu sein[26].

Das aufgrund von Beratungen zwischen Popitz, Hassell, Beck, Jessen und Planck 1944 entworfene »Gesetz über die Wiederherstellung geordneter Verhältnisse im Staats- und Rechtswesen« enthielt vorrangig ständische Elemente mit einer berufsbezogenen Vertretung als Kontrollorgan innerhalb eines konservativen Regierungssystems. Dieser von konservativen Kreisen ausgearbeitete »absolutistische« Entwurf, der als vorläufiges Staatsgrundgesetz für längere Zeit gültig bleiben sollte, verlangte vom Staatsbürger ausdrücklich politische Zurückhaltung und bewusstes harmonisches Verhalten in der Gemeinschaft sowie Unterordnung unter die Staatsführung.

Von den Zielen von Goerdeler, Popitz und Hassell hoben sich die nach mehreren Tagungen von Graf Moltke im August 1943 ausgearbeiteten, schon erwähnten »Grundsätze für die Neuordnung« der »Kreisauer« deutlich ab[27]. Sie betonten das Prinzip der Subsidiarität in Form von Selbstverantwortung und Selbstverwaltung kleinerer politischer Einheiten – insbesondere im lokalen und regionalen Bereich. In hohem Maße waren die Pläne für eine Erneuerung der Gesellschaft von dem Gedanken einer engen Verknüpfung mit dem Christentum bestimmt. Es galt dabei als Grundlage der sittlichen und religiösen Erneuerung des Staatsaufbaues. Die »Grundsätze« der »Kreisauer« empfahlen deshalb eine enge Zusammenarbeit mit den Kirchen, denen insgesamt eine wichtige Aufgabe und Funktion im öffentlichen Leben zugesprochen wurde. Frauen hatten nur beschränkte verfassungspolitische Rechte. Anstelle der Parteien sollten berufsständisch konzipierte Verbände treten und an der politischen Willensbildung im Staat partizipieren.

Mit der starken Betonung des Selbstverwaltungsprinzips kleiner politischer Gemeinschaften knüpften sowohl Goerdeler als auch die »Kreisauer« in besonderem Maße an die Reformvorstellungen des Reichsfreiherrn vom Stein zu Beginn des 19. Jahrhunderts an. Der Rückgriff auf dessen Gedanken galt ihnen als »Bewahrung der geschichtlichen Kontinuität Deutschlands«[28]. Dabei wurden Selbstverwaltung und Demokratie sogar als zwei unterschiedliche Wirkungsformen angesehen: »Selbstverwaltung betrachtete Goerdeler als staatsbildendes Prinzip sui generis, das dem von ihm plebiszitär aufgefassten demokratischen Gedanken geradezu entgegengesetzt war.«[29] In einem berufsständisch gegliederten Reichswirtschaftsrat sollten divergierende soziale Interessen auf der jeweiligen regionalen Stufe zum harmonischen Ausgleich kommen. Vor allem dem Bemühen von Leuschner, Haubach und Maass ist es zuzurechnen, dass die »Grundsätze« der »Kreisauer« doch eine deutsche Einheitsgewerkschaft als Teilhaber bei der Verwirklichung des Wirtschaftsprogramms vorsahen[30]. Einer geplanten »Deutschen Gewerkschaft« sollten Arbeiter, Angestellte und öffentlich Bedienstete angehören. Moltke, der stärker das Prinzip weitgehender Subsidiarität herrschaftlicher Verantwortung verfocht, wollte diesen Kompromiss allerdings wieder rückgängig machen bzw. ihn nur als kurzfristige Übergangslösung nach dem Umsturz gelten lassen, sodass die Frage nach einer Einheitsgewerkschaft letztlich offen blieb. Es war ein wesentliches Ziel der von Goerdeler und den »Kreisauern« entwickelten Neuordnungspläne, jeglichen Parteienstreit zu verhindern und den harmonischen Ausgleich durch Selbstverwaltungsformen zu fördern. Dabei ging es ihnen darum, den Gedanken der Einheit der Volksgemeinschaft gegenüber möglichen parteipolitischen und pluralistischen Aufsplitterungen hervorzuheben und zu stärken.

Mit der Betonung der besonderen prägenden Rolle des Individuums für die zukünftige Gesellschaftsordnung befanden sich die verschwörerischen Arbeiterführer und Gesinnungsfreunde im »Kreisauer Kreis« sowie die Hitlergegner um Goerdeler und bei den Militärs in scharfem Gegensatz zu den totalitären Ordnungsvorstellungen der nivellierenden NS-Volksgemeinschaft. Trott hat den Nationalsozialismus als typische Verkörperung der Massengesellschaft angesehen, die er für den »Verlust der persönlichen Werte wie der sittlichen und christlichen Tradition des abendländischen Europa« verantwortlich hielt[31]. Ebenso scharf lehnte man das bolschewistische System ab, zumal man in beiden totalitären Systemen Parallelen erkannte. Die Mehrzahl der im Widerstand entworfenen gesellschaftspolitischen Vorstellungen waren von der Idee eines deutschen dritten Weges zwischen Ost und West geprägt. Schwerlich konnte man sich deshalb vorstellen, dass Deutschland in der Mitte Europas von den Alliierten als Machtfaktor nach dem Krieg ausgeschaltet und vollständig besetzt werden sollte.

Durch Fritz-Dietlof Graf v. d. Schulenburg wurde Ende 1943 zwischen Leber und Graf Stauffenberg der Kontakt hergestellt. Daraus entwickelte sich eine »tiefe menschliche und politische Freundschaft«[32]. Beide waren sich einig, dass dem Umsturz als »wahrer deutscher Erhebung« eine politische und militärische Erneuerung folgen müsse, bei der dem Arbeiterstand eine besondere Funktion zukam. Dadurch kam es im Frühjahr 1944 zu einer Verschiebung der politischen Gewichte innerhalb der Widerstandskreise, da die Sozialdemokraten Leber, Leuschner und Reichwein mit Unterstützung von Stauffenberg und einem Teil des »Kreisauer Kreises« an Einfluss gewannen. Sie rückten sozialistische Vorstellungen stärker in den Vordergrund[33]. Trotz des Unvermögens der alten Arbeiterorganisationen, ein funktionierendes Widerstandsnetz gegen den Nationalsozialismus aufzubauen, dokumentiert die konspirative Beteiligung einzelner ehemaliger sozialdemokratischer Partei- und Gewerkschaftsfunktionäre an verschiedenen Widerstandskreisen, dass dennoch ein aus demokratischen Quellen gespeistes Widerstandspotenzial vorhanden war, das im Falle einer politischen Krise oder eines Staatsstreichversuches durch andere Hitlergegner aktiviert werden konnte.

Zu dem Kreis der mit der engeren Widerstandsgruppe um Goerdeler, Beck, Stauffenberg und Oster in Kontakt stehenden sozialdemokratischen Hitlergegner zählten Wilhelm Leuschner, früher hessischer Innenminister und stellvertretender Vorsitzender des Allgemeinen Deutschen Gewerkschaftsbundes (ADGB), Ernst v. Harnack, früher sozialdemokratischer Regierungspräsident von Merseburg, die ehemaligen SPD-Reichstagsabgeordneten Dr. Julius Leber und Dr. Carlo Mierendorff sowie Theodor Haubach, Emil Henk und der sozialdemokratische Pädagogikprofessor Dr. Adolf Reichwein[34]. Zudem konnte Bernhard Letterhaus aus dem Kreis der katholischen Arbeiterbewegung ab 1942 Gleichgesinnte im Rahmen einer so genannten »Arbeitsgemeinschaft« mit unzensiertem Pressematerial der Alliierten über die Kriegslage informieren, da er als Hauptmann im Amt Ausland / Abwehr bei Canaris und Oster Dienst tat. Zu dieser »Arbeitsgemeinschaft« hatten sich 1941 die ehemaligen Arbeiterführer Wilhelm Leuschner, Max Habermann, Jakob Kaiser, Josef Wirmer mit Carl Goerdeler zusammengefunden, um überparteilich oppositionelle Gespräche führen zu können. Leber und Leuschner hielten später ihre Kontakte zu Harnack auch dann noch intensiv aufrecht, als dessen Vetter Arvid Harnack nach der Aufdeckung der kommunistischen Widerstandsgruppe »Rote Kapelle« 1942 verhaftet wurde und dadurch auch Ernst v. Harnack unter Gestapo-Beobachtung geriet.

Diese weitmaschigen Verbindungen der sozialdemokratischen Hitlergegner stellten allerdings keine Basis oder »reale Handlungsperspektive« für einen Umsturzversuch dar[35]. Zudem wurde die direkte Kontaktaufnahme zwischen Leuschner, Leber und Graf Stauffenberg von Goerdeler argwöhnisch registriert, beinhaltete sie doch ein politisches Zusammengehen der Opposition junger Obristen mit der Gewerkschaftsgruppe im Hinblick auf das Staats- und Gesellschaftsprogramm für die Zeit nach dem geplanten Sturz Hitlers. Immerhin akzeptierte Goerdeler dann jedoch die gewerkschaftliche Öffnung, indem er von der Absicht, die nationalsozialistische Deutsche Arbeitsfront beizubehalten, abrückte[36].

Gleichwohl war sich Leuschner, der zeitweise an Goerdelers Stelle als Kanzler in der Umsturzregierung vorgesehen war, der Ohnmacht der oppositionellen Arbeiterführer und ihres verbliebenen Anhanges bewusst, den Sturz Hitlers nicht allein herbeiführen zu können. Mit anderen zivilen Hitlergegnern stimmte er überein, dass Staatsstreich und Umsturz die Aufgabe der Militäropposition seien und nicht von der noch im Reich verbliebenen Arbeiterbewegung – etwa durch Aufruf zum Generalstreik – initiiert werden konnte. Er war der Ansicht, dass die Arbeiterschaft Hitler »nicht in den Sattel gehoben und auch diesen Krieg, der über kurz oder lang zu einer Katastrophe führen muß, nicht angefangen« habe – deshalb solle das Militär nun »ins erste Treffen gehen«, um Hitler zu beseitigen und den Krieg zu beenden[37].

Wenig zuversichtlich waren Leuschner und die übrigen Gewerkschaftler über die mit Billigung Stauffenbergs von Julius Leber und Adolf Reichwein Ende Juni 1944 unternommenen Versuche, Verbindung mit der illegalen KPD-Leitung aufzunehmen. Ganz offensichtlich versprachen sie sich davon keine Verbreiterung der Aktionsbasis. Auffallend ist jedoch, dass sich Leuschner mit Heranziehung der österreichischen Sozialisten unter Adolf Schärf sehr intensiv um die Einbindung weiterer Arbeitergruppen bemühte. Leber und Reichwein wurden jedoch nach ihren beiden Besprechungen mit kommunistischen Vertretern in Berlin Anfang Juli 1944 von der Gestapo verhaftet. Offen blieb deshalb auch die Frage, welche gesellschafts- und verfassungspolitischen Forderungen oder Wünsche von den Kommunisten in die Erörterungen über den künftigen Staatsaufbau eingebracht worden wären. Allerdings ging es bei den Gesprächen mit der Berliner Saefkow-Bästlein-Gruppe nicht um eine Hinwendung oder Öffnung der Verschwörer um Stauffenberg, Leber und Reichwein zum Kommunismus, wie dies Carl Goerdeler nachträglich während der Gefängnishaft behauptete und scharf kritisierte, sondern vielmehr um erste Sondierungen über die Bereitschaft der Kommunisten, den geplanten Umsturz zu tolerieren und ggf. zu unterstützen, sowie um die Feststellung, wie weit die deutschen Kommunisten letztlich Moskauer Positionen als Programm vertraten oder nicht.

Denn im Gegensatz zu den Hitlergegnern aus sozialdemokratischen und gewerkschaftlichen Kreisen waren Oppositionelle aus der ehemaligen KPD während der Kriegsjahre viel stärker von ihrer Auslandsleitung und auswärtigen Einflüssen abhängig[38]. So waren in den ersten beiden Kriegsjahren während des außenpolitischen Zusammengehens von Berlin und Moskau im Rahmen des Hitler-Stalin-Paktes kaum oppositionelle KPD-Gruppen aktiv. Unmittelbar nach dem deutschen Überfall auf die Sowjetunion im Sommer 1941 wurden zudem führende Kommunisten durch die Gestapo zur Verhinderung möglicher Sabotageakte willkürlich verhaftet. Erst nach dem Scheitern des Unternehmens »Barbarossa« vor Moskau im Dezember 1941 kam es zur Reorganisation in neuen illegalen Gruppen und zur stärkeren Aktivierung der kommunistischen Widerstandstätigkeit sowohl durch örtliche Funktionäre als auch durch die Auslandsleitung; deutlich zeigte sich dies ab 1942 im Rhein-Ruhr-Gebiet, wo die Erscheinungszahl illegaler kommunistischer Schriften sprunghaft anstieg.

Obwohl der Arbeiterwiderstand ein bedeutendes Kontingent der deutschen Widerstandsbewegung insgesamt darstellte, hat er die NS-Herrschaft zu keiner Zeit ernsthaft gefährdet. Trotz des Vorhandenseins eines breiten Verweigerungspotenzials fehlten letztlich für einen Massenwiderstand alle strukturellen Voraussetzungen. Organisierte Widerstandsaktionen gegen das NS-Regime blieben dadurch »das Geschäft von Minoritäten«[39]. Es ist nicht von der Hand zu weisen, dass die antipluralistische, antiliberale und antiparlamentarische Grundhaltung im Rahmen der gesellschaftlichen Neuordnungspläne des Widerstandes dessen Anziehungskraft für weite Teile der sozialdemokratischen und kommunistischen Arbeiterschaft sowie auch der einfachen Soldaten grundsätzlich minderte und entscheidend reduzierte, soweit sie ihnen überhaupt bekannt wurde. Das propagierte Gesellschaftsbild und die Verfassungspläne waren eben sehr weit entfernt von einer offenen demokratischen Gesellschaft, die auf die breite Bevölkerung eher anziehend wirken konnte.

Es gibt bislang nur unsichere Hinweise, dass die Gruppe um Generaloberst Beck, General Olbricht, Oberst Graf v. Stauffenberg und Oberst Ritter Mertz v. Quirnheim auch mit dem im Sommer 1943 in Moskau gegründeten Nationalkomitee »Freies Deutschland« (NKFD) bzw. mit dessen geheimen Untergrundsleuten im Reich oder in besetzten Gebieten in irgendeiner Verbindung stand. Das NKFD war »zur Rettung Deutschlands vor der Katastrophe« auf Beschluss der Sowjetführung von im Exil lebenden deutschen Kommunisten zusammen mit einigen Kriegsgefangenen am 12./13. Juli 1943 in Krasnogorsk gegründet worden[40]. Es fand bei den deutschen Kriegsgefangenen in sowjetischem Gewahrsam allerdings nur wenig Zustimmung. Dies änderte sich erst, als es der sowjetischen Führung gelang, mit der Gründung des »Bundes Deutscher Offiziere« am 11./12. September 1943 im Lager Lunjovo bei Moskau eine weitere antifaschistische Organisation von etwa 100 Offizieren unter Führung mehrerer Generale und Obristen (General Walther v. Seydlitz, Generalleutnant Alexander Edler v. Daniels, Generalmajor Dr. Otto Korfes, Generalmajor Martin Lattmann, Oberst Hans-Günter v. Hooven, Oberst Luitpold Steidle) zu schaffen, die sich nach ihren Erlebnissen in Stalingrad zum propagandistischen Kampf gegen Hitlers Diktatur und die Wehrmachtsführung bereit fanden.

Mit General der Artillerie Walther v. Seydlitz-Kurzbach, dem ehemaligen Kommandierenden General des LI. Armeekorps unter Feldmarschall Paulus in Stalingrad, stand eine zugkräftige Symbolfigur an der Spitze dieser Offiziersgruppe[41]. Seydlitz vertraute den sowjetischen Zusagen, dass Deutschland sowohl im Falle eines propagandistisch erzielten Staatsstreiches als auch bei Beendigung des Krieges nach geordnetem militärischen Rückzug, bevor die Rote Armee die Reichsgrenze erreiche, in den Grenzen von 1937 als wichtiger Machtfaktor Europas erhalten bleiben werde. Schon bald nach der Gründung wurde der BDO mit dem NKFD institutionell und personell eng verschmolzen; dabei akzeptierte das NKFD-Präsidium den Vorbehalt der Offiziere, es solle jede Zersetzungsaktion an der Front vermieden werden. In vielen Aufrufen forderte man dann auch die deutschen Soldaten zum energischen Widerstand und Kampf gegen Hitler und dessen Herrschaft, aber nicht zum Überlaufen auf.

Nach der alliierten Konferenz von Teheran vom 28. 11. bis 1. 12. 1943 bedrängte die Sowjetführung beide Komitees jedoch zu einem Wechsel in der Propagandaarbeit. Sie verlangte, direkt Frontpropaganda für Überläufer zu machen, um dadurch das

Ostheer moralisch aufzuweichen sowie einzelne abgeschnittene Frontverbände nicht nur zum Rückzug, sondern zur Kapitulation zu bewegen. Dieser Forderung gaben Seydlitz und seine Präsidiumsmitglieder im BDO schließlich nach, sodass ab Januar 1944 durch besondere Frontkommandos des NKFD / BDO unter dem Befehl der Roten Armee insbesondere bei eingeschlossenen Truppenteilen zum Überlaufen in sowjetische Gefangenschaft aufgerufen wurde [42].

SD und Gestapo konstatierten in ihren Berichten eine bemerkenswerte weitgehende Übereinstimmung der Zielsetzungen der Verschwörergruppe um Stauffenberg und der Hitlergegner im Moskauer NKFD in der Beurteilung der militärischen Lage und in der Kritik am Nationalsozialismus [43]. Aufgrund des nahen Verwandtschaftsverhältnisses zwischen den Schwagern Generalmajor Korfes und Oberst Ritter Mertz v. Quirnheim ist anzunehmen, dass im Kreis um den 20. Juli besondere Achtung vor Korfes und Seydlitz als den Hauptrepräsentanten des BDO bestand. Sicher hat man die Aktivität von NKFD und BDO in Verschwörerkreisen sehr sorgfältig beobachtet. Es ist aber zu vermuten, dass Stauffenberg, der sich gerade auf das Heer als intakter Machtfaktor nach einem Staatsstreich stützen wollte, die NKFD-Forderung zum geschlossenen Überlaufen an der Front als Handlungsmöglichkeit entschieden ablehnte und dies als den falschen Weg ansah.

Es gibt Hinweise, dass sich Stauffenbergs Mitverschwörer v. Trott zu Solz vor dem Juli 1944 über die sowjetische Gesandtin Aleksandra Kollontaj in Stockholm und auch General der Artillerie Fritz Lindemann mit Hilfe von Berliner und Dresdner Sympathisanten der NKFD-Bewegung um eine Verbindung zum NKFD bemühten [44]. Andererseits zählten andere Sympathisanten der Beck-Stauffenberg-Gruppe wie z. B. v. Kluge und Rommel, zum Kreis der aktiven Generalfeldmarschälle, die als ranghöchste Soldaten der Wehrmacht wegen des NKFD / BDO eine besondere Ergebenheitsadresse gegenüber Hitler abgaben, um dessen Besorgnis über ein möglicherweise positives Echo auf General v. Seydlitz' Handlung im Ausland zu zerstreuen. Die damals von Generalleutnant Rudolf Schmundt, dem Chefadjutanten Hitlers, mit Hilfe von Reichspropagandaminister Goebbels organisierte und von allen acht Marschällen (v. Rundstedt, Rommel, v. Kleist, Busch, v. Kluge, v. Manstein, Freiherr v. Weichs und Model) unterschriebene Erklärung wurde dem Diktator am 19. März 1944 von Generalfeldmarschall v. Rundstedt in Anwesenheit der übrigen Unterzeichner feierlich übergeben. Darin verurteilten sie Seydlitz' »Dolchstoß« in den Rücken der kämpfenden Front und dessen »niedrigen Verrat« aufs schärfste[45]. In Abwesenheit wurde General v. Seydlitz dann auch am 16. April 1944 vom Reichskriegsgericht wegen Kriegs- und Hochverrat zum Tode verurteilt[46]. Auch die Sonderkommission von SD und Gestapo zur Aufklärung des Attentats nach dem 20. Juli 1944 kam letztlich zum Ergebnis, dass keine direkten Kontakte zwischen den innerdeutschen Widerstandskreisen des 20. Juli 1944 und dem NKFD vorhanden gewesen waren.

Bei diesem Ergebnis ist zu beachten, dass sich in den letzten Wochen vor dem 20. Juli 1944 die Auffassung durchsetzte – insbesondere vertreten von Stauffenberg, Graf Yorck v. Wartenburg, Reichwein, Trott und Leber –, nach einem gelungenen Staatsstreich sowohl mit den Westmächten als auch mit der UdSSR gleichermaßen Friedensverhandlungen aufzunehmen, und zwar ohne außenpolitische Vorbehalte gegenüber allen Seiten[47]. Für eine Kontaktaufnahme mit Moskau standen u. a. mit dem früheren Botschafter des Reiches in Moskau und Mitverschwörer, Friedrich Werner Graf v. d. Schulenburg, entsprechende Gleichgesinnte und Fachleute zur Verfügung, die dann die Verbindungen herstellen konnten, ohne dass ein Rückgriff auf das NKFD notwendig gewesen wäre. Allerdings wusste man bei diesen Überlegungen »zwischen Ost und West« in Widerstandskreisen, dass die einheitliche alliierte Forderung vom Januar 1943 nach bedingungsloser Kapitulation Deutschlands nicht umgangen werden konnte, zumal die Westalliierten nach der gelungenen Invasion in der Normandie seit 6. Juni 1944 die militärische Trumpfkarte in ihrer Hand hielten. Die Forderung nach »unconditional surrender« bestimmte – gleichsam als ungelöste Frage für die Hitlergegner – die Erwägungen vieler Oppositionsgruppen darüber, ob ein Attentat auf Hitler überhaupt noch einen Sinn haben konnte, was man im Kreis um Beck-Stauffenberg-Tresckow und anderen militärischen Verschwörern jedenfalls entschieden befürwortete.

7. Das Attentat auf Hitler vor dem Hintergrund der militärischen Situation im fünften Kriegsjahr

Im Sommer 1944 befand sich das Deutsche Reich an vielen Fronten im Rückzug und hatte schon seit Anfang 1942 schwere Niederlagen hinnehmen müssen. Im Heimatkriegsgebiet litt die Zivilbevölkerung seit Monaten unter den schweren Bombardierungen der Westalliierten aus der Luft.

Für Hitlers Kriegführung in Europa lag der Primat bei der Ostfront. Hier wollte er den entscheidenden Sieg erringen; die dortige grausame Kampfführung hatte er von Beginn der Planungen ab 1940 / 41 bestimmt. Umso schwerer wogen die Niederlagen des deutschen Ostheeres bei Moskau im Winter 1941 / 42 und bei Stalingrad im Winter 1942 / 43. Gerade die Niederlage an der Wolga, wo 120 000 Soldaten fielen sowie etwa 110 000 Soldaten in Gefangenschaft gerieten (nur ca. 40 – 45 000 Soldaten konnten ausgeflogen werden) und wo auch die Luftwaffe schwere Verluste hinnehmen musste, wirkte sich für die NS-Führung im Innern sehr nachteilig aus. Überlegenheitsgefühl und Unbesiegbarkeitsanspruch der Wehrmacht waren endgültig gebrochen. Der Traum vom deutschen Großreich im Osten war letztlich zerstört. Es entstand eine vorübergehende Vertrauenskrise; sogar der Glaube an den »Führer« geriet ins Wanken. Die hohen Verluste an Menschen und Material konnten kaum mehr ausgeglichen werden, auch wenn die 6. Armee mit ihren Divisionen aus propagandistischen und psychologischen Gründen als Heeresverband im Frühjahr 1943 aus Ersatzeinheiten wieder aufgestellt wurde. Allerdings verstand es Reichspropagandaminister Joseph Goebbels mit seinen zentralen und regionalen Propagandastellen geschickt, durch öffentliche Proklamation des totalen Krieges

LAGE AM 20.7.1944
Grenze des Großdeutschen Reiches 1942
deutsche Front am 1.7.1944
deutsche Front am 20.7.1944
deutsche Front am 1.8.1944
von deutschen Truppen am 20.7.1944 gehaltenes Gebiet
Alliierte Vormärsche
weitere Operationen im August 1944
Neutrale Staaten: Irland, Schweden, Schweiz, Spanien, Türkei
0 100 200 300 400km
Bergen
NORWEGEN
Oslo
Stavanger
DÄNEMARK
Kopenhg.
IRLAND
GR. BRITANNIEN
Nordsee
Kiel
Lübeck
Hamburg
Bremen
Berlin
Coventry
Norwich
All. Ob.-Kdo.: Eisenhower
London
H. Gr. 21 (engl.)
Amsterdam
Rotterdam
NIEDERLANDE
Hannover
Magdeburg
Plymouth
Portsmouth
Der Kanal
Cherbourg
Guernsey
Calais
Lille
Brüssel
BELGIEN
Essen
Köln
Aachen
Rhein
Kassel
DEUTS
Leipzig
REIC
Dieppe
Le Havre
Amiens
Rouen
Frankft.
Brest
Normandie
Paris
Ob. West
Seine
Reims
Saarbr.
Metz
Nürnberg
Regensb.
Lorient
St. Nazaire
Nantes
Orléans
Troyes
Straßbg.
Stuttgart
Loire
Tours
H. Gr. B
Dijon
Belfort
München
Salzburg
Basel
Innsbr.
ÖSTER
Golf von Biscaya
Limoges
FRANKREICH
Bern
SCHWEIZ
Genf
Bordeaux
Lyon
Ob. Südwest
Mailand
Turin
Po
H. Gr. C
Verona
Padua
Venedig
Rhône
Genua
ITALIEN
Toulouse
Armeegr. G
Marseille
Florenz
Livorno
Toulon
Korsika
SPANIEN
Barcelona
Rom
Mittelmeer

FINNLAND
Helsinki
Leningrad
H. Gr. Leningrad-Front
Narwa
Stockholm
Reval
Nowgorod
Dagö
Estland
SOWJET-UNION
Wolga
H. Gr.
3. balt. Front
Dorpat
Ostrow
Ösel
H. Gr.
Nord
Moskau
Gotland
Welikije-Luki
H. Gr. 2. balt. Front
Riga
Oka
Libau
H. Gr.
1. balt. Front
Witebsk
Smolensk
Memel
Litauen
H. Gr.
3. Weißruß. Front
Kowno
Wilna
Königsbg.
H. Gr. 2. Weißruß. Front
Minsk
Brjansk
Orel
Ostpreußen
Danzig
FHQ.
Grodno
H. Gr.
1. Weißruß. Front
Gomel
Thorn
Bialystok
H. Gr. Mitte
Weichsel
Pripjet
Desna
Brest
Warschau
H. Gr.
1. Ukr. Front
Charkow
POLEN
Lodz
Kowel
Kiew
Rowno
Lublin
Schitomir
Oder
H. Gr. 4. Ukr. Front
Dnjepr
Sandomir
Ukraine
Krakau
Przemysl
Lemberg
Winniza
H. Gr.
2. Ukr. Front
Dnjepropetr.
Tarnopol
Saporoschje
Bug
H. Gr.
3. Ukr. Front
Dnjestr
Pruth
SLOWAKEI
Kaschau
H. Gr.
Nordukraine
Preßburg
Theiß
Odessa
Budapest
UNGARN
Jassy
Krim
Klausenburg
H. Gr.
Südukraine
Szeged
Hermannstadt
Galatz
Sewastopol
RUMÄNIEN
Save
Bukarest
Konstanza
Belgrad
Schwarzes Meer
JUGOSLAWIEN
Partisanen
Donau
Sarajewo
Balkanräumung
Beginn Sept. 44
Sofia
BULGARIEN
Skoplje
ALBANIEN
Ob. Südost
H. Gr. F
Istanbul
TÜRKEI
Ankara
Tirana
GRIECHENLAND

in seiner Rede vom 18. Februar 1943 die NS-Herrschaft zu stabilisieren und nochmals neue Energien in der Bevölkerung für eine radikalere Kriegführung zu mobilisieren. Bei manchen Offizieren schwand allerdings nach der Katastrophe in Stalingrad das Vertrauen in Hitler als Obersten Befehlshaber der Wehrmacht. Immerhin übernahm Hitler Anfang Februar in einer Besprechung mit Generalfeldmarschall v. Manstein die »alleinige Verantwortung« für die Katastrophe[1].

Aus der Wolgastadt herausgeflogene und gerettete Offiziere hofften nach der Niederlage in Stalingrad auf Reaktionen der Bevölkerung in Form von Widerspruch und Auflehnungsaktionen gegen die Diktatur. Nach ihren Vorstellungen sollte sich Hitler wenigstens von der unmittelbaren Kriegführung zurückziehen. Mitglieder einiger Widerstandgruppen wollten Kampf und Untergang der 6. Armee zu einem Fanal des Aufstandes gegen Hitler werden lassen. Allerdings bestand keinerlei Verbindung von oppositionellen Kreisen mit der Armeeführung im Kessel. Der später zum Kreis um Stauffenberg zählende Oberst i. G. Eberhard Finckh wurde als zuständiger Oberquartiermeister der Heeresgruppe Don angesichts des Unterganges der 6. Armee in seiner Auffassung bestärkt, das »Übel« müsse »von oben her beseitigt werden«[2]. Der bei Kriegsbeginn zum Widerstandskreis um Oster und Canaris zählende Oberst i. G. Helmuth Groscurth, 1942/43 in Stalingrad als Chef des Generalstabes eines Armeekorps eingesetzt, sandte sogar mit Major der Reserve Alfred Graf v. Waldersee einen Offizier seines Stabes aus dem Kessel zu mehreren Generalen verschiedener militärischer Widerstandsgruppen, um zum »sofortigen Losschlagen« gegen Hitler aufzufordern. Man bedrängte unter anderem Beck, v. Rundstedt und v. Manstein, gegen den Diktator zu handeln. Manstein lehnte dies jedoch in einem Gespräch gegenüber Graf Stauffenberg ab[3]. Vergeblich hoffte auch die oppositionelle Münchner Widerstandsgruppe »Weiße Rose« auf einen Aufstand gegen das NS-Regime. In ihrem letzten Flugblatt vom 18. Februar 1943 riefen die Studenten die deutsche Jugend auf, angesichts des erschütternden, sinn- und verantwortungslosen Todes beim »Untergang der Männer von Stalingrad« endlich gegen die NS-Regierung aufzustehen[4]. Der Aufstand blieb jedoch aus. Es kam zu keiner nachhaltigen

Erschütterung des Regimes. Stattdessen hatte sich die Bevölkerung mit den weiteren Forderungen der verstärkten Mobilisierung und neuen Durchhalteparolen für die Fortführung des Krieges als totalen Kampf zu arrangieren.

Dennoch konnte der übermächtigen alliierten Koalition keinesfalls für längere Zeit ein entscheidendes Gegengewicht entgegengesetzt werden. Dies demonstrierte sehr nachhaltig die nächste weitere schwere Niederlage, die Kapitulation der deutschen »Heeresgruppe Tunis« am 13. Mai 1943 unter Generaloberst v. Arnim, der Generalfeldmarschall Rommel am 10. März 1943 als Oberbefehlshaber in Nordafrika abgelöst hatte. Mit ihm gingen 130 000 deutsche und 120 000 italienische Soldaten in westalliierte Kriegsgefangenschaft. Viele Familien in der Heimat erhielten danach wiederum Mitteilungen, dass die Väter oder Söhne gefallen waren, als vermisst galten oder in Kriegsgefangenschaft geraten waren. Die Stimmungsberichte des Sicherheitsdienstes der SS und der Sicherheitspolizei zeigten dann auch, dass der deutschen Bevölkerung trotz Goebbels'scher Proklamation des totalen Krieges die militärische Übermacht des vielfachen Gegners sehr wohl bewusst war; zudem gelangte sie an allgemeine Informationen über die auf der Casablanca-Konferenz (14. bis 26. Januar 1943) gefällte alliierte Forderung nach bedingungsloser Kapitulation (»unconditional surrender«) Deutschlands, Italiens und Japans. Die ultimative Forderung ließ keinen Spielraum mehr erkennen für Hoffnungen auf einen Verhandlungsfrieden wie etwa 1918 / 19 in Versailles. Gleichwohl blieb Hitlers Herrschaft weiterhin ungefährdet[5].

Im Sommer 1943 verschlechterte sich die Lage an der Ostfront erneut; die mit großen Hoffnungen im Juli 1943 begonnene Panzeroperation »Zitadelle« bei Kursk scheiterte. Es war der letzte Versuch des Ostheeres gewesen, die Rote Armee in einer Umfassungsschlacht am Frontbogen zwischen Orel und Kursk in die Defensive zu drängen und selbst wieder die Offensive zu gewinnen. Danach musste das Ostheer ständig zurückweichen.

Vom 9. auf den 10. Juli 1943 landeten die Westalliierten in Sizilien, fünfzehn Tage später stürzte der faschistische Großrat Italiens Mussolini als Regierungschef. König Viktor Emmanuel III. ließ den »Duce« verhaften und setzte mit Marschall Badoglio

Der deutsche Wehrmachtbericht vom 20. Juli 1944 zu den militärischen Ereignissen an den Fronten

In der Normandie setzte der Feind seine Angriffe im Raum östlich und südöstlich Caen mit starken Panzer-, Artillerie- und Fliegerunterstützung während des ganzen Tages fort, ohne dass ihm der erstrebte Durchbruch gelang. Nach erbitterten Kämpfen, die den ganzen Tag hindurch in St. Lo tobten, wurden die Trümmer der Stadt aufgegeben. Feindliche Vorstöße aus der Stadt heraus nach Süden sowie starke örtliche Angriffe der Nordamerikaner weiter nordwestlich brachen verlustreich zusammen.

Schlachtflieger unterstützten die Abwehrkämpfe der Erdtruppen in wirksamen Tiefangriffen und vernichteten zehn feindliche Panzer. In Luftkämpfen wurden 16 feindliche Flugzeuge abgeschossen.

In der Nacht griffen Kampf- und Nachtschlachtflugzeuge feindliche Bereitstellungen nördlich Caen mit guter Wirkung an. In Munitions- und Betriebsstofflagern entstanden Brände und Explosionen.

In der Nacht vom 18. zum 19. Juli schossen Nachtjäger über Nordfrankreich 30 viermotorige Bomber ab.

Batterien der Kanalinsel Alderney schossen einen feindlichen Geleitzerstörer in Brand, der nach heftigen Explosionen sank. Im französischen Raum wurden erneut 151 Terroristen im Kampf niedergemacht. Das Vergeltungsfeuer auf London dauerte die ganze Nacht über an.

In Italien drang der Feind in erbitterten, für ihn besonders verlustreichen Kämpfen in den Südteil von Livorno und in die völlig zerstörten Hafenanlagen ein, wo heftige Straßenkämpfe entbrannten. In den Abendstunden wurden unsere Truppen auf Stellungen nördlich der Stadt zurückgenommen. Nordwestlich Poggibonsi scheiterten zahlreiche Angriffe des Gegners. Westlich Ancona gelang es dem Feind, nach erbitterten Kämpfen auf dem Nordufer des Esino-

Flusses mit schwächeren Kräften Fuß zu fassen. Seine mit besonderer Wucht entlang der Küstenstraße geführten Angriffe brachen dagegen sämtlich zusammen.

An der Ostfront stehen unsere Divisionen im Raum östlich Lemberg in schweren Abwehrkämpfen. Feindliche Durchbruchsversuche in Richtung auf die Stadt selbst wurden aufgefangen. Von Kowel her vordringende starke sowjetische Kräfte wurden am Bug zum Stehen gebracht.

Auch im Mittelabschnitt dauern nördlich Brest heftige Kämpfe an. Im Raum von Grodno auf das Westufer des Njemen übergesetzte sowjetische Kampfgruppen wurden in Gegenangriffen zurückgeworfen. Im Seengebiet nordwestlich und nördlich Wilna sowie zwischen der Düna und Ostrow wurden starke Angriffe der Sowjets in wechselvollen Kämpfen zerschlagen und einige Einbrüche abgeriegelt. Allein im Abschnitt eines Corps wurden hier in den letzten sieben Tagen 215 feindliche Panzer vernichtet.

Der Stabsgefreite Unger in einer Panzerjägerabteilung schoß gestern mit seinem Geschütz 11 schwere sowjetische Panzer ab.

Die Luftwaffe führte zahlreiche Tiefangriffe gegen feindliche Bereitstellungen und Kolonnen und vernichtete wiederum zahlreiche Panzer und über 230 motorisierte und bespannte Fahrzeuge. In Luftkämpfen und durch Flakartillerie wurden 56 feindliche Flugzeuge abgeschossen. Starke Verbände deutscher Kampfflugzeuge richteten schwere Angriffe gegen die sowjetischen Nachschubstützpunkte Molodeczno, Nowosokolniki und Weliki Luki.

Nordamerikanische Bomberverbände führten von Westen und Süden Terrorangriffe gegen West-, Südwest- und Süddeutschland. Vor allem in den Wohnbezirken der Städte München, Koblenz, Schweinfurt und Saarbrücken entstanden Schäden. Die Bevölkerung hatte Verluste. Durch Luftverteidigungskräfte wurden 61 Flugzeuge zum Absturz gebracht. In der Nacht griffen britische Störflugzeuge das Stadtgebiet von Bremen an.

eine neue Regierung ein. Am 3. September landeten die Alliierten in Kalabrien und am 8. September 1943 kam es zum Abfall Italiens vom Achsenbündnis sowie zu seinem Kriegsaustritt. Noch einmal konnte jedoch die Wehrmacht durch einen raschen Überfall auf das bislang verbündete Italien mit Inbesitznahme von Mittel- und Norditalien sowie der Errichtung einer neuen sozialen Republik von Saló in Norditalien unter dem seit 12. September wieder befreiten »Duce« den völligen Einsturz der Mittelmeerfront verhindern. Allerdings musste die deutsche Bevölkerung durch den offiziellen Wehrmachtbericht bis in die Tage vor dem 20. Juli 1944 von fortwährenden Rückzügen in Italien bis zur Linie Pisa–Arezzo–Ancona Kenntnis nehmen. Kleinere Abwehrerfolge oder vorübergehende Verzögerungen des alliierten Vormarsches auf der Apenninhalbinsel wurden dabei immer wieder zu größeren deutschen Siegen propagandistisch umgemünzt. Strategische Erfolge konnte die deutsche Bevölkerung jedoch nur noch aufseiten der Alliierten beobachten, nicht mehr bei der Wehrmacht. Rom wurde dann auch am 14. Juni 1944 von den Alliierten eingenommen. Die Eroberung Süd- und Mittelitaliens ermöglichte es den Alliierten, bei Foggia eine neue Luftflotte zu stationieren, um von dort aus leichter Luftkriegsziele in Süddeutschland, Österreich und in Ungarn sowie rumänische Ölfelder bombardieren zu können.

Starke deutsche Kräfte waren in Italien auch im Sommer 1944 gebunden, als die Westalliierten schließlich am 6. Juni 1944 in der Normandie landeten und dort die von Stalin schon lange geforderte große »zweite Front« der Alliierten bildeten. Obwohl dies in den deutschen Stäben mehrmals erwartet worden war und sich die deutschen Verbände darauf eingestellt hatten, gelang es ihnen dennoch nicht, die große Landungsoperation der Angloamerikaner zu verhindern, zumal die alliierte Luftherrschaft deutsche Truppenbewegungen erheblich erschwerte. Bis zum 20. Juli gelang den Alliierten der Vorstoß aus den Brückenköpfen an der Kanalküste mit Eroberung der Halbinsel Cotentin bis zur Linie Lessay-St. Lo-Caen.

Auch die Sowjetunion eröffnete am 22. Juni 1944 im Abschnitt der »Heeresgruppe Mitte« an der Ostfront im Raum Pripjet-Düna eine ebenso erfolgreiche Großoffensive, die bis Mitte Juli zur Vernichtung fast der gesamten »Heeresgruppe Mitte« führte und die Truppen der Roten Armee bis zum 20. Juli nach Warschau, zur Weichsel und auch an die deutsche Reichsgrenze bei Ostpreußen führte. Ebenso wurden große Teile der Heeresgruppe Südukraine im rumänischen Raum vernichtet und weiter zurückgedrängt. Auch hier waren schwere personelle Verluste zu beklagen. Beim Zusammenbruch der Heeresgruppe Mitte waren etwa 120–130 000 Tote zu beklagen, die Zerschlagung der Heeresgruppe Südukraine brachte weitere 100 000 tote deutsche Soldaten. Hunderttausende gerieten zudem in Kriegsgefangenschaft und galten als vermisst, zumal keine Postverbindungen gemäß der Genfer Kriegsgefangenenkonvention zu den in sowjetische Gefangenschaft geratenen Soldaten bestanden. Ebenso waren von der Kriegsmarine beim Seekrieg im Atlantik oder beim U-Boot-Krieg keine spektakulären Erfolge zu erwarten. Insgesamt zeigte sich die militärische Lage an allen Fronten Mitte Juli 1944 ausweglos. Eine Wende des Krieges zugunsten Deutschlands war nicht mehr anzunehmen, vielmehr ging es darum, den Feind sowohl im Westen als auch im Osten vom Reichsgebiet hinhaltend abzuwehren und noch möglichst längere Zeit fern zu halten.

Dieses Fazit bestimmte auch das Ausharren im Heimatkriegsgebiet. Denn schon seit 1942/43 waren die Auswirkungen eines totalen Krieges auf den Alltag der Zivilbevölkerung bemerkbar. Als Folge des rücksichtslosen alliierten Luftkrieges führte der Bombenkrieg zu schweren, teilweise beängstigenden und lebensgefährlichen Belastungen für jeden einzelnen »Volksgenossen« im Heimatkriegsgebiet. Die westalliierten Flächenbombardements führten immer wieder zu schweren personellen und materiellen Verlusten unter der Zivilbevölkerung. Sie mussten schon seit vielen Monaten ertragen werden. Denn obwohl die Regierungen in Berlin, London und Paris bei Kriegsbeginn dem Appell des US-Präsidenten Franklin D. Roosevelt zugestimmt hatten, keine Luftangriffe auf die Zivilbevölkerung durchzuführen, kam es im Verlauf des Krieges gleichwohl zu umfangreichen und verheerenden militärischen Kampfmaßnahmen des »Kriegs der Bomber«[6] aus der Luft auf die jeweilige Zivilbevölkerung des Landes. International anerkannte vertragliche Abmachungen über die Beschränkung der Luftkriegführung gab es bei Beginn des Zweiten Weltkrieges nicht. Schon bald nach September 1939 zeigten Kampfmaßnahmen – wie z. B. die Eroberung Warschaus im September 1939 oder Rotterdams im Mai 1940 – die Unmöglichkeit, zwischen zivilen und militärischen Zielen des Luftkrieges oder so genannten »offenen und unverteidigten« sowie befestigen Städten zu unterscheiden. Die gleichen Erfahrungen machten die Briten, als sie bis zum Frühjahr 1940 Bombenangriffe gegen deutsche Küstenanlagen und Schiffsziele in Norddeutschland flogen.

Als der deutsche Angriff auf Frankreich und die Benelux-Staaten am 10. Mai 1940 begann, kam es zur ersten gezielten Bombardierung der Zivilbevölkerung einer deutschen Stadt. Es wurde irrtümlicherweise die Stadt Freiburg im Breisgau von deutschen Flugzeugen bombardiert. Unter der Zivilbevölkerung gab es zahlreiche Tote und Verletzte. Fortan erklärte die NS-Propaganda, mit Freiburg hätten die Westmächte die Bombardierung der Zivilbevölkerung begonnen – dies war eine Lüge, die bis zum Kriegsende aufrechterhalten wurde, obwohl Hitler, Göring und Goebbels sehr bald wussten, dass die deutsche Luftwaffe versehentlich die Stadt bombardiert hatte[7]. Unmittelbar nach dem Regierungsantritt Churchills beschloss das britische Kriegskabinett am 11. Mai 1940, den Bombenkrieg durch strategische Einsätze in das Innere Deutschlands zu tragen. Eine Rücksichtnahme auf die Zivilbevölkerung war nicht mehr vorgesehen.

Vielmehr führte die Eskalation des Luftkrieges ab Sommer 1940 auf beiden Seiten sehr rasch zu beabsichtigten verstärkten Angriffen auf die Städte im Hinterland. Hitler wollte die britischen Städte »ausradieren« und ließ während der Luftschlacht um England London, Birmingham, Portsmouth, Southampton und Liverpool angreifen. Vernichtend war die schwere Bombardierung von Coventry am 14. November 1940. Als Vergeltung flogen die Briten Angriffe auf Berlin. Damit setzten sich die schon nach dem Ersten Weltkrieg entwickelten Luftkriegstheorien des italienischen Generals Douhet durch, bei denen der Terror- und Vernichtungskrieg gegen die Zivilbevölkerung im Rahmen des Totalen Krieges die maßgebliche Rolle spielte[8]. Als der britische Luftmarschall Arthur Harris, später berüchtigt als »Bomber-Harris«[9], im Februar 1942 den Befehl über das Bomber-Kommando der »Royal Air Force« (RAF) übernahm, lag bereits die Entscheidung des britischen Kriegskabinetts vom 14. Februar 1942 vor, in erster Linie nicht militärische Einzelobjekte, sondern die Arbeiterwohngebiete der deutschen Industriestädte als Zielpunkte auszuwählen. Dabei ging man schließlich ab Frühjahr 1942 zum bewussten Flächenbombardement (area bombing) über, um die Kampfmoral der deutschen Zivilbevölkerung in der Heimat zu brechen. Harris bewies mit schweren Angriffen auf Lübeck und Rostock im März und April 1942 sowie den »Tausend-Bomber-Angriffen« auf Köln am 30/31. März 1942, Essen am 1. Juni 1942 und Bremen am 25./26. Juni 1942, dass derartige Flächenbombardements zu verheerenden Verlusten unter der Zivilbevölkerung führen konnten.

Auf der Casablanca-Konferenz vom 14. bis 26. Januar 1943 wurde der Bombenkrieg gleichsam als notwendige Kriegführung zwecks Erringung des Sieges gegen Deutschland bestätigt. Die alliierten Stabschefs verständigten sich darauf, »die Militärmaschinerie, Industrie und Wirtschaft Deutschlands konsequent zu zerstören und zu vernichten sowie das deutsche Volk zu demoralisieren bis zu einem Punkt, an dem seine Widerstandskraft gebrochen ist« [10]. Die dabei vereinbarte »kombinierte Bomberoffensive« erfolgte im Rahmen einer britisch-amerikanischen Arbeitsteilung, wonach die Briten nachts und die Amerikaner tagsüber ihre Luftangriffe flogen. Die deutsche Flak sowie die Tag- und Nachtjäger der Luftwaffe konnten die fast pausenlosen Einflüge schon lange nicht mehr abwehren, sodass die alliierten Luftstreitkräfte freie Angriffsmöglichkeiten hatten.

Es gelang den Alliierten jedoch nicht, mit diesen Flächenbombardements Moral und Kampfgeist des deutschen Volkes zu brechen, wenn auch das »Unternehmen Gomorrha«, d. h. die mehrmaligen, vernichtenden Großangriffe auf Hamburg im Juli 1943 [11], die totale Zerstörungskraft eines konzentrischen Luftangriffs mit Brandbomben auf ein dichtes Wohngebiet eindrucksvoll demonstrierte. Weitere Großangriffe auf Dortmund, Leipzig, Braunschweig, Augsburg und Schweinfurt sowie auf die Reichshauptstadt während der »Battle of Berlin« [12] bis zum Frühjahr 1944 forderten schwere Verluste und Opfer unter der deutschen Zivilbevölkerung. Die Bedrohung des Lebens aus der Luft hatte sich bis zur ersten Jahreshälfte 1944 als die Hauptgefahr für die deutsche Zivilbevölkerung entwickelt; sie prägte gerade in den immer wieder angegriffenen Großstädten das tägliche Leben, zumal auch viele Frauen für Luftschutzaufgaben herangezogen wurden.

Da die schweren Verluste nicht verheimlicht werden konnten, versuchte die NS-Führung, die Bevölkerung mit Worten und speziellen Sprachregelungen zu beruhigen. Propagandaminister Goebbels verfügte im Dezember 1943, dass beispielsweise das Wort »Katastrophe« im Zusammenhang mit Meldungen über feindliche Luftangriffe und entsprechende Rettungsmaßnahmen aus dem Sprachgebrauch der Wehrmacht und aus offiziellen Berichten zu streichen sei – sogar bei Meldungen über Rettungsmaßnahmen im bisherigen »Katastropheneinsatz« –, da es »psychologisch und politisch unerfreulich« sei. Anstelle von »Katastropheneinsatz« musste deshalb einheitlich die Bezeichnung »Soforthilfe« verwendet werden[13]. Das neue Wort setzte sich jedoch nicht überall durch, sodass man die Katastrophe auch trotz dieser Anordnung weiterhin beim Namen nannte.

Im Februar 1944 wurde den Stadtoberhäuptern des Deutschen Reiches von der NS-Führung sogar eine positive Einstellung zur Luftbombardierung ihrer Städte durch die Westalliierten abverlangt, als der Reichsführer SS, Heinrich Himmler, in seiner zusätzlichen Eigenschaft als Reichsinnenminister die deutschen Oberbürgermeister und Bürgermeister zu einem kommunalpolitischen Kongress nach Posen zusammenrief. Diese Reichsversammlung diente der Information über die mit den schweren Bombenangriffen der Alliierten verbundenen Probleme in den engen Stadtkernen. Himmler belehrte die Oberbürgermeister persönlich über die sich aus einer Bombardierung ergebenden »Vorteile« für ein nationalsozialistisches Stadtoberhaupt: Die Bombenangriffe hätten auch »ihr Gutes«, so meinte er. Denn die Städte und Gemeinden könnten danach »ohne die Bausünden des 19. und 20. Jahrhunderts, wo regellos und ohne Sinn liberalistisch gebaut wurde«, im Sinne echter nationalsozialistischer Architektur neu errichtet werden. Die Stadtoberhäupter, so erklärte ihnen Himmler unverblümt, könnten dadurch »ihren Namen in die Geschichte ihrer Stadt einmalig einschreiben«[14].

Nach den Stimmungsberichten des Sicherheitsdienstes war es jedoch den Bewohnern der jeweiligen Städte besonders im Westen des Reiches verständlicherweise angenehmer, wenn sie auf diese »gute« Sache verzichten konnten. Sie hofften immer wieder, dass ihre jeweilige Heimatstadt von den Luftangriffen des Totalen Krieges, wie ihn Goebbels propagiert hatte, verschont würde. Die Arbeiter und Bewohner der westdeutschen Industriestädte empfahlen denn auch den Westalliierten in einem für die Stimmung symptomatischen Spruch von Mund zu Mund: »Lieber Tommy, fliege weiter, wir sind alle Bergarbeiter. Fliege weiter nach Berlin, die haben alle ›ja‹ geschrien«[15]!

Im Sommer 1944 – nach der Landung der Alliierten in der Normandie am 6. Juni – sank bei jedem Tag- und Nachtangriff der Westalliierten ein Wohngebiet nach dem anderen, auch von mittleren und kleineren Städten, in Schutt und Asche, so z. B. am 21. Juni 1944 auch große Teile der »Reichshauptstadt« Berlin. Die Moral der Bevölkerung wurde dadurch jedoch noch immer nicht gebrochen. Dafür sorgten schon der Terror des NS-Systems und dessen durchaus erfolgreiche Propaganda. Allerdings konnte der bald in der deutschen Bevölkerung aufkommende Ruf nach Vergeltung nicht mehr in die Tat umgesetzt werden. Weder die von Hitler befohlenen »Wunderwaffen«-Einsätze der V 1- und V 2-Geschosse auf London ab dem 12. Juni 1944 noch die ersten Einsätze anderer neuer Waffensysteme vermochten die Luftherrschaft der Alliierten zu erschüttern, die planmäßig ihre Ziele für die Flächenbombardierungen auswahlen und angreifen konnten. Die deutsche Luftwaffe hatte den Großangriffen der Briten und Amerikaner schon lange nichts mehr entgegenzusetzen.

Der Kriegsalltag der Zivilbevölkerung wurde im fünften Kriegsjahr durch die permanente Lebensbedrohung durch die Luftbombardements, den Dienst im Luftschutz und die Arbeit in den Rüstungsbetrieben bestimmt. Harte Lebensbedingungen prägten auch den Alltag der Millionen ausländischer Fremdarbeiter in den Rüstungswerken und der vielen Verschleppten und Insassen der Konzentrations- und Arbeitslager. Ein Erfolg des Staatsstreichversuches am 20. Juli 1944 mit anschließendem Waffenstillstand oder deutscher Kapitulation hätte sehr wahrscheinlich die weiteren vernichtenden Luftangriffe im Herbst 1944 und

Anfang 1945, wie z. B. auf Stuttgart Ende Juli 1944, auf Darmstadt am 11. September 1944, auf Duisburg am 14. Oktober 1944, auf Essen am 23. Oktober 1944, auf Köln am 1. November 1944, auf Düsseldorf am 2. November 1944, auf Bochum am 4. November 1944, auf Freiburg am 27. November 1944, auf Heilbronn am 4. Dezember 1944, auf München am 7. Januar 1945, auf Dresden am 13./14. Februar 1945, auf Frankfurt am Main am 9. März 1945, auf Nürnberg am 2. Januar und 20. Februar 1945, auf Würzburg am 16. März 1945, auf Hildesheim am 22. März 1945, auf Paderborn am 27. März, auf Braunschweig am 31. März 1945, auf Potsdam am 14. April 1945, auf Bremen am 22. April 1945 und auf Kiel am 3. Mai 1945 verhindert.

Durch die Zerschlagung der Heeresgruppe Mitte und den Verlust von fast 28 Divisionen konnte die Rote Armee seit 22. Juni 1944 weit nach Westen vorstoßen. Am 16. und 18. Juli hatte sie das seit September 1941 als Reichsgebiet eingegliederte Gebiet von Grodno und die Stadt Białystok besetzt. Nördlich davon wurden östliche Teile von Litauen, Lettland und Estland durch die sowjetischen Truppen erobert. Dabei zeichnete sich südlich von Riga die große Gefahr ab, dass ein weiterer Vorstoß der Roten Armee zur Ostsee gelingen und die gesamte Heeresgruppe Nord vom Reich abtrennen und im Baltikum einkesseln könnte, wie es dann auch einige Wochen später geschah. Dies war kurz vor dem 20. Juli eine prekäre militärische Lage an der Nordfont.

Bezeichnenderweise fand Graf Stauffenberg am Abend des 20. Juli 1944 in der Bendlerstraße trotz Hektik bei der Alarmauslösung und -weitergabe der »Walküre«-Befehle an alle Wehrkreise um 19.55 Uhr noch die Zeit, um den Chef des Generalstabes der Heeresgruppe Nord, Generalleutnant Eberhard Kinzel, an der nördlichen Ostfront anzurufen und ihm die Ansicht der neuen Wehrmacht- und Heeresführung mitzuteilen: Es sei notwendig, »die Heeresgruppe unverzüglich zurückzuführen, um die Ostprovinz des Reiches zu retten«[16]. Generaloberst Beck als neues Staatsoberhaupt teilte General Kinzel zugleich mit, es komme nun darauf an, »daß die Heeresgruppe sich unverzüglich nach Westen durchschlägt unter Verzögerung des feindlichen Vormarsches an den bisherigen Kampffronten«. Dieser Entschluss müsse »durchgesetzt werden, auch wenn von der bisherigen Führung der Wehrmacht entgegengesetzte Befehle gegeben worden« seien. Beck betonte ferner, jeder militärische Führer habe »dabei die Handlungsfreiheit, die er vor seinem Gewissen und vor der Geschichte verantworten kann«. Es sei keine militärische Führung, »sich einfach – wie bei Stalingrad – einschließen zu lassen«. Auch ein langsames Zurückgehen auf Ostpreußen, wie es General Kinzel zögerlich für durchführbar hielt, sei besser, »als sich sinnlos einschließen zu lassen, wie das bei Stalingrad geschehen sei und sich jetzt hier wieder anbahne«. Es waren dies für das Oberkommando der Heeresgruppe Nord gegenüber den üblichen strikten Halte-Befehlen Hitlers ganz neue ungewöhnliche Töne der Befehlsführung, wie General Kinzel kurz darauf erkennen ließ.

Südlich von Grodno verlief die teilweise aufgerissene Front über Brest am Bug, Kowel, Lemberg und Tarnopol zum rumänischen Grenzfluss Pruth. Die sich schnell verschlechternde Situation an der Ostfront war mit ein Grund dafür, dass Hitler am 14. Juli sein Hauptquartier vom Obersalzberg bei Berchtesgaden zum »Führerhauptquartier Wolfschanze« bei Rastenburg in Ostpreußen verlegte, obwohl dort noch Luftschutz-Bauarbeiten an den Bunkeranlagen vorgenommen werden mussten. Bei den anstehenden Besprechungen in »Wolfschanze« ging es dann auch vordringlich um die von Hitler am 5. Juli beschlossene Neuaufstellung von 15 so genannten »Sperrdivisionen« (nach dem 20. Juli 1944 wurden sie schließlich als neue »Grenadier- bzw. Volksgrenadierdivisionen« aufgestellt), die als unmotorisierte Sperrverbände den gewaltigen Einbruch der Roten Armee an der Ostfront abriegeln sollten. Luftwaffe, Kriegsmarine und Rüstungsindustrie hatten dafür Personal abzugeben. Der »Reichsführer SS« Heinrich Himmler sollte die Ausbildung überwachen. Für den organisatorischen Aufbau dieser »Sperrdivisionen« war die Dienststelle des Befehlshabers des Ersatzheeres und Chefs der Heeresrüstung unter Generaloberst Fromm mit seinem Chef des Stabes Oberst i. G. Graf Stauffenberg zuständig. Beide mussten dann auch deswegen am 7., 11. und 15. Juli an den »Führerbesprechungen« in Berchtesgaden und Rastenburg teilnehmen.

Für den 20. Juli wurde der »Duce« des Rest-Italien, Benito Mussolini, nach dem Mittagessen zum Besuch erwartet. Er musste dringend moralisch wieder aufgerichtet werden. Zudem wollte Hitler mit ihm Aufstellung und Einsatz neuer italienischer Verbände besprechen, die unter deutscher Aufsicht operieren sollten und an deren Einsatzfreude und Loyalität aber Zweifel bestanden. Deshalb wurde die Besprechung zur Mittagslage auf 12.30 Uhr vorgelegt. Die gesamte militärische Lage für die Besprechung am 20. Juli 1944 schaffte zweifellos keine euphorische Stimmung, von allen Fronten im Osten, Westen und Süden Europas wurden Rückschläge gemeldet, sogar Ostpreußen und Schlesien galten bereits als bedrohte Gebiete. Auch aufseiten der Hitlergegner war die Einschätzung der militärischen Situation ebenso pessimistisch und katastrophal, ein weiteres Zuwarten verschlechterte täglich die militärische und politische Ausgangsbasis für eine neue Regierung nach Hitlers Sturz. Vor diesem Hintergrund war es ein befreiendes Fazit, wenn Generaloberst a. D. Ludwig Beck als Leitfigur der militärischen Oppositionsgruppe zu dem Ergebnis kam, dass der Staatsstreichversuch nicht aus militärisch-politischen Gründen, sondern aus ethisch-moralischen Motiven erfolgen müsse, um den Fortgang der NS-Verbrechensaktionen zu stoppen [17]. Nach Ansicht Tresckows, Stauffenbergs und Becks sollte der Umsturzversuch vonstatten gehen, auch wenn die Alliierten an ihrer Forderung nach bedingungsloser Kapitulation festhielten.

8. Die Folgen des misslungenen Attentats: Ehrenhof, »Volksgerichtshof«, Verfolgungsaktion »Gewitter« und Sippenhaft

Die noch am Abend des 20. Juli 1944 im »Bendlerblock« des Oberkommandos des Heeres durchgeführte standrechtliche Erschießung der vier Hauptverschwörer des Attentates auf Hitler, Graf v. Stauffenberg, Olbricht, Ritter Mertz v. Quirnheim und v. Haeften, war der Beginn einer brutalen Rache der NS-Führung und ihrer Anhänger. Hitler erklärte in seiner Rundfunkansprache unmittelbar nach dem Anschlag, es werde »nun so abgerechnet, wie wir das als Nationalsozialisten gewohnt sind«. »Diesmal werde ich kurzen Prozeß machen [...] Die müssen sofort hängen, ohne jedes Erbarmen«, erklärte er rachsüchtig[1]. Und so ließ er auch verfahren – einschließlich grausamer, mittelalterlicher Folterungsmaßnahmen. Nach Goebbels' Aufzeichnungen wollte Hitler »ein blutiges Beispiel« statuieren. Prozesse gegen die Offiziere vor Militärgerichten kamen dafür nach Ansicht der NS-Führung nicht infrage; die Verschwörer sollten vor den »Volksgerichtshof« unter dessen Präsident Roland Freisler »gebracht und zum Tode verurteilt werden«, notierte sich Goebbels[2].

Mehrere Verschwörer, wie Generaloberst a. D. Ludwig Beck, General der Artillerie Eduard Wagner, General der Artillerie Fritz Lindemann, Generalmajor Henning v. Tresckow, Oberst i. G. Wessel Frhr. v. Freytag-Loringhoven, die Oberstleutnante Werner Schrader, Rolf Baron v. d. Osten, Gert v. Tresckow und Alexander v. Voss sowie Major der Reserve Kurt Freiherr v. Plettenberg und Major i. G. Ulrich v. Oertzen sowie Max Habermann, entzogen sich allerdings durch Freitod oder bewusste Inkaufnahme des Todes durch Gegenwehr bei der Festnahme der von Hitler beabsichtigten Abrechnung. Major i. G. Joachim Kuhn

Berliner Ausgabe

„Freiheit und Brot"

Berliner Ausg[abe]

Berlin, Sonnabend, 22

VÖLKISCHER BEOBACHTER

Kampfblatt der nationalsozialistischen Bewegung Großdeutschlands

Antwort der Nation: Bedingungslose Treue

Die Folgen des 20. Juli

Der Führer und der Duce nach dem mißglückten Sprengstoffattentat

Adolf Hitlers Ansprache an das deutsche Volk

Die Hintergründe des Mordplans

Kleine Generalsclique Handlanger der Feinde

DNB. Führerhauptquartier

Großadmiral Dönitz:

Jeden Verräter rücksichtslos vernichten!

Göring: In Treue und heißer Liebe zum Führer

Das Komplott völlig zusammengebrochen

Die Rädelsführer teils selbst entleibt, teils von Bataillonen des Heeres füsiliert

DNB Berlin, 21. Juli.

Befehlshaber des Heimatheeres

Reichsführer SS Reichsminister Himmler

In den Generalstab des Heeres berufen

Generaloberst Guderian

Oberbefehlshaber der Luftflotte Reich

Generaloberst Stumpff

Der »Völkische Beobachter« vom 22. 7. 1944

konnte an der Front zum Gegner überlaufen. Vergeblich versuchte dagegen Oberstleutnant der Reserve Carl-Hans Graf v. Hardenberg-Neuhardenberg, Mitverschwörer und früher Adjutant bei Generalfeldmarschall v. Bock, sich bei der Festnahme durch die Gestapo zu erschießen; er kam dann doch schwer verletzt in das Konzentrationslager Sachsenhausen-Oranienburg[3].

Den Auftrag, die Prozesse gegen die übrigen Beschuldigten beschleunigt durchzuführen und die vom Diktator geforderten Exempel zu statuieren, erhielt der Präsident des schon 1934 eingerichteten so genannten »Volksgerichtshofes« (VGH), Roland Freisler. Es handelte sich dabei nicht um ordentliche Gerichtsverfahren. In vielen Fällen standen die Todesurteile des glühenden Hitlerverehrers und Nationalsozialisten, nach dem Urteil von Reichsjustizminister Thierack jedoch geisteskranken Gerichtspräsidenten Freisler »schon vor der Verhandlung fest«. Goebbels ließ von den Schauprozessen im VGH im Auftrage Hitlers Filmaufnahmen anfertigen, um sie später der NS-Prominenz vorführen und für die Propaganda verwenden zu können[4].

Um nicht nur die Zivilisten unter den Hitlergegnern, sondern auch die betroffenen Soldaten vor Freislers Mordgericht schleppen zu können, wurde dafür von Hitler am 2. August 1944 mit dem »Ehrenhof« ein besonderes militärisches Gremium aus Feldmarschällen und Generalen des Heeres unter Generalfeldmarschall Wilhelm Keitel eingesetzt. Es hatte zu prüfen, »wer an dem Anschlag irgendwie beteiligt ist und aus dem Heer ausgestoßen werden soll [und] wer als verdächtig zunächst zu entlassen sein wird«. Die Hitler zur Ausstoßung – ohne jegliche Ansprüche – oder zur Entlassung aus der Wehrmacht vorgeschlagenen Offiziere sollten anschließend dem »Volksgerichtshof« übergeben werden[5]. Dadurch war es möglich, sie als Zivilisten der Militärgerichtsbarkeit zu entziehen, sodass das eigentlich zuständige Reichskriegsgericht ausgeschaltet wurde. Ab 20. September 1944 war der »Volksgerichtshof« dann nach einem Erlass Hitlers allerdings prinzipiell für alle politischen Strafverfahren zuständig – auch gegen Soldaten.

In der nationalsozialistischen Presse und in Hitlers Erlass vom 2. August 1944 wurde die Einberufung des »Ehrenhofes« so dargestellt, als habe das Heer von sich aus dem »Führer« den

Absendevermerk LDN.

SSD / KR / Blitz

Fernschreiben

Offen

Vor / Nach — Abgang: — Chef / Ia

Schriftliche Ausfertigung an: 85

1.) Ia(FS)
2.) Mil.Bfh.Südost

3) KTB

155/VII

mit/ohne Anschriftenübermittlung

An

H.Gr.E
2.Pz.'Armee

nachrichtlich:

Anmerkung: mit " bezeichnete Empfänger werden bei Anschriftenübermittlung im Fernschreiben aufgeführt.

Der Führer hat nachstehenden Tagesbefehl an das Heer erlassen. Dieser Befehl ist sofort bekanntzugeben. Gegen eine Veröffentlichung durch die Feldzeitungen bestehen keine Bedenken. Eine Veröffentlichung durch Presse und Rundfunk erfolgt nicht.

"Tagesbefehl.

Soldaten des Heeres.

Ein kleiner Kreis gewissenloser Offiziere hat auf mich und den Stab der Wehrmachtführung einen Mordanschlag verübt, um die Staatsgewalt an sich reissen zu können. Die Vorsehung hat das Verbrechen missglücken lassen.
Durch das sofortige tatkräftige Eingreifen treuer Offiziere und Soldaten des Heeres in der Heimat wurde die Verräter-Clique in wenigen Stunden ausgelöscht oder festgenommen. Ich habe das nicht anders erwartet. Ich weiss, dass ihr wie bisher in vorbildlichem Gehorsam und treuer Pflichterfüllung tapfer kämpft, bis am Ende der Sieg trotz allem unser sein wird.

Führerhauptquartier, 21.7.44
Der Führer: gez. Adolf Hitler.

Für die Richtigkeit:

Oberst i.G.

O. B. Südost (Okdo. H. Gr. F)

Ia Nr. Offen geh.Kdos.

vom 23.7.44

Hitlers Tagesbefehl an das Heer im Originalfernschreiben, wie es vom »Führerhauptquartier« an die Armeeoberkommandos weitergeleitet wurde.

Wunsch unterbreitet, »zu sofortiger Wiederherstellung seiner Ehre schnellstens durch eine rücksichtslose Säuberungsaktion auch von den letzten am Anschlag vom 20. Juli 1944 beteiligten Verbrechern befreit zu werden«[6]. Dies traf jedoch nicht zu. Hitler misstraute vielmehr der Militärjustiz und entschied sich für den »Volksgerichtshof« unter Roland Freisler als Forum seiner Rache an den Verschwörern.

Der »Ehrenhof« hatte mit den früheren »Ehrengerichten« nichts gemein. Diesem neuen »Ehrenhof« gehörten Generalfeldmarschall Gerd v. Rundstedt, Generalfeldmarschall Wilhelm Keitel, Generaloberst Heinz Guderian, General der Infanterie Walter Schroth, Generalleutnant Karl-Wilhelm Specht und als Vertreter General der Infanterie Karl Kriebel, Generalleutnant Heinrich Kirchheim, zeitweise auch Generalmajor Ernst Maisel und Generalleutnant Wilhelm Burgdorf vom Heerespersonalamt an. Als Anklagevertreter des Reichssicherheitshauptamtes (RSHA) beim »Ehrenhof« fungierten dessen Chef, SS-Obergruppenführer Ernst Kaltenbrunner, und der Gestapo-Chef, SS-Gruppenführer Heinrich Müller. »Nach vollbrachter Arbeit« wurde der »Ehrenhof« schließlich Mitte September wieder aufgelöst.

Besondere Beachtung verdient, dass der von Hitler nach dem Attentatsversuch am 20. Juli 1944 mit der Wahrnehmung der Dienstgeschäfte des Chefs des Generalstabes des Heeres neu beauftragte Generaloberst Heinz Guderian ebenfalls dem »Ehrenhof« angehörte. Denn der Generalstab war besonders betroffen, da mehrere Generalstabsoffiziere zu den Verschwörern gehörten, sodass nach den Verhaftungen und Hinrichtungen mehrere Dienstposten und Führungsabteilungen verwaist waren. Er sollte endlich wieder »funktionieren« und gegenüber Hitler »unwandelbare Treue« zeigen[7]. Die nach militärfachlichen Gesichtspunkten orientierten Generalstabsoffiziere des Heeres waren denn auch nach dem 20. Juli keineswegs an weiterer Resistenz oder gar Verweigerung interessiert, sondern vorrangig an der Wiederherstellung der Funktionstüchtigkeit des Generalstabes. Die Erfüllung dieser Aufgabe sah der von Hitler neu eingesetzte kommissarische Generalstabschef als seinen wichtigsten Auftrag an. Bezeichnend ist allerdings, dass die am fachlichen Funktionieren des Oberkommandos des Heeres interessierten Offiziere wie Guderian darüber hinaus bereit waren, sich voll für den nationalsozialistischen Kurs und die Arbeit des von Hitler für das Heer befohlenen »Ehrenhofes« einzusetzen. Nach der Vorstellung Guderians musste nunmehr »jeder Generalstabsoffizier ein NS-Führungsoffizier sein«, wie er in seinem ersten Erlass vom 24. August nach Amtseinsetzung als Programm verkündete.

Die Entscheidungen des »Ehrenhofes« erfolgten ohne Anhörung und Beweisverfahren; sie stützten sich allein auf die Ermittlungen der Geheimen Staatspolizei des Reichsicherheitshauptamtes[8]. Er trat erstmals am 4. August 1944 unter Vorsitz von Generalfeldmarschall v. Rundstedt zusammen und schloss sogleich 22 Verdächtigte und Angeklagte aus dem Heer aus. Darunter Generalfeldmarschall Erwin v. Witzleben, General Eduard Wagner, General Fritz Lindemann, Generaloberst a. D. Ludwig Beck, General Erich Fellgiebel, General Friedrich Olbricht, Generalleutnant Paul v. Hase, Generalmajor Hellmuth Stieff, Generalmajor Henning v. Tresckow, Oberst i. G. Georg Hansen, Oberst i. G. Albrecht Ritter Mertz v. Quirnheim, Oberst i. G. Claus Schenk Graf v. Stauffenberg, Oberst i. G. Wessel v. Freytag-Loringhofen, Major i. G. Joachim Kuhn, Oberleutnant der Reserve Werner v. Haeften, Oberleutnant der Reserve Fritz-Dietlof Graf v. d. Schulenburg und Leutnant der Reserve Peter Graf Yorck v. Wartenburg. Dies geschah auch nachträglich, wenn sie bereits Suizid verübt hatten oder erschossen worden waren[9].

Eine weitere Sitzung fand auf Befehl Hitlers am 14. August 1944 statt. Auf dieser zweiten Sitzung wurden 13 verhaftete Offiziere und Reserveoffiziere, darunter General der Infanterie Carl-Heinrich v. Stülpnagel, Generalleutnant Fritz Thiele, Oberst i. G. Joachim Meichßner, Oberstleutnant i. G. Bernhard Klamroth, Oberstleutnant i. G. Günther Smend, Major Ludwig Frhr. v. Leonrod, Hauptmann der Reserve Hermann Kaiser, Hauptmann der Reserve Wilhelm-Ullrich Graf Schwerin v. Schwanenfeld sowie Major i. G. Ulrich v. Oertzen, der bereits Selbstmord begangen hatte, aus der Wehrmacht ausgestoßen. Ferner wurden Generalleutnant Karl Freiherr v. Thüngen, Generalmajor Otto Herfurth, Oberst Fritz Jäger und Oberstleutnant Fritz v. d. Lancken aus der Wehrmacht entlassen.

Auf der dritten Sitzung des »Ehrenhofes« am 24. August 1944 wurden weitere 14 in Haft befindliche Offiziere aus der Wehrmacht ausgestoßen (darunter Oberst i. G. Eberhard Finckh, Oberst i. G. Hans-Otfried v. Linstow, Oberst Rudolf Graf v. Marogna-Redwitz, Oberst i. G. Alexis Frhr. v. Roenne, Oberstleutnant i. G. Carl-Hans Graf v. Hardenberg, Oberstleutnant Wilhelm Kuebart, Hauptmann der Reserve Bernhard Letterhaus, Hauptmann der Reserve Dr. Theodor Strünck) – ebenso Oberst Siegfried Wagner, der schon durch Freitod gestorben war. Sieben Offiziere wurden aus der Wehrmacht entlassen (darunter General der Panzertruppen Hans Cramer und General der Panzertruppen Ferdinand Schaal).

Bei der »Ehrenhof«-Sitzung am 14. September wurden schließlich nochmals 19 Offiziere »dem PA (Personalamt) zur Würdigung übergeben«, ohne dass sie aus der Wehrmacht ausgestoßen oder entlassen wurden (darunter General der Panzertruppe Hans-Karl v. Esebeck, Oberst i. G. Johann-Adolf Graf v. Kielmannsegg, Generalmajor Ernst Rieger und Generalleutnant Adolf Sinzinger) sowie sechs Offiziere aus der Wehrmacht ausgestoßen (u. a. Oberst i. G. Georg Schulze-Büttger und Oberstleutnant Gert v. Tresckow) und 18 Offiziere entlassen (darunter Generaloberst Friedrich Fromm, Generalmajor Alexander v. Pfuhlstein, Oberstleutnant der Reserve Theodor Steltzer und Major Roland v. Hösslin).

Über die vom »Ehrenhof« des Heeres aus der Wehrmacht ausgestoßenen Offiziere informierte anschließend Generalmajor Maisel vom Heerespersonalamt mehrere Generalfeldmarschälle »zur persönlichen Unterrichtung«, die Hitler nach dem Attentat vom 20. Juli 1944 zu seiner Rettung besonders gratuliert hatten, wie z. B. Feldmarschall v. Mackensen und Feldmarschall Ritter v. Leeb. Ebenso wurden alle Namen der ausgestoßenen und entlassenen Offiziere in einer besonderen Verfügung des Heerespersonalamtes vom 16. September den höheren OKW- und OKH-Kommandostellen mitgeteilt[10]. Allerdings wurde dadurch zwangsläufig auch der große Umfang der Verschwörung einem weiteren Personenkreis bekannt. Es lässt sich nicht feststellen, ob das Heerespersonalamt mit dieser Aktion letztlich den gewünschten Erfolg erzielte.

Als überzeugter Nationalsozialist setzte Freisler den Rachefeldzug Hitlers um und verurteilte den Großteil der Angeklagten zum Tode.

Die dem Freisler'schen »Volksgerichtshof« durch den »Ehrenhof« überantworteten Offiziere hatten von diesem Gericht keinen fairen Prozess zu erwarten. Freisler war als Gerichtspräsident bereit, den Rachefeldzug des Diktators in die Tat umzusetzen und die Angeklagten überwiegend zum Tode zu verurteilen, um die von seinem »Führer« geforderten Exempel zu statuieren. Die zum Tode Verurteilten wurden in der Regel möglichst rasch nach dem Mordurteil in der Strafanstalt Berlin-Plötzensee erhängt[11].

Die Ausstoßung aus der Wehrmacht durch den »Ehrenhof« ermöglichte schließlich auch die Beschlagnahmung des Vermögens und Besitzes der Hitlergegner. Ähnlich wie bei den vom »Ehrenhof« aus der Wehrmacht ausgestoßenen Offizieren sollten auch die am Umsturzversuch beteiligten Beamten, die eine Todes- oder Zuchthausstrafe zu erwarten hatten, aus dem Beamtenverhältnis »ausgestoßen« werden und alle materiellen Ansprüche verlieren[12]. Auf Vorschlag Himmlers verfügte Hitler dann, dass die Hinterbliebenen und Familien der im Zusammenhang mit dem 20. Juli-Attentat ausgestoßenen und verurteilten Offiziere und Beamte »durch monatliche Gnadenzuwendungen« vor dem »Schlimmsten bewahrt und versorgt werden« sollten [13]. Diese Fürsorgeaufgabe übertrug Himmler dem SS-Obergruppenführer Breithaupt. Auch das Vermögen der Verschwörer des 20. Juli 1944 wurde einer »Sonderbehandlung« durch Himmler unterworfen. Ein gemeinsamer Runderlass des Reichsinnen- und Reichsjustizministerium vom 13. November 1944 regelte schließlich den angestrebten Einzug des Vermögens der Hitlergegner [14].

Der »Volksgerichtshof« war seit seiner Einrichtung im April 1934 für Fälle des Hoch- und Landesverrats zuständig. Mehrmals wurde die Zuständigkeit erweitert, so u. a. für Delikte der Wehrmittelbeschädigung, ab 1941 auch für Spionagefälle und ab 1943 für Fälle der Wehrkraftzersetzung und Wehrdienstentziehung nach der Kriegssonderstrafrechtsverordnung vom 17. August 1938. Nach dem 20. Juli-Attentat wurde die Zuständigkeit nochmals ausgedehnt, sodass der VGH schließlich ab September 1944 für alle politischen Straftaten, auch bei Soldaten, zuständig war. Anfangs bestanden im VGH drei Senate, ab 1935 vier, ab 1941 fünf und ab Dezember 1942 sechs Senate mit etwa 37 bis 47 Berufsrichtern sowie ca. 200 Laienrichtern. Als Anklagebehörde wurde für den VGH eine eigene »Reichsanwaltschaft beim Volksgerichtshof« in Berlin mit mehreren staatsanwaltschaftlichen Abteilungen eingerichtet. Deren Leiter war seit 1937 ein Oberreichsanwalt, eine Funktion, die vom 1. Juli 1939 bis zum Mai 1945 Ernst Lautz innehatte [15].

Dem Präsidenten des »Volksgerichtshofes«, Roland Freisler, der dieses Amt seit August 1942 bekleidete, übertrug Hitler nunmehr die Aufgabe, die Prozesse gegen die Beschuldigten beschleunigt durchzuführen, um alsbald die geforderten abschreckenden Todesurteile zu bringen. Die Anklagen und Verurteilungen im Zusammenhang mit dem 20. Juli 1944 erfolgten dann auch durch den von Freisler bis zum Februar 1945 geleiteten ersten Senat des VGH. Nach Freislers Tod leitete Volksgerichtsrat Lämmerle diesen Senat. Die Urteile des Gerichtssenats standen in der Regel schon vor der Verhandlung fest. Mit der Anklagevertretung für die Prozesse gegen die Hitlerverschwörer wurde Oberreichsanwalt Ernst Lautz persönlich beauftragt. Er erhielt den Auftrag am 1. August 1944 von Reichsjustizminister Otto Thierack[16]. Dabei wurde die erste Sitzung des VGH bereits auf den 7. August festgelegt, sodass die Anklagevertretung beschleunigt das Verfahren vorbereiten und durchführen musste. Über 80 Verfahren leitete der Oberreichsanwalt dann von 1944 bis 1945 ein. In mehr als 50 Prozessen wurden schließlich etwa 200 Männer und Frauen angeklagt. Freisler führte bis zum 2. Februar 1945 den Vorsitz bei den Prozessen. Am 3. Februar kam er bei einem Luftangriff auf Berlin im Gebäude des »Volksgerichtshofes« ums Leben. Sein Nachfolger als Präsident des VGH wurde der Kattowitzer Generalstaatsanwalt H. Haffner.

Die Angeklagten erhielten keine Wahlverteidiger; in den Schauprozessen standen ihnen nur Pflichtverteidiger zur Seite, die in der Regel schlecht unterrichtet waren, da ihnen die Anklageschriften erst kurz vor Verhandlungsbeginn zugänglich gemacht wurden. In einem Bericht des »Völkischen Beobachters« vom 9. August 1944 wurde die Arbeit der Pflichtverteidiger allerdings ebenso wie die Anklagerede des Oberreichsanwalts Lautz besonders herausgestellt, um die vermeintliche Rechtmäßigkeit der Verfahren zu betonen. So habe beispielsweise »die den Pflichtverteidigern obliegende Prüfung aller Grundlagen der Verhandlung des Volksgerichtshofs die Ordnungsmäßigkeit und Vollständigkeit des Verfahrens ergeben«[17]. Darüber hinaus hätten die Verteidiger der Angeklagten die Anklage gewürdigt und konstatiert, »dass bereits am 20. Juli über diese Anklage das Urteil durch den Spruch des Schicksals und durch die Stimme des deutschen Volkes gesprochen wurde«. Offensichtlich kam es demnach zu keiner juristischen Verteidigung der Angeklagten; Hitlers Überleben am 20. Juli war für die Verteidiger vielmehr genug Beweis für die Strafwürdigkeit. Die Arbeit der Verteidiger war überwiegend eine Farce. Letztlich war der »Volksgerichtshof« für Hitler ein verlässliches Sanktionsinstrument. Mehrere der insgesamt 78 Berufsrichter am »Volksgerichtshof« waren denn auch überzeugte Hitleranhänger und Parteimitglieder. Als Laienrichter am VGH waren keineswegs zivile Vertreter des Volkes eingesetzt, sondern sorgfältig ausgewählte Funktionsträger aus der Wehrmacht, der NSDAP, der SS, der SA, der Polizei oder aus anderen Parteigliederungen.

Um Freislers Mordgericht das nötige Beweismaterial zu bieten, wurde eine aus fast 500 Kriminalbeamten bestehende »Sonderkommission 20. Juli« im Reichssicherheitshauptamt unter SS-Gruppenführer Heinrich Müller aufgestellt. Sonderkommissionen hatte es auch schon früher gegeben, so nach dem Attentat von Georg Elser 1939, bei der Aufdeckung der Widerstandsarbeit der »Roten Kapelle« und nach dem Prager Attentat auf SD-Chef Reinhard Heydrich [18]. Zu der neuen Sonderkommission gehörten elf nach Sachgebieten geordnete Untersuchungsgruppen; sie arbeiteten bis zum April 1945. Leiter der zentralen »Sonderkommission 20. Juli 1944« war SS-Obersturmbannführer Dr. Georg Kiesel. Man schätzt, dass im unmittelbaren Zusammenhang mit dem 20. Juli 1944 insgesamt etwa 600 – 800 Personen verhaftet und davon fast 200 als Regimegegner ermordet wurden [19].

Auch am 20. Juli-Attentat unbeteiligte Hitlergegner und andere frühere Regimekritiker – wie Schacht, Halder, Popitz, Canaris, Thomas, Staatssekretär Planck, Noske, Oster und der frühere Gestapochef Rudolf Diels – wurden alsbald verhaftet und bis zum Kriegsende mehrfach in Gefängnisse und KZ-Lager verschleppt oder sogar ermordet. Deren schon einige Zeit zurückliegenden verschwörerischen Verstrickungen und früheren Beteiligungen an Staatsstreichüberlegungen wurden der Gestapo-Sonderkommission durch Zufall bekannt, als man Mitte September 1944 nach dem Freitod von Oberstleutnant Schrader im OKH-Hauptquartier in Zossen in einem Panzerschrank die alten Unterlagen und persönlichen Notizen von General Oster, seinem Mitarbeiter Hans v. Dohnanyi und Admiral Canaris aus der Zeit von 1938 bis 1940 fand. Allerdings untersagte Hitler in diesem Falle die Abgabe der Verhandlungen an den »Volksgerichtshof«, sodass Canaris, Oster, Müller und v. Dohnanyi weiterhin ohne Anklage und Urteil unter Obhut des Reichssicherheitshauptamtes eingekerkert blieben, bis Hitler Anfang April 1945 ihre Ermordung befahl [20].

In einer so genannten »Gewitteraktion« wurden von der Geheimen Staatspolizei ferner am 22. und 23. August etwa 5000 bis 6000 ehemalige Abgeordnete des Reichstages, der ehemaligen Landtage und der Bürgerschaften der Hansestädte sowie Kreis-, Gemeinde- und Stadtverordnete und andere ehemalige Funktionsträger, die früher Mitglieder anderer Parteien – insbesondere der SPD – gewesen waren, im gesamten Reichsgebiet festgenommen – darunter auch mehrere Frauen[21]. Viele von ihnen kamen im Anschluss an die willkürliche Gefängnishaft in verschiedene Konzentrationslager und blieben dort bis Kriegsende inhaftiert oder wurden umgebracht. Den NS-Machthabern gelang es dadurch, potenzielle Gegner für den Fall eines Zusammenbruchs der Hitlerherrschaft bereits im Voraus auszuschalten. Die Inhaftierten oder in den Konzentrationslagern Festgehaltenen fehlten in der Tat im Frühjahr 1945, als es darum ging, regionale oder lokale Widerstandszentren gegen jene NS-Fanatiker zu bilden, die im Sinne der NS-Spitze bis zur Selbstzerstörung der deutschen Bevölkerung weiterkämpfen wollten.

Freislers Mordprozesse dienten von Anfang an der Vernichtung der Gegner, nicht der Rechtsfindung. Sie begannen am 7. August im Berliner Kammergericht unter Ausschluss der Öffentlichkeit gegen Generalfeldmarschall Erwin v. Witzleben, Generaloberst Erich Hoepner, Generalleutnant Paul v. Hase, Generalmajor Hellmuth Stieff, Oberstleutnant i. G. Robert Bernardis, Hauptmann Friedrich-Karl Klausing, Oberleutnant Albrecht v. Hagen und Oberleutnant der Reserve Peter Graf Yorck v. Wartenburg. Ihre Urteile standen von vornherein fest[22]. Mehrfach versuchte Freisler, Aussagen der Angeklagten zu verhindern oder lächerlich zu machen. Gleichwohl verteidigten diese unerschrocken und mutig ihr Widerstandshandeln gegen Freislers Gebrüll und Rachejustiz. Alle acht Angeklagten erhielten die Todesstrafe und wurden schon am 8. August in der Strafanstalt Berlin-Plötzensee umgebracht. Hitler verfügte, dass die Hinrichtungen durch Erhängen und nicht durch Erschießen zu erfolgen hatten. Für den Diktator wurden ebenso wie schon vom jeweiligen Prozess auch von den Hinrichtungen Film- und Fotoaufnahmen gemacht, um sie später für Propagandazwecke einsetzen zu können[23].

Die NS-Führung hatte ein besonderes Interesse daran, dass Freislers Mordurteile möglichst rasch vollstreckt wurden. Als im September 1944 Himmler gemeldet wurde, dass die Vollstreckung der Todesurteile durch Enthaupten »in der Strafanstalt Plötzensee im Monat nur 2- bis 3-mal stattfindet und infolgedessen ständig etwa 400–500 Verurteilte auf die Vollstreckung der Todesstrafe dortselbst warten«, gab er Anweisung, sie sofort öfters und beschleunigt durchzuführen. Gegebenenfalls sollte das Urteil nunmehr doch »durch Erschießen mit der Pistole oder durch schnelles und schmerzloses Vergiften« erfolgen. Die Urteile sollten auf alle Fälle spätestens innerhalb von zwei Tagen vollstreckt werden, da Himmler die durch die alliierten Luftangriffe »bedingte Unsicherheit für äußerst bedenklich« hielt[24].

Am 10. August fand der zweite Schauprozess gegen Marineoberstabsrichter Berthold Schenk Graf v. Stauffenberg, General Erich Fellgiebel, Oberleutnant Fritz-Dietlof Graf v. d. Schulenburg und Korvettenkapitän Alfred Kranzfelder statt. Auch sie wurden zum Tode verurteilt und ermordet. Ebenso erging es Oberstleutnant Bernhard Klamroth, Major Hans-Georg Klamroth, Major Egbert Hayessen, SA-Obergruppenführer Wolf Graf v. Helldorf, Legationsrat Hans-Bernd v. Haeften und Legationsrat Adam v. Trott zu Solz bei ihrem Prozess am 15. August sowie Major Ludwig Freiherr v. Leonrod, Oberstleutnant Joachim Sadrozinski und Oberst Fritz Jaeger am 19. August. Am 30. August kam es zur Verhandlung gegen den nach einem Selbstmordversuch durch Kopfschuss erblindeten General Carl-Heinrich v. Stülpnagel und gegen Oberst i. G. Hans-Otfried v. Linstow, Oberstleutnant Dr. Cäsar v. Hofacker, Oberstleutnant i. G. Günther Smend, den Adjutanten des Generalstabschefs Zeitzler, Oberstleutnant i. G. Karl Rathgens sowie Oberst i. G. Eberhard Finckh. In diesem Prozess wurden die meisten Hitlergegner des erfolgreichen Putschversuches in Paris angeklagt. Sie wurden ebenfalls alle zum Tode verurteilt und viele von ihnen noch am gleichen Tag umgebracht; Hofacker wurde jedoch erst am 20. Dezember erhängt.

Generalfeldmarschall v. Kluge, der Oberbefehlshaber West, hatte am 19. August Selbstmord begangen. Noch zuvor hatte er Hitler ein unterwürfiges Glückwunschschreiben geschickt, in dem er der »gütigen Fügung der Vorsehung« für die Rettung von Hitlers Leben dankte und ferner dem Diktator »unwandelbare Treue« versicherte[25]. Noch als dieser ihn am 17. August durch Feldmarschall Model ablösen ließ, versicherte er ihm in seinem Abschiedsbrief, dass er ihm »innerlich näher stand«, als er vielleicht ahne. Generalfeldmarschall Rommel, der Oberbefehlshaber der Heeresgruppe B, gerade erst wieder von seiner bei einem Tieffliegerangriff in Frankreich erlittenen Verwundung genesen, wurde am 14. Oktober 1944 gezwungen, Gift zu nehmen[26], nachdem im Rahmen der Ermittlungen und Verhöre seine Kenntnis von dem Staatsstreichvorhaben und eine mögliche Zusage zur Beteiligung deutlich wurde.

Anfang September erfolgte der Prozess gegen Oberst Kurt Hahn, Major Gerhard Knaak, Oberleutnant Heinrich Graf v. Lehndorff-Steinort, Hauptmann Max Graf v. Drechsel-Deuffenstein und Oberstleutnant Hans-Otto Erdmann; auch sie wurden alle zum Tode verurteilt und hingerichtet. Am 7. und 8. September wurde dann vor dem »Volksgerichtshof« gegen Carl Friedrich Goerdeler, Wilhelm Leuschner, Josef Wirmer, Ulrich v. Hassell und Paul Lejeune-Jung als den wichtigsten zivilen Verschwörern wegen Hoch- und Landesverrat verhandelt. Den Vorsitz führte wie üblich Roland Freisler[27]. Alle fünf Angeklagten erhielten Todesurteile. Wirmer, v. Hassell und Lejeune-Jung wurden schon wenige Stunden nach der Urteilsverkündung, Leuschner dann am 29. September hingerichtet. Die Vollstreckung des Urteils gegen Goerdeler erfolgte erst am 2. Februar 1945, da man von ihm noch weitere Aussagen über Ursachen und Motive der Verschwörung gewinnen wollte.

Ebenfalls noch im September wurden Hauptmann der Reserve Ulrich-Wilhelm Graf Schwerin v. Schwanenfeld, Oberst i. G. Georg Hansen, Oberst Nikolaus Graf v. Üxküll-Gyllenband, Generalmajor a. D. Heinrich Graf v. Dohna-Schlobitten und Hauptmann der Reserve Michael Graf v. Matuschka, Kaplan Hermann Wehrle, Generalmajor Otto Herfurth, Oberst d. G. Joachim Meichßner, Oberstleutnant Fritz v. d. Lancken, Major Wilhelm Graf zu Lynar verurteilt und ermordet. Kaplan Wehrle, der Beichtvater von Major Frhr. v. Leonrod, bezeichnete vor dem »Volksgerichtshof« mutig Hitler als Tyrannen und befürwortete den Tyrannenmord gegen ihn. Julius Leber erhielt beim Prozess am 20. Oktober – ebenso wie Hermann Maass und Adolf Reichwein – das Todesurteil, er wurde am 5. Januar 1945 ermordet. Ihr Mitangeklagter Gustav Dahrendorf wurde zu 10 Jahren Zuchthausstrafe verurteilt. Der preußische Finanzminister Johannes Popitz und Rechtsanwalt Carl Langbehn wurden am 3. Oktober zum Tode verurteilt; dabei achtete Freisler sehr darauf, dass ihre Kontaktversuche zum Reichsführer SS Heinrich Himmler als unbedeutend hingestellt wurden, damit dieser nicht bloßgestellt werden konnte. Immerhin hatten sie Himmler zur Duldung des Vorgehens gegen Hitler überreden wollen und dieser hatte die Kontaktversuche nicht sogleich angezeigt[28].

Freislers Mordmaschine »funktionierte« auch in den nächsten Wochen nach dem Oktober 1944. Bis in das Jahr 1945 hinein fanden die Prozesse und Racheurteile vor den sechs Senaten des »Volksgerichtshofes« statt, so z. B. am 23. Oktober gegen Botschafter Friedrich-Werner Graf v. d. Schulenburg, den Potsdamer Regierungspräsidenten Gottfried Graf v. Bismarck, Staatssekretär Erwin Planck und Professor Jens Jessen, ferner gegen den ehemaligen württembergischen Staatspräsidenten Eugen Bolz am 21. Dezember mit anschließender Hinrichtung in Berlin-Plötzensee am 23. Januar 1945 und gegen die übrigen Mitglieder des »Kreisauer Kreises« wie Graf v. Moltke, Eugen Gerstenmaier, Franz Sperr, Franz Reisert, Theodor Haubach und Alfred Delp ab 9. Januar 1945[29]. Hauptmann Hermann Kaiser, nach Einschätzung Kaltenbrunners einer der »wesentlichen eigentlichen Hintermänner« der Verschwörung gegen Hitler, wurde Mitte Januar 1945 zum Tode verurteilt und ebenfalls wie Erwin Planck, Franz Sperr, Nikolaus Groß und Rechtsanwalt Ludwig Schwamb am 23. Januar hingerichtet. Es war für jede weitere mögliche Opposition gegen Hitler ein äußerst schwerer Verlust, dass durch die Freisler'schen Todesurteile so viele Hitlergegner mit Mut – wie ihn z. B. der Rechtsanwalt Josef Wirmer in der Verhandlung gegen Freisler trotz Folterung bewies – danach als Kristallisationskerne für neue Oppositionskreise gerade in den letzten Kriegswochen nicht mehr vorhanden waren.

Außer der prozessualen Verfolgung und Beschlagnahmung des Vermögens und Besitzes verfügten Hitler und Himmler »von Fall zu Fall« zudem willkürliche und gesetzeswidrige Sippenhaft gegen die näheren Verwandten oder gar gegen die gesamte Familie der beteiligten Verschwörer[30]. So konkretisierte Himmler die Racheabsichten der NS-Führung in einer Ansprache vor den NSDAP-Gauleitern am 3. August in Posen, nachdem er mit Hitler am 30. Juli über die geplante Sippenhaft mehrerer Familien gesprochen hatte. »Verräterblut« wollte er »bis zum letzten Glied in der ganzen Sippe« ausrotten lassen, erklärte er unter dem Beifall seiner Zuhörer. Für ihn stand fest: »Die Familie Graf Stauffenberg wird ausgelöscht bis ins letzte Glied.«[31] Frauen, Greise und Kinder von mehr als 32 Familien kamen danach – nicht selten von einander getrennt – in Gefängnisse und Konzentrationslager, wo sie teilweise gefoltert und misshandelt wurden. Das baldige Ende des Krieges im Mai 1945 und die sich schon vorher ergebenden Kriegswirren verhinderten allerdings, dass Himmlers teuflische Absichten mit den Sippenhäftlingen vollständig in die Tat umgesetzt werden konnten; viele von ihnen konnten von den Alliierten bei ihrem Vormarsch im Frühjahr 1945 befreit werden und dadurch die NS-Gewaltherrschaft überleben.

Hitler und Himmler benutzten darüber hinaus den Anschlag vom 20. Juli, um auch willkürliche Hinrichtungen und Ermordungen von politischen Gegner zu befehlen, die sich irgendwann einmal beider Hass zugezogen hatten, obwohl sie überhaupt nicht in die Ereignisse des 20. Juli 1944 verwickelt waren. So wurden bis Mai 1945 die bereits inhaftierten Gefangenen Ernst Thälmann, Georg Elser und Generalleutnant Hans Graf Sponeck umgebracht. Generalleutnant Gustav Heistermann v. Ziehlberg, der im Krieg einen Arm verloren hatte, hoch dekoriert war und seinem Generalstabsoffizier Major i. G. Kuhn die Flucht zur Roten Armee ermöglicht hatte, wurde auf ausdrückliche Forderung Hitlers vom Reichskriegsgericht in einem zweiten Verfahren zum Tode verurteilt und am 2. Februar 1945 erschossen. Im ersten Verfahren vom 2. Oktober 1944 war v. Ziehlberg nur zu neun Monaten Gefängnis verurteilt worden. Er behielt sogar sein militärisches Kommando bis zu Hitlers Verfügung vom 4. November 1944, gegen ihn ein neues Verfahren einzuleiten. Ziehlbergs Schicksal wurde im März 1945 als abschreckendes Beispiel ausdrücklich »allen Generalen und Obersten in Generalsstellen« vom Chef des Heerespersonalamtes, General Burgdorf, bekannt gegeben[32]. Offensichtlich wollte Hitler mit dem Todesurteil gegen den General auch den Generalstab als eine ihm verhasste Institution treffen, denn v. Ziehlberg war vom September 1939 bis

November 1942 Chef der Zentralabteilung im Generalstab und damit für die gesamte Personalführung der Generalstabsoffiziere unter dem damaligen Generalstabschef Franz Halder zuständig gewesen.

In seiner nächtlichen Ansprache vom 20./21. Juli »an das deutsche Volk« hatte Hitler erklärt, es sei eine »ganz kleine Clique ehrgeiziger, gewissenloser und zugleich verbrecherischer, dummer Offiziere« gewesen, die das Attentat verübt hätten[33]; doch einige Tage später bezog er seine verbalen Angriffe schon auf das gesamte Offizierskorps. Sehr bald schon mussten die Ermittler der »Sonderkommission« nach dem 20. Juli feststellen, dass die angenommene »ganz kleine Clique« der Widerständler doch sehr groß war. Zudem vermerkten sie in ihren Berichten mit Bitterkeit, dass es einen weit verbreiteten »Korps- und Kameradschaftsgeist des Heeres« unter den älteren Offizieren gab, der es verhindert hatte, dass defätistische und umstürzlerische Äußerungen sofort angezeigt wurden. Als das Ausmaß der Beteiligung so vieler Offiziere bekannt wurde, kündigte Hitler sogleich an, er werde die vor Jahren versäumte Säuberung des Offizierskorps, wie sie Stalin einst vor dem Krieg vollzogen habe, nunmehr entschieden nachholen. Denn für Hitler war der Anschlag Stauffenbergs Ausdruck einer »moralischen Krise«, ein »Symptom für eine innere Kreislaufstörung, für eine innere Blutvergiftung«, die allein durch das Paktieren von »Landesverrätern« mit dem Gegner und keinesfalls durch seine Herrschaft oder seine Kriegführung verursacht worden sei, wie er in einer Lagebesprechung am 31. Juli 1944 erklärte. Damit hatte Hitler eine bequeme Erklärung für alle weiteren militärischen Niederlagen gefunden, nämlich »permanenter Verrat, der von einer verfluchten kleinen Clique« in der Generalstabsorganisation betrieben worden sei[34]. Der Leiter der Parteikanzlei, NSDAP-Reichsleiter Martin Bormann, hieb mit seinen offiziellen Rundbriefen und Verfügungen an die Partei nach dem 20. Juli in die gleiche Kerbe. Er warf insbesondere dem Heeres-Offizierskorps vor, völlig antinationalsozialistisch eingestellt zu sein, und verlangte energische Säuberungen und Gegenmaßnahmen.

Schon kurz nach dem Attentatsversuch war deshalb das Ersatzheer insofern unter die direkte Kuratel der Nationalsozialisten gestellt worden, als der Reichsführer SS Heinrich Himmler von Hitler als Nachfolger des mittlerweile ebenfalls verhafteten Generalobersten Fromm zum Befehlshaber des Ersatzheeres und Chef der Heeresrüstung ernannt worden war. Der Reichsführer SS befehligte nun alle Ersatz- und Ausbildungsverbände im Heimatkriegsgebiet. Das OKH war in diesem Bereich völlig entmachtet. Ein erneuter Einsatz des Walküreplans für einen Umsturzversuch war damit nicht mehr möglich. Himmlers Ziel in seiner neuen Stellung war nunmehr die Aufstellung einer »nationalsozialistischen Volksarmee« mit neu gebildeten »Volksgrenadierdivisionen« unter seinem Befehl. Allerdings benötigte man weiterhin die eingespielte Kommandostruktur in Wehrmacht und Heer, sodass auch die neuen Volksgrenadierdivisionen für den Kampfeinsatz dem Oberkommando des Heeres und den übrigen Kommandostellen unterstellt blieben.

Deutliches Zeichen der neuen »nationalsozialistischen Volksarmee« war die Aufhebung des bislang durch Reichsgesetz vom 21. Mai 1935 geltenden Verbotes der politischen Betätigung für Soldaten und Offiziere am 24. September 1944 durch Änderung des Wehrgesetzes. Sie konnten nunmehr aktives Mitglied der NSDAP werden, und man erwartete sogar, dass Offiziere verstärkt in die Partei eintraten, um gerade die Gemeinschaft und Verbundenheit von Wehrmacht und NSDAP zu zeigen und die Soldaten nationalsozialistisch zu erziehen[35]. Dies erfolgte auch, denn die Zahl der Antragsteller für eine NSDAP-Mitgliedschaft war offensichtlich so groß, dass im Januar 1945 mitgeteilt wurde, die Verwaltung der NSDAP müsse die Bearbeitung der beantragten Aufnahmen aus verwaltungsmäßigen Gründen bis nach Kriegsende zurückstellen, da sie momentan nicht mehr durchgeführt werden konnten.[36]

Am 10. September 1944 befahl Generalfeldmarschall Keitel, die Ereignisse um den 20. Juli 1944 ebenso wie die Tätigkeit des »Ehrenhofes« als »abgeschlossen« anzusehen[37]. Darin kam zugleich die Befürchtung zum Ausdruck, die weitere ständige Verfolgung von Mitverschworenen und ihren Familien, von Gesinnungsfreunden und Bekannten sowie die fortgesetzten öffentlichen Erörterungen über die Motive und Ursachen des »verabscheuungswürdigen Verrats« könnten sich negativ auswirken und würden »nur den Keim neuer Zersetzung« in sich tragen. Man hatte offensichtlich genug gewütet.

Nicht nur für Hitler und seine engsten Paladine aus der NS-Führungsspitze, sondern auch für andere »Führer« und Befehlshaber des Reiches ergab sich nach dem 20. Juli das Dilemma, einerseits von einer kleinen Clique von Hitlergegnern zu sprechen und andererseits immer mehr Verschwörer – auch in hohen Stellungen – erkennen zu müssen. Dagegen bemühten sich die Oberbefehlshaber von Luftwaffe und Kriegsmarine, ihre Teilstreitkräfte als treue Garanten und Anhänger Hitlers und des Dritten Reiches zu präsentieren. Großadmiral Dönitz verkündete in seinem Aufruf an die Marine in der Nacht zum 21. Juli, man werde sich nach dem »verbrecherischen Anschlag« durch angeblich vom Feind gedungene Handlanger nur »noch enger um den Führer scharen«[38]. Auch er ging wie Hitler zuerst von einer »kleinen Generalsclique« aus. Vier Wochen später, Ende August, erklärte er in einer Ansprache vor Befehlshabern, es habe sich »leider herausgestellt, dass der Teilnehmer- oder Mitwisserkreis dieses Putsches sehr viel größer gewesen ist, als man zuerst annahm«[39]. Obwohl Dönitz darlegte, das Offizierkorps der Kriegsmarine stehe getreu seinem Eid bedingungslos zu Hitler und habe insofern mit dem Putsch nichts zu tun, stammten mit Korvettenkapitän Alfred Kranzfelder aus der Operationsabteilung der Seekriegsleitung und Marineoberstabsrichter der Reserve Berthold Schenk Graf v. Stauffenberg dennoch zwei prominente Verschwörer aus der Marine. Ferner gehörten auch Fregattenkapitän Dr. Sydney Jessen aus der Nachrichtenabteilung der Seekriegsabteilung und Kapitän zur See Max Kupfer, der Chef der Abteilung Nachrichtenübermittlungsdienst, zum weiteren Kreis der Mitverschworenen um Berthold Graf v. Stauffenberg. Aus früherer Zeit zählte auch Fregattenkapitän Franz Liedig zum Kreis der Hitlergegner um Admiral Canaris und General Oster[40]. Allerdings war die Geschlossenheit und Einigkeit der Kriegsmarine im Bekenntnis zum NS-Staat weder vor noch nach dem 20. Juli gefährdet. Um dies auch für die Zukunft öffentlich zu demonstrieren, verlangte Dönitz, das Offizierkorps müsse »restlos hinter diesem Staat« stehen[41]. Wer das nicht wolle oder könne, könne auch nicht höherer Führer oder Truppenführer in der Marine sein »und muß verschwinden«. Bezeichnenderweise eilte dann auch der zuvor in Ungnade entlassene und auf die einflusslose Dienststellung eines Admiralinspekteurs abgeschobene Großadmiral Raeder am 22. Juli zu Hitler, um ihm sogleich Treue und »volle Ergebenheit« zu bekunden.

Wie Dönitz fiel auch »Reichsmarschall« Hermann Göring, der Oberbefehlshaber der Luftwaffe, in einer Hasstirade über die Verschwörer her und beschimpfte sie als »Schlappschwänze«, »Verbrecher und Verräter«[42]; sie seien rücksichtslos auszurotten. Göring beklagte sich nachträglich bei Goebbels, dass die Verschwörer auf ihn beim Staatsstreichversuch »überhaupt keine Rücksicht genommen hätten«. Denn er sei doch »der legale Nachfolger des Führers«, wenn diesem tatsächlich etwas zustoße[43]. Selbstverständlich verlangte auch er ein »radikales Durchgreifen gegen die Verräterclique«. In der Luftwaffe bestimmten Empörung und Ablehnung über Stauffenbergs Tat die weitere Einschätzung und Haltung der Offiziere nach dem 20. Juli. Feldgerichte der Luftwaffe sollen dann in dieser Zeit »auch in Bagatellfällen zu Höchststrafen und Todesstrafen« gegriffen haben, wenn ein Soldat wegen Wehrkraftzersetzung angeklagt war, sodass kaum eine oppositionelle Haltung aufkommen konnte[44]. Göring übernahm es ferner »als rangältester Offizier der deutschen Wehrmacht« in Absprache mit Generalfeldmarschall Keitel und Großadmiral Dönitz Hitler am 24. Juli 1944 die Bitte vorzulegen, »in der Wehrmacht den Deutschen Gruß als ein Zeichen unverbrüchlicher Treue zum Führer und engster Verbundenheit zwischen Wehrmacht und Partei einführen zu dürfen«, was Hitler dann auch gnädig genehmigte, sodass danach überall der Nazigruß an die Stelle des bisherigen militärischen Grußes durch Anlegen der rechten Hand an die Kopfbedeckung trat[45]. Auch dies war ein sichtbares Zeichen der neuen »nationalsozialistischen Volksarmee«.

Reichsaußenminister v. Ribbentrop erklärte in einem umfangreichen Runderlass an die deutschen Missionen im Ausland das Attentat Stauffenbergs zur Tat »von einem dazu ausersehenen geistig minderwertigen Subjekt in Oberstenuniform« und den Umsturzversuch insgesamt als »Resultat einer infantilen Verschwörung einiger weniger wegen Unfähigkeit verabschiede-

Der Reichsmarschall
Oberbefehlshaber der Luftwaffe

Der Reichsmarschall des Grossdeutschen Reiches hat als rangältester Offizier der deutschen Wehrmacht zugleich im Namen von Generalfeldmarschall Keitel und Grossadmiral Dönitz dem Führer gemeldet, dass alle Wehrmachtsteile aus Anlass seiner Errettung gebeten haben, in der Wehrmacht den Deutschen Gruss als ein Zeichen unverbrüchlicher Treue zum Führer und enger Verbundenheit zwischen Wehrmacht und Partei einführen zu dürfen.
Der Führer hat dem Wunsch der Wehrmacht entsprochen und seine Zustimmung erteilt.
Mit sofortiger Wirkung tritt daher an die Stelle der Ehrenbezeigung durch Anlegen der rechten Hand an die Kopfbedeckung Ehrenbezeigung durch Erweisen des Deutschen Grusses.

Berlin, den 24. Juli 1944

Der Reichsmarschall

Keitel, Generalfeldmarschall

Dönitz, Grossadmiral

Der »Reichsmarschall« Hermann Göring erklärt den »Deutschen Gruss« als »Zeichen unverbrüchlicher Treue zum Führer«

ter und sich dadurch zurückgesetzt fühlender Generäle«, wobei er offen ließ, ob die Feindmächte dahinter stünden[46]. Sehr bald wurde jedoch deutlich, dass auch mehrere Diplomaten des Auswärtigen Amtes, wie z. B. Adam v. Trott zu Solz, Ulrich v. Hassell, Friedrich-Werner Graf v. d. Schulenburg, mit Stauffenberg und seinen Mitverschwörern in Kontakt gestanden sowie ihn und seinen Attentatsversuch tatkräftig unterstützt hatten.

Kennzeichnend für die Haltung des Offizierkorps, sich nach dem misslungenen Attentat unter verstärktem persönlichen Einsatz wiederum dem Abwehrkampf gegen den äußeren Feind zuzuwenden, ist die Bereitschaft nicht nur ehemaliger, von Hitler schmählich entlassener Offiziere, wie z. B. Generalfeldmarschall Fedor v. Bock und Generalleutnant Ferdinand Heim, sondern auch bisheriger Hitlergegner, wie z. B. von Generalmajor Rudolf-Christoph Freiherr v. Gersdorff, sich fortan wieder als »getreuer Soldat« im Frontdienst einzureihen[47]. Obwohl das Regime Verwandte und Bekannte von Feldmarschall v. Bock – so u. a. die Familien v. Tresckow und seines früheren Adjutanten Graf Hardenberg – verfolgen und einsperren ließ, war dieser bereit, Hitler bis zum Ende als »gehorsamer und gläubig ergebener Feldmarschall« zu dienen; das »Schicksal seiner hingerichteten und vom Tode bedrohten Kameraden« war ihm ganz offensichtlich »gleichgültig«[48]. Mehrere Generale und Befehlshaber sandten an Hitler sogar unaufgefordert besondere Ergebenheitserklärungen, in denen sie das »ruchlose Verbrechen« voller Abscheu verurteilten und der »wunderbaren Vorsehung« für die Rettung Hitlers dankten[49].

Auch im Falle General Heims offenbart sich ein symptomatisches Verhalten im Zusammenhang mit dem 20. Juli 1944. Denn er hatte wahrlich keinen Grund, sich Hitler anzubiedern, da er von diesem am 28. November 1942 wegen angeblicher Schuld am Versagen seines Panzerkorps bei Stalingrad abgelöst, dann willkürlich aus dem Heer ausgestoßen und zuletzt vorzeitig verabschiedet worden war[50]. Nach dem Attentat vom 20. Juli sandte er Hitler einen Ergebenheitsbrief, in dem er als »alter nationalsozialistischer Offizier« und »bedingungsloser Gefolgsmann des Führers« dem »gütigen Geschick« für das Scheitern des Attentats dankte. Ein ähnliches Schreiben schickte er auch an Hitlers Chefadjutanten, General Schmundt. Daraufhin wurde er von Hitler am 28. Juli 1944 tatsächlich reaktiviert, weil er »in den Tagen nach dem Attentat eine ganz besondere Haltung gezeigt und seine Gesinnung durch einen Brief an den Führer zum Ausdruck gebracht« habe[51]. Er wurde am 5. August zum Festungskommandanten von Boulogne ernannt, wo er jedoch schon am 22. September 1944 in US-Gefangenschaft geriet. Zuvor war Heim noch von Hitler »in Anerkennung seiner vorbildlichen Haltung wieder zu den aktiven Generalen« überführt worden.

Solche Einzelfälle bestätigen neben der anschließenden Konsolidierungsphase der Hitlerschen Herrschaft nach dem Attentatsversuch das in der Geschichtsforschung konstatierte generelle Resümee, dass die zum 20. Juli 1944 führende Militäropposition kritisch eingestellter Offiziere ein Widerstand ohne »militärisches Fußvolk« war und dass der Widerstand gegen Hitler nur von einer kleinen Minderheit der Bevölkerung getragen wurde.

9. Der 20. Juli 1944 und die Volksstimmung: Treuekundgebungen für Hitler und Konsolidierung des Regimes bis zum Mai 1945

In seinen Tagebüchern hat Reichspropagandaminister Joseph Goebbels nicht selten Wunschvorstellungen und übersteigerte Erwartungen notiert, die der Realität oder kalkulierbaren Entwicklungen nicht entsprachen und völlig überzogen waren. Im Zusammenhang mit den Auswirkungen des 20. Juli 1944 auf die Haltung der deutschen Bevölkerung zur NS-Herrschaft besaß er allerdings einen guten Spürsinn und sah gut voraus, wie die »Volksgenossinnen und Volksgenossen« weiterhin zum Nationalsozialismus hielten und das Attentat als Verrat im Krieg strikt ablehnten. So hielt er bereits am 23. Juli 1944 fest, als er von Berlin nach Rastenburg zu Hitler geeilt war, um diesem seine Reverenz zu erweisen und sich auch den Ort des Attentatsversuchs anzusehen: »Im großen und ganzen also kann man sagen, daß, wenn schon das Attentat und der Putsch stattfinden mußten, es gar nicht günstiger verlaufen konnte [...]«[1], um die nationalsozialistische Herrschaft zu festigen. Wenn die NS-Führung nunmehr »aus der gegenwärtigen Situation die nötigen Konsequenzen« ziehe, so könne »von einem Untergang überhaupt nicht die Rede sein; im Gegenteil, wir werden dann in Bälde einen Aufstieg nehmen, wie wir ihn uns heute noch gar nicht vorstellen können«. Goebbels erwartete insgesamt »eine ungeheure Stärkung des nationalsozialistischen Regimes« und sah deshalb »außerordentlich vertrauensvoll in die Zukunft«[2]. Das verband er zugleich mit der Vorhersage alsbald eintretender Erfolge bei der weiteren Kriegführung. Die Erwartung militärischer Siege an den Fronten war allerdings völlig unrealistisch. Goebbels drängte sehr darauf, die »Stimme des Volkes« vernehmen zu lassen.

Es war deshalb ein besonderes Anliegen der NS-Parteiführer, den Nachweis zu erbringen, dass Partei und Bevölkerung weiterhin hinter Hitler und seinem Regime standen. Nicht das Volk oder die Partei – wie z. B. in Italien im Herbst 1943, als Mussolini von der eigenen faschistischen Partei gestürzt worden war – hatten den Putschversuch unternommen, sondern einzelne Offiziere der Wehrmacht, die von der Partei als Verräter eingestuft wurden. Als der NSDAP-Gauleiter von Steiermark, Dr. Siegfried Uiberreither, noch am 20. Juli beim Reichspropagandaministerium in Berlin anfragte, ob es erwünscht sei, dass für Hitler »Treuekundgebungen anlässlich des glücklichen Verlaufs des Attentats« abgehalten würden, griff Goebbels diese Idee sofort auf. Er verfügte an alle NSDAP-Gauleiter, dass »eine geschlossene Welle von Treuekundgebungen« im ganzen Reichsgebiet als »spontane Willenäußerung« des Volkes durchgeführt werden sollte. Dabei sei »eine volle Beteiligung der örtlichen Wehrmachtseinheiten« anzustreben. Ferner waren in Zusammenarbeit mit der Deutschen Arbeitsfront »Betriebsappelle« zu organisieren, »aus denen heraus seitens der arbeitenden Bevölkerung Treuegelöbnisse und Glückwunschadressen an den Führer abzufassen sind«[3].

Als Goebbels am 23. Juli mit Hitler zusammentraf, ließ er sich von diesem den Auftrag geben, »nunmehr eine große Versammlungswelle im ganzen Reichsgebiet in Bewegung zu setzen« mit der Tendenz, dass »nun endlich mit der verräterischen Generalsclique Schluss gemacht werden muss und dass der Fuhrer aufgefordert wird, ein Strafgericht zu vollziehen, das für alle Zukunft eine Wiederholung solcher Vorgänge ausschließen wird«[4]. Die gesamte Presse hatte diese Veranstaltungen »wirksam« und »propagandistisch groß herauszustellen«. Um den richtigen Zungenschlag bei den Aktionen zu gewährleisten, gab das Reichspropagandaministerium zugleich den Tenor der Erklärungen an: Es sollte nämlich betont werden, dass der versuchte Umsturz »auf die Initiative einer lediglich kleinen, reaktionär verkalkten Verräterclique« zurückgehe. Es habe sich »bei diesen Verbrechern« um »intrigantes Gesindel« und eine »Generalskamerilla« gehandelt, die »den endgültigen Sieg und damit die Verewigung des Nationalsozialismus zu hintertreiben« suchten. Die »Verräterclique«

Treuekundgebung für den »Führer« am 27. Juli 1944 in Freiburg im Breisgau, wo 50 000 Menschen nach Ansicht von NS-Stellen demonstrierten, dass das Attentat Stauffenbergs auch »im stockkatholischen Freiburg« tiefe Abscheu erregt habe. (Der Alemanne Nr. 206 v. 29. 7. 1944)

sei auch dafür verantwortlich, dass »nationalsozialistisch überzeugte Offiziere keine Führungsstellen« erhielten und dass Unteroffiziere und Soldaten nicht aus dem Mannschaftsstand zu Offizieren aufsteigen konnten[5]. Man scheute jedoch davor zurück, direkt eine Teilung des Heeres in Pro- und Antinationalsozialisten zu konstatieren, denn es ging den Goebbels-Propagandisten zugleich darum, für das Vertrauen in die Fronttruppe zu werben. So hieß es deshalb als Fazit: »Das in schwierigsten Frontsituationen immer wieder bewährte Heer geht aus dem Putschversuch makellos hervor.« Man brauchte eben die Armee noch immer; denn mit den seit 1939 aufgestellten Divisionen der Waffen-SS allein konnte man das Reich an den zahlreichen Fronten nicht verteidigen.

Bezeichnenderweise wies das Propagandaministerium dann auch darauf hin, dass bei den Kundgebungen »keinerlei negative Parolen, wie z. B. ›Nieder mit den Verrätern‹ Verwendung finden« dürften. Die »verräterische Clique« sei vernichtet, »es wäre falsch, jetzt noch negative Parolen zu bringen«. In Berlin war man sehr um den durchschlagenden Erfolg der angeordneten Kundgebungen besorgt. Folglich wurden sogar noch zusätzliche »Richtlinien für die Durchführung der Kundgebungen« mit propagandatechnischen Hinweisen gegeben[6].

Zwar waren dann die Versammlungen überall von der NSDAP aufgerufen und organisiert worden und die Teilnahme daran für die Parteimitglieder »selbstverständliche Ehrenpflicht«, gleichwohl überraschte im ganzen Reichsgebiet die hohe Teilnahme der Bevölkerung, sodass man in Übereinstimmung mit dem beobachteten Stimmungsbild konstatierte, die Treuekundgebungen seien in der Tat zu mächtigen und nach außen äußerst wirksamen Treueversprechungen für Hitler geworden. Zufrieden und wohlwollend wurde als Fazit in Berlin festgestellt, dass »das Misslingen des Anschlags und die nur geringfügige Verletzung des Führers [...] in der gesamten Bevölkerung [...] eine überglückliche Stimmung« ausgelöst habe[7]. Die Ablehnung des Putschversuches in der Bevölkerung sei geprägt durch »Entrüstung, hellste Empörung, bis zur unbändigen Wut [...] gegen die Kreise, die dieses Attentat angezettelt haben«. Man verlange, »daß gegen diese Verräterclique auf das Schärfste durchgegriffen werden müsste, wobei die Führung auch sämtliche Hintermänner und diejenigen, die bisher dem nationalsozialistischen Staat und der militärischen Führung kühl abwartend gegenübergestanden haben, nicht vergessen dürfe«. Wenn ferner konstatiert wird, dass »nirgends ein Volksgenosse auch nur andeutungsweise erkennen« ließ, »daß er mit dem Anschlag einverstanden wäre« und im Gegenteil zu beobachten sei, »daß selbst die wenigen, die sonst nicht hundertprozentig zum Nationalsozialismus stehen, das Attentat verabscheuen«, so ist es sicher statthaft, eine erneute und kräftige Konsolidierung des Regimes nach dem Attentat festzustellen. Viele nationalsozialistische Klein- und Hobbypropagandisten fühlten sich nach dem 20. Juli bemüßigt, ebenfalls Propagandaarbeiten für Presse, Rundfunk und Film anzubieten, da sie über die »Unschädlichmachung der Verräter des 20. 7.« hinaus einen Beitrag zur Aufrechterhaltung des NS-Staates liefern wollten [8]. Viele Bürger, Bürgerinnen und Parteigenossen liefen dabei förmlich mit Vorschlägen zur Hochform auf, um ihr Scherflein zum »Endsieg« beizutragen – wenigstens auf propagandistischem Feld.

Dies kommt auch in folgender, von den NS-Propagandisten festgehaltener Beobachtung zum Ausdruck: Danach »erklärten Arbeiter aus den nördlichen Vierteln Berlins, die früher eindeutig auf der gegnerischen Seite standen, dass es eine Mordsschweinerei sei, dem Führer derartig in den Rücken zu fallen. Es habe doch keinen Zweck, jetzt mit dem Krieg aufzuhören. Wir müssen durchhalten. Bloß keinen Bürgerkrieg. Was haben sich die Attentäter nur gedacht, wie das weitergehen solle, wenn der Führer nicht mehr da wäre.« [9] Bezeichnend ist auch die vom NS-Führungsoffizier im Armee-Oberkommando 10 herausgegebene »Arbeitsanweisung für NSFO« (Nationalsozialistische Führungsoffiziere) in der Wehrmacht vom 6. August 1944. Danach sollte die Ansicht vertreten werden, dass der Krieg auch sogar bei einem Gelingen des Attentats hätte fortgesetzt werden müssen. Folglich lautete die Anweisung: »Wäre das unselige Attentat gelungen, so wäre das der schwerste Schlag gewesen, aber der Krieg müsste darum doch gewonnen werden. Ja, der Hass und Vernichtungswille, der dann unsererseits dem Feind entgegengeschlagen wäre, hätte keine Grenzen mehr gekannt.« [10] Der Gedanke an eine Beendigung des Krieges sollte nach den Vorstellungen der NS-Propagandisten unter allen Umständen in der Bevölkerung verdrängt werden.

Offensichtlich resultierten solche Einschätzungen und Fragen zum Attentat aus der nicht gelungenen und wenig erfolgreichen Überzeugungsarbeit der Widerständler, dass es trotz alliierter Forderung nach »unconditional surrender« auch nach dem Januar 1943 noch Chancen für eine politische Beendigung des für Deutschland aussichtslosen Krieges gab. Allerdings bleibt bei dieser Einschätzung unberücksichtigt, dass die Verschwörer im Falle des gelungenen Attentats mit Hilfe des von Generalmajor Oster und Admiral Canaris gesammelten Materials den verbrecherischen Charakter des Hitler-Regimes öffentlich darlegen wollten und konnten. Wie wichtig – gerade im Hinblick auf die Bereitschaft vieler, sich der Widerstandsaktion anzuschließen – die Kenntnis und das Wissen über den Diktator als Verbrecher war, hat beispielsweise Generaloberst Jodl rückblickend bezeugt. Nach seiner Ansicht hätte gerade die Offenlegung dieses Umstandes den Verschwörern viele Gesinnungsfreunde und Unentschlossene zuführen können [11].

Vor dem Hintergrund der Einzelbeobachtungen überrascht dann das auf die Stimmung der deutschen Bevölkerung bezogene positive Fazit der Goebbels'schen Mitarbeiter keineswegs. Danach ließen alle Berichte über die stimmungsmäßigen Auswirkungen des 20. Juli erkennen, dass die Verschwörer »das Gegenteil von dem erreicht haben, was sie planten. Die Treue zum Führer und seine Verehrung ist hierdurch nur noch größer und die Verbundenheit zwischen Volk und Führung noch fester geworden. [...] Das Bekenntnis zum Führer ist bei allen Volksgenossen wieder zur Kraft geworden und gibt ihnen einen starken Auftrieb [...] Und dieses Gefühl [...] hat jeden einzelnen in seinem Willen zum Durchhalten noch gestärkt. Das ganze Volk ist jetzt gewillt, sich noch entschlossener für die Fortführung des Krieges bis zum Sieg mit allen seinen Kräften einzusetzen.« [12] Man billige deshalb nun auch »vollauf die schärfere Totalisierung des Krieges«. Ganz offensichtlich bestimmte das Gefühl, angesichts des mächtigen militärischen Druckes durch die Kriegsgegner an allen Fronten unter allen Umständen im Abwehrkampf zusammenstehen zu müssen, die grundsätzliche Haltung im Sommer und Herbst 1944. Dieses Gefühl war in der Bevölkerungsmehrheit stärker als die Ablehnung und Abneigung gegenüber dem NS-Staat sowie die Bereitschaft zum Widerstand gegen Hitlers Diktatur.

Insgesamt wurde »die überaus große und herzliche Teilnahme an den spontanen Treuekundgebungen«, die sehr oft alle Erwartungen der NS-Bewegung übertrafen, sogar als eine »unbewußte Volksabstimmung« zugunsten Hitlers und seines Regimes gewertet [13]. Es passt in dieses für Hitlers Herrschaft positive Bild, dass zudem von der Bevölkerung und vielen Truppenteilen als sichtbarer Ausdruck »ihrer Freude über die Errettung des Führers am 20. 7.« zahlreiche namhafte Geldbeträge gespendet oder »durch freiwillige Sonderschichten in den Betrieben« erwirtschaftet und zur Verfügung gestellt wurden [14]. Goebbels kam folglich zu dem Ergebnis, der 20. Juli habe »wie ein Stichtag unserer Wiedererhebung« gewirkt: Von da ab habe »das deutsche Volk wieder zu sich selbst zurückgefunden« [15].

Folglich hatten es dann auch untergetauchte Verschwörer nach einigen Tagen, als Ablauf und Ausmaß des Anschlages auf Hitler bekannt wurden, schwer, unentdeckt zu bleiben. Zwar gab es immer noch unerschrockene Verwandte, Freunde und Mitbürger, die z. B. Goerdeler, General Fritz Lindemann, Pater Rösch, Pater König, Jakob Kaiser, Max Habermann oder den Reichskriminaldirektor, SS-Gruppenführer und Generalleutnant der Polizei Arthur Nebe, trotz eigener Lebensgefahr für einige Zeit versteckten und verpflegten [16]. Gleichwohl fanden sich auch bereitwillige »Volksgenossen« und »Volksgenossinnen«, welche die Flüchtenden anzeigten, sobald sie erkannt oder ihre Verstecke bekannt wurden. So konnten Goerdeler, auf dessen Ergreifung eine Belohnung von einer Million Reichsmark ausgesetzt war und der auf der Flucht in Westpreußen erkannt wurde, und Lindemann, für dessen Festnahme eine Belohnung von 500 000,– RM winkte, sowie Nebe, der von Himmler am 30. November zum SS-Mann degradiert und aus der »Schutzstaffel ausgestoßen« wurde, von der Gestapo dann doch in den Monaten nach dem 20. Juli 1944 verhaftet und schließlich hingerichtet werden [17]. General Lindemann setzte sich allerdings bei seiner Festnahme am 22. September zur Wehr und wurde angeschossen; er starb dann im Polizeigefängnis an der Schussverletzung [18]. Seine beiden Söhne, Oberfähnrich z. S. Georg Lindemann und Leutnant Friedrich Lindemann, wurden später verurteilt, weil sie ihren Vater nicht verraten hatten.

In der Verfolgung möglicher Regimegegner kannten manche Parteileute und -stellen keine Grenzen. Aufgrund von allgemeinen Weisungen der Parteikanzlei Bormanns beabsichtigten einige NSDAP-Kreisleitungen, »restlos« alle diejenigen Personen sofort zu erfassen, »die den Bestand des Reiches gefährden könnten und gesinnungsgemäß der NS-Bewegung gegenüber feindlich eingestellt sind«[19]. Dabei dachte man z. B. in der NSDAP-Kreisleitung Graz-Land an eine Unterscheidung nach »aktiven Volksverrätern«, »Mitläufern der aktiven Volksverräter« und »gesinnungsmäßige Gegner der nationalsozialistischen Bewegung«. Deren rasche namentliche Erfassung sollte »ein sofortiges Zupacken« für später ermöglichen.

Der Umstand, dass der Anschlag auf Hitler allerdings beinahe gelungen wäre, brachte für die NS-Führung das Problem mit sich, dass man einerseits aus propagandistischen Gründen das Bedrohungsausmaß als minimal und für das Regime als letztlich ungefährlich hinzustellen suchte, andererseits aber die Ereignisse um den 20. Juli sehr ernst nehmen und im positiven, aufbauenden Sinne nutzen wollte, um die Bevölkerung wachzurütteln und von ihr ein festes, bereitwilliges und enges Zusammenscharen um Hitlers Herrschaft und für den weiteren totalen Krieg zu verlangen. Die Errichtung und Einführung des »NS-Führungsstabes« bei der Wehrmacht als neue Indoktrinationsstelle für alle drei Wehrmachtteile zeigt die große Angst des Regimes vor einer allgemeinen Rebellion der Soldaten bei längerer Fortdauer des Krieges. Ebenso zeigen verschiedene Erklärungen Hitlers, Goebbels' und Himmlers, dass man Auflösungserscheinungen an der Ostfront auf die Zersetzungsarbeit »von Offizieren der Seydlitz-Armee und von zu Kommunisten umgeschulten« und wieder zurückgeschleusten »Kriegsgefangenen« zurückführte. Himmler war deshalb der Ansicht, »es muß rücksichtslos alles, was das Maul aufmacht, erschossen werden«[20]. Andererseits sprach man aber in der Propaganda nur vom Vorhandensein eines ganz kleinen Kreises Unzufriedener.

Ferner wurden in der so genannten »Gewitteraktion« am 22./23. August 1944 etwa 5000 bis 6000 politische Gegner und Gegnerinnen sowie frühere Funktionsträger, die vor 1933 Mitglieder anderer Parteien gewesen waren, festgenommen[21]. Viele von ihnen blieben bis zum Kriegsende in verschiedenen Konzentrationslagern oder wurden umgebracht. Den NS-Machthabern gelang es dadurch, potenzielle Gegner für den Fall eines Zusammenbruchs der Hitlerherrschaft bereits im Voraus auszuschalten. Die Inhaftierten oder in den Konzentrationslagern Festgehaltenen fehlten im Frühjahr 1945, als es darum ging, regionale oder lokale Widerstandszentren gegen jene NS-Fanatiker zu bilden, die beim Erscheinen der alliierten Truppen vor den einzelnen Städten und Gemeinden auch ohne einsetzbare schwere Waffen bis zur Selbstzerstörung der eigenen Bevölkerung weiterkämpfen wollten.

Der Leiter der Parteikanzlei, NSDAP-Reichsleiter Martin Bormann, griff in seinen Verlautbarungen an die Partei das Heeres-Offizierskorps scharf an. Die Formulierungen der NS-Führung gegen die Verschwörer fanden in der Bevölkerung ein entsprechendes Echo. Die nationalsozialistischen Ermittlungsstellen meldeten zahlreiche Beschimpfungen und Ausfälle gegenüber Generalen und Offizieren sowie die Forderung, es müsse nun im Offizierskorps und in der Heimatfront »rücksichtslos aufgeräumt« werden[22]. So berichtete General der Artillerie Fritz Brand, dass er in Uniform auf einer Reise wenige Tage nach Stauffenbergs Attentat »wüstesten Anpöbelungen ausgesetzt« gewesen war, die deutlich der »Verhetzung gegen den deutschen General« durch die Partei entsprachen[23]. Diese aus Ablehnung, Verurteilung, Distanz und Unverständnis resultierende Grundstimmung gegen die Attentäter verstanden die NS-Propagandisten um Goebbels geschickt für ihre eigenen Interessen zu nutzen. In der nationalsozialistisch gelenkten Presse hat man die Verschwörer bewusst als Verräter und Handlanger des äußeren Feindes diffamiert und damit lang andauernde Vorurteile, die auch noch nach 1945 wirkten, gegen sie erzeugt.

Als die verbalen Ausfälle und Beschimpfungen vonseiten der Partei gegenüber den »gemeinen Ehrgeizlingen« und »Verrätern« offensichtlich ebenso wie die allgemeine Verfolgungsatmosphäre gegen Verdächtige zu umfangreich wurden und als aufgrund zahlreicher unbegründeter Denunziationen von Offizieren die Verfolgung der Verschwörer den Charakter von willkürlichen Hexenjagden annahm[24], gab die NS-Führung Anweisung, Verfolgung und Abrechnung zu beenden – es bestand die Gefahr der ernsten Störung des Verhältnisses zwischen Heer und NSDAP. Außerdem hatte man den erwünschten Zweck in der deutschen Bevölkerung angesichts der beachtlichen öffentlichen Demonstrationen bereits voll erreicht. Dementsprechend befahl auch

Generalfeldmarschall Keitel am 10. September 1944, die Ereignisse um den 20. Juli 1944 innerhalb der Wehrmacht nunmehr als »abgeschlossen« anzusehen [25].

Die Stärkungs- und Konsolidierungsphase des Regimes nach dem 20. Juli wurde allerdings im Herbst 1944, als die Alliierten im Osten und Westen die Reichsgrenze erreichten, stimmungsmäßig einer besonderen Prüfung unterzogen, zumal sich die unmittelbaren Kriegsfolgen für jeden Einzelnen dadurch erheblich erhöhten und die allgemeinen Kriegsgefahren nicht selten zur persönlichen Lebensbedrohung anstiegen. Dabei konnte es zur lokalen Destabilisierung der NS-Herrschaft kommen. Darauf weist beispielsweise ein vom SD-Chef SS-Obergruppenführer Dr. Ernst Kaltenbrunner persönlich verfasster Stimmungsbericht über die im September 1944 beobachtete Einstellung der Bevölkerung in verschiedenen ostmärkischen Gauen hin. Dort herrschten angesichts des Überschreitens der Karpatenkämme durch die Rote Armee und des sich abzeichnenden Zusammenbruchs der deutschen Balkanfront Niedergeschlagenheit, Ratlosigkeit und Furcht in »fast allen Schichten der Bevölkerung«; dies führe immer mehr zu einer »defätistischen Grundstimmung«, zu Panik und zum Machtverlust der NS-Herrschaft [26]: Als Gegenmittel empfahl Kaltenbrunner, entschlossene und mitreißende Parteiführer mit weitgehenden Vollmachten einzusetzen.

Dass dieser Machtverlust kein Einzelfall war, zeigen beispielsweise auch oppositionelle Ereignisse im Kölner Raum. Dort kam es im Zusammenhang mit dem Vorstoß der alliierten Armeen zum Rhein und den damit verbundenen fast pausenlosen Jagdbomberangriffen auf die westdeutschen Städte im Oktober 1944 zur Schwächung der örtlichen Ordnungsgewalten, sodass destabilisierende Kräfte und Verhaltensweisen in der Bevölkerung zu beobachten waren. Es häufte sich die Zahl von disziplinlosem Verhalten beim Produktionsprozess, Fernbleiben vom Arbeitsplatz und bei Diebstahldelikten in den durch die alliierten Luftangriffe verwüsteten Städten – wie beispielsweise durch eine oppositionelle Gruppe im Herbst 1944 in Köln-Ehrenfeld in Verbindung mit der Widerstandstätigkeit früherer »Edelweißpiraten«. Goebbels notierte sich in seinem Tagebuch das Auftreten von größeren »Räuberbanden« in der rheinischen Stadt [27]. Viele Jugendliche waren erst nach dem 20. Juli 1944 zu diesem Kreis um Hans Steinbrück gestoßen und hatten sich dann an unterschiedlichen Aktionen gegen die bestehende nationalsozialistische Ordnung sowie an kriminellen Handlungen wie bewaffneten Raubüberfällen und Einbrüchen beteiligt. Einige Gruppenmitglieder hielten auch Verbindung zu geflohenen Ostarbeitern, Zuchthaus- und KZ-Häftlingen, verfolgten Juden und Deserteuren sowie zum Kölner Kreis des »Nationalkomitee Freies Deutschland«, das in der Rheinstadt seit 1943 auch mit bewaffneten Einsätzen gegen NS-Institutionen kämpfte.

Die Ordnungsverstöße und Störungen im Kölner Raum wurden im Herbst 1944 so umfangreich, dass Gestapo-Sonderkommandos eingesetzt wurden, die insbesondere den »politischen Widerstand und das Bandenunwesen« bekämpfen sollten[28]. Bei der Festnahme der Gruppe wurde ein umfangreiches Lager an Sprengstoff und Waffen gefunden, die zum Teil für die Zerstörung des Ehrenfelder Gestapo- und Gerichtsgebäudes vorgesehen waren.

Obwohl diese Aktionen lokal begrenzt waren, zeigen sie sowohl die Entschlossenheit und Kampfbereitschaft oppositioneller Gruppen als auch deren Fähigkeit, das NS-System immerhin partiell zu erschüttern. Ihr Ziel war es, angesichts der im Westen immer näher an die Reichsgrenze heranrückenden Front – Aachen wurde schon am 10. Oktober von der US-Armee eingenommen – den Krieg alsbald zu beenden oder wenigstens die NS-Herrschaft zeitweise lokal ganz auszuschalten, bis die Westalliierten den Rhein erreichten.

Die Nationalsozialisten erkannten allerdings die Gefahr, die ihrer Herrschaft von solchen entschlossenen Oppositionsgruppen drohte, falls diese sich unmittelbar hinter der Front rasch ausbreiten sollten und ihnen das Machtpotenzial streitig machten. Sie reagierten mit brutaler Härte: Folterungen und rasche öffentliche Hinrichtungen sollten abschreckende Wirkung auf die übrige Bevölkerung erzielen. Dies wurde ermöglicht durch eine Verfügung Himmlers vom 1. November 1944, nach der sogar Exekutionen von verhafteten Deutschen durch die Staatspolizei ohne richterliches Urteil ausgeführt werden konnten, nachdem sie von Himmler als Reichsführer SS genehmigt oder angeordnet worden waren[29]. Neben Hitler wurde damit auch Himmler als oberster Gerichtsherr und Vollstrecker des NS-Regimes eingesetzt. So wurden in Köln-Ehrenfeld 13 Personen, darunter sechs »Edelweißpiraten«, am 10. November 1944 öffentlich und ohne Gerichtsurteil von der Gestapo hingerichtet[30]. Mit gleicher Absicht erfolgten im Januar 1945 weitere öffentliche Hinrichtungen von Regimegegnern in mehreren anderen Städten, die deutlich zeigten, dass das Regime nach wie vor auf jede mögliche Auflehnung sofort brutal reagierte.

Noch einmal kam es ansatzweise zu einer ähnlichen lokalen Destabilisierung des Regimes in Verbindung mit dem vorrückenden Gegner, als am 27. April 1945 in dem durch Luftangriffe schwer zerstörten München beherzte Offiziere unter Hauptmann der Reserve Dr. Rupprecht Gerngroß die »Freiheitsaktion Bayern« initiierten und den Versuch unternahmen, den bayrischen Reichsstatthalter, General a. D. Ritter v. Epp, zur Kapitulation der um München stationierten Wehrmachtstruppen zu zwingen. Es gelang Gerngroß und seinen Mitverschwörern, den Aufruf zur Kapitulation über den vorübergehend besetzten Freimanner Rundfunksender zu verbreiten und Verwirrung zu stiften, sodass mehrere Einheiten um München die Waffen niederlegten. Um jedoch nicht von dem nach wie vor intakten NS-Terror- und Verfolgungssystem unter NSDAP-Gauleiter Giessler und dem neuen NS-fanatischen Kampfkommandanten Generalleutnant Dr. Rudolf Hübner verhaftet und ermordet zu werden, mussten sie fliehen, sodass das Unternehmen insgesamt scheiterte, zumal Epp sich ihrer Aktion nicht anschloss[31].

Ebenso erfolglos verlief eine Aktion in Wien, wo Major Carl Szokoll, Stabsoffizier beim Festungskommandanten Wien, der schon am 20. Juli 1944 als Mitverschwörer Stauffenbergs eingeweiht gewesen war, gemeinsam mit Major Karl Biedermann, dem Leiter der Heeresstreife Groß-Wien, Hauptmann Alfred Huth und Oberleutnant Rudolf Raschke Anfang April 1945, als sich die Rote Armee der Donaustadt näherte, geheimen Kontakt mit den sowjetischen Truppen aufnahm, um ihnen eine Zusammenarbeit bei der Übergabe Wiens anzubieten und um Schonung der Stadt und insbesondere ihrer Versorgungsleitungen zu bitten. Der geplante Aufstand wurde jedoch entdeckt und verraten, sodass Biedermann, Huth und Raschke verhaftet, von einem SS-Standgericht am 8. April zum Tode verurteilt und gehängt wurden [32]. Major Szokoll konnte rechtzeitig untertauchen, bis die Rote Armee schließlich am 13. April in Wien eindringen konnte.

Zu vergleichbaren, teilweise erfolgreicheren lokalen Aktionen kam es auch in anderen Städten und Dörfern des westlichen Reichsgebietes, wo sich beherzte Bewohner und Bewohnerinnen gegen den von den Naziführern geforderten sinnlosen »Kampf bis zur letzten Patrone« auflehnten, um ihre Heimatstädte sowie ihr Hab und Gut vor totaler Zerstörung durch Kampfhandlungen zu retten [33].

Dass das Regime aber auch bis in die letzten Kriegstage hinein aktionsfähig blieb und mit der Duldung und Unterstützung seiner Terrormaßnahmen durch viele Helfer rechnen konnte, zeigen weitere im Zusammenhang mit Stauffenbergs Attentat ausgeführte Mord- und Terroraktionen der NS-Instanzen. So kam es noch im April 1945 zur Ermordung von mittlerweile verurteilten Widerstandskämpfern. Dabei wurden auch Hinrichtungen aufgrund willkürlich eingesetzter so genannter SS-Standgerichte in Konzentrationslagern vorgenommen, ohne dass die Angeklagten sich verteidigen konnten. Auf diese Weise wurden am 8. und 9. April 1945 Admiral Wilhelm Canaris, Generalmajor Hans Oster, der Chefrichter des Heeres Generalstabsrichter Dr. Karl Sack, Sonderführer Dr. Hans v. Dohnanyi, Hauptmann der Reserve Dr. Theodor Strünck, Hauptmann Dr. Ludwig Gehre und Dr. Dietrich Bonhoeffer ermordet [34].

Andere prominente KZ-Häftlinge konnten allerdings beim Transport zu ihren neuen Haftlagern oder Erschießungskommandos in Südtirol am 28. April 1945 von anrückenden Truppen der Alliierten aus der Gewalt der SS befreit werden – so z. B. Generaloberst a. D. Franz Halder, Reichsminister a. D. Dr. Hjalmar Schacht, General a. D. Georg Thomas, General a. D. Alexander Freiherr v. Falkenhausen, Österreichs Bundeskanzler a. D. Dr. Kurt Schuschnigg, Rechtsanwalt Dr. Josef Müller, Oberleutnant a. D. Fabian v. Schlabrendorff und zahlreiche weitere »Sippenhäftlinge« aus verschiedenen Familien der Hitlergegner [35]. Dagegen kam es noch im bereits umkämpften Berlin zwischen dem 20. und 23. April zur Ermordung weiterer im Zusammenhang mit dem 20. Juli 1944 Verurteilter oder Beschuldigter, als zahlreiche Gefangene aus Gestapo-Gefängnissen in den Straßen der Reichshauptstadt von SS-Bewachern willkürlich ermordet wurden[36].

Gerade solche Aktionen in den letzten Kriegswochen und in den Monaten seit dem 20. Juli 1944 geben deutlich Hinweise, dass sich eine »Widerstandsregierung Beck-Goerdeler-Leber« nach einem geglückten Staatsstreich schwerer Anfeindungen und Durchsetzungsschwierigkeiten hätte erwehren müssen. Denn insbesondere die große Mehrheit der jüngeren Generation hielt bis zuletzt loyal zu Hitler und folgte gläubig dem »Führermythos«. Es kann bezweifelt werden, dass sich eine Regierung Beck-Goerdeler-Leber 1944 im ganzen Reich hätte durchsetzen können. Möglicherweise wäre der deutsche Macht- und Herrschaftsbereich »in einander befehdete Teilgebiete zerfallen«[37]. Bedingt durch die seit Oktober 1944 betriebene Aufstellung des »Deutschen Volkssturms« in der Heimat wurden schließlich auch mögliche lokale und regionale kritische Widerstandspotenziale im Rahmen des militärischen Dienstes »neutralisiert« und gleichsam politisch aufgesogen. Sie standen für einen neuen Umsturzversuch gegen das NS-Regime nach dem 20. Juli 1944 nicht zur Verfügung, da sie erst einmal fest in militärische Gefolgschaftsverhältnisse eingebunden waren[38]. Die Widerstandsgruppen bildeten bis in die letzte Zeit des NS-Regimes eine winzige Bewegung, die nicht einmal ein Prozent der Bevölkerung umfasste und bis zum 8. Mai 1945 in einer fast hoffnungslosen Lage war. So ist es bezeichnend, dass z. B. im Zuchthaus Brandenburg-Goerden eingesperrte Hitlergegner, wie der KPD-Funktionär Erich Honecker, nach einer Flucht Anfang März 1945 kurz darauf sogar wieder freiwillig in das Zuchthaus zurückkehrten, weil sie aufgrund fehlender Solidarität durch die Bevölkerung und der lebensbedrohenden Schwierigkeiten außerhalb der Zuchthausmauern resignieren und vom lebensgefährlichen Aufbau einer neuen Widerstandsgruppe Abstand nehmen mussten[39]. Erst der militärische Einmarsch der Alliierten in West und Ost änderte die Grundstimmung entscheidend und schuf schließlich eine Basis für die Abwendung der deutschen Bevölkerung vom Nationalsozialismus.

10. Die Rezeption des »20. Juli 1944« und der Militäropposition gegen Hitler nach 1945: Von »Verrätern« zu Helden des Widerstands bis zur neuen kritischen Sicht einzelner Personen und politischer Ziele

Die historische Forschung im ehemaligen Westteil der Bundesrepublik Deutschland hat sich nach Kriegsende nur allmählich in mehreren Entwicklungsphasen und keineswegs geradlinig mit dem Widerstand gegen das NS-Regime als einem bedeutenden Phänomen der deutschen Geschichte zwischen 1933 und 1945 beschäftigt (vgl. dazu die Hinweise in den Bibliographien auf S. 252). Dabei stand die spezielle Beschäftigung mit der Militäropposition gegen Hitler von Anfang an unter besonders schweren Belastungen, da in den ersten Jahren nach dem Kriegsende das Vorhandensein einer deutschen Opposition von den Westalliierten zunächst tabuisiert und die Bedeutung des Attentats von Oberst Graf v. Stauffenberg am 20. Juli 1944 als das Werk einer ganz kleinen Offiziersgruppe abgetan wurde, die nur gehandelt habe, weil der Krieg verloren ging. Die Verschwörergruppe wurde als Teil des preußischen Junkertums abgetan, und gerade sie wollte man in den westlichen Besatzungszonen keineswegs verherrlicht sehen oder ihr eine besondere politische Bedeutung zumessen. Zudem waren Quellen für die historische Forschung schwer zugänglich. Die ablehnende Einstellung gegenüber den militärischen und nationalkonservativen Gegnern Hitlers wirkte lange nach. Einerseits hatte sich die Geschichtsschreibung mit dem Vorwurf des Landesverrates und der »Kriegsschuld« der Widerstandskämpfer aus nationalistischer, rechter Ecke auseinander zu setzen, und andererseits hatten die jeweils vorherrschenden politischen Tendenzen einen nicht unerheblichen Einfluss auf Zielsetzung und Würdigung in der Historiographie zum Widerstand, sodass die Widerstandsforschung nach 1945 in einem besonderen politischen Spannungsfeld stand, wie Peter Steinbach formuliert hat (Nr. 235).

Die ersten, aufgrund der angloamerikanischen Vorbehalte gegenüber der deutschen Militäropposition zum Teil noch im Ausland erschienenen deutschsprachigen Arbeiten, Niederschriften und Quelleneditionen über den Kampf gegen Hitler, wie die grundlegende Arbeit des in die USA emigrierten Historikers Hans Rothfels über »Die deutsche Opposition gegen Hitler« (Nr. 206) oder die Arbeit des Beteiligten Fabian v. Schlabrendorff über »Offiziere gegen Hitler« (Nr. 214) bemühten sich denn auch ebenso wie die Edition der Aufzeichnungen des ehemaligen deutschen Botschafters Ulrich v. Hassell insbesondere um den faktischen Nachweis des »Andern Deutschland« (Nr. 89) und um die Betonung der moralisch-ethischen Beweggründe der Hitlergegner im Gegensatz zu der damals bestehenden alliierten Kollektivschuldthese. Dabei standen Rehabilitierung und besondere Würdigung der militärisch-konservativen Hitlergegner ebenso im Mittelpunkt wie detaillierte Beschreibungen des Attentats von Claus Schenk Graf v. Stauffenberg am 20. Juli 1944, wie sie in der Studie von Dieter Ehlers über »Technik und Moral« des Attentats beschrieben wurden (Nr. 41). Den ethisch-moralischen Aspekt des Widerstandes als besonderes Motiv der Offiziere gegen Hitler betonten sowohl Eberhard Zeller in seiner Studie über den »Geist der Freiheit« von 1952/54 als auch Annedore Leber in ihren Sammlungen »Das Gewissen steht auf« und »Das Gewissen entscheidet« (Nr. 133, 134, 287).

Der mit militärischen Mitteln durchgeführte Umsturz- und Befreiungsversuch Stauffenbergs und seiner Offizierskameraden erhielt dadurch sehr früh symbolische Bedeutung für den gesamten Widerstandskampf gegen Hitler ab 1933. Er prägte entscheidend die Begriffsbestimmung von allgemeiner »Opposition« und gezieltem aktiven »Widerstand« gegen die NS-Herrschaft. Dabei blieb es nicht aus, dass es zumindest in der westdeutschen Forschung zur einseitigen Hervorhebung der militärisch-konservativen Widerstandsleistung kam und der Arbeiterwiderstand als Folge der politischen Situation während der bundesrepublikanischen Aufbauphase und des Kalten Krieges größtenteils verdrängt wurde oder unbeachtet blieb. Als Ergebnis stellte man in den Vordergrund, dass dem Widerstand der Militärs aus den höheren Kommandobehörden »ein größeres Gewicht« beizumessen sei, »weil unter den bestehenden Verhältnissen nur dieser Weg gewisse Erfolgsaussichten hatte«. Dagegen betrachtete man die historischen »Versuche der politischen Linken, einen Massenwiderstand ins Leben zu rufen«, sogar als »unverantwortlich«, wie Hans Mommsen kritisierte (Nr. 160, S. 23).

In Verbindung mit der legitimatorischen Absicht der Widerstandsgeschichtsschreibung bei der Errichtung der zweiten deutschen Demokratie nach 1949 kam es auch in den fünfziger und sechziger Jahren zur Hervorhebung des national-konservativen Teils der Widerstandsbewegung, wie die grundlegende Studie von Gerhard Ritter über Carl Goerdeler zeigte (Nr. 199), und zur Betonung der Militäropposition und des 20. Juli 1944. Die Tat Stauffenbergs galt als sichtbares Symbol für das »andere«, das bessere Deutschland. Zahlreiche biographische Arbeiten dienten gerade zu Beginn der Widerstandshistoriographie und auch in den 60er und 70er Jahren der besonderen Erinnerung an die Beteiligten des 20. Juli 1944, wie z. B. die biographischen Studien von Robert Boehringer, Christian Müller, Joachim Kramarz und Bodo Scheurig über Graf Stauffenberg (Nr. 16, 125, 170, 210), von Wolfgang Foerster, Hans Speidel, Gert Buchheit, Nicholas Reynolds und Klaus-Jürgen Müller über Generaloberst Ludwig Beck (Nr. 25, 56, 175, 176, 178, 198, 231), von Albert Krebs über Fritz-Dietlof Graf v. d. Schulenburg (Nr. 128), von Karl Heinz Abshagen und Heinz Höhne über Admiral Wilhelm Canaris (Nr. 1, 101, 102) zeigten. Dieses Bemühen prägte auch die Erinnerungsschriften von Hans Speidel und Friedrich Ruge über ihre Erfahrungen und Erlebnisse mit Generalfeldmarschall Rommel in Frankreich 1944 (Nr. 208, 230).

Dem zum Berliner Geschehen parallelen Ablauf der Ereignisse am 20. Juli 1944 in Paris und Wien widmeten sich die frühen Studien von Wilhelm Ritter v. Schramm (Nr. 224) und Ludwig Jedlicka (Nr. 113). Zum erfolgreichen Staatstreich in der besetzten französischen Hauptstadt als einem interessanten Sonderfall haben Bengt v. zur Mühlen und Frank Bauer erneut 1995 eine weitere umfassende Zusammenstellung als Begleitbuch einer Filmdokumentation herausgegeben (Nr. 167). Zu den Maßnahmen

Der Innenhof des Bendlerblocks, heute Gedenkstätte Deutscher Widerstand, in der Stauffenbergstraße.

im damaligen Wiener Wehrkreis erschienen erst neuerdings die Erinnerungen von Carl Szokoll (Nr. 247), der als Ib-Offizier im dortigen Wehrkreiskommando am 20. Juli 1944, wie mit den Verschwörern in Berlin abgesprochen, die »Walküre«-Maßnahmen durchzuführen hatte.

Die besondere Ausrichtung der Forschungen auf den 20. Juli 1944 hatte sich auch des Vorwurfs zu erwehren, dass die Offiziere um Stauffenberg nur deshalb gehandelt hätten, weil sie sahen, dass mit Hitler der Krieg verloren ging. Um den Nachweis zu erbringen, dass die Militäropposition nicht erst 1944 handelte, als deutlich war, dass Hitlers Kriegführung in die Niederlage führte, sondern dass schon vor und zu Beginn des entfachten Weltkrieges militärische Hitlergegner bereit waren, den Diktator zu stürzen, beschäftigten sich die Forschungsarbeiten von Erich Kosthorst, Kurt Sendtner und Helmut Krausnick mit dem Beginn der Militäropposition. In ihren mit offizieller Unterstützung 1954/1960 publizierten Studien (Nr. 123, 127, 228) standen Vorgeschichte und Umsturzüberlegungen des militärischen Widerstandes während der Sudetenkrise 1938 und im ersten Kriegsjahr 1939/1940 im Mittelpunkt. Seitdem sind die Staatsstreichplanungen der Militäropposition 1939/1940 als eine erste Phase des nationalkonservativen-militärischen Widerstandes gegen Hitler belegt. Ergänzende Forschungen zum Komplex Blomberg-Fritsch-Krise im Februar 1938 und zur »Verschwörung gegen den Krieg« 1939, bei denen militärische Hitlergegner in führender Position der Opposition gegen das NS-Regime standen, legte Harold C. Deutsch in zwei profunden Studien 1969 und 1974 vor (Nr. 35, 36).

Nach dem Abklingen des innerstaatlichen Harmonisierungsbedürfnisses in der Bundesrepublik kam es Mitte der sechziger Jahre zur Verbreiterung und Differenzierung des Widerstandsbegriffes. Die lange Zeit als »landesverräterisch« abqualifizierten Widerstandsaktivitäten von den nicht zur politisch-militärischen Elite zählenden kommunistischen und sozialdemokratischen Arbeitskreisen oder anderen Gruppen, die mit dem Ausland Kontakt hielten, wurden nun stärker beachtet und in die historische Forschung einbezogen. Zugleich wurden von Hans Mommsen und Hermann Graml die ersten kritischen Analysen der politischen Zukunfts- und Zielvorstellungen des Widerstandes vorgelegt (Nr. 76, 158, 221).

Seither gibt es nicht nur eine stärker kritische, sondern auch eine differenziertere Betrachtungsweise des Phänomens Widerstand, als sie noch den Studien der fünfziger Jahre zugrunde lag. Sie führte vor allem zu einer Revision der bislang positiven Urteile über die Motive und Verfassungspläne des militärisch-konservativen Widerstandes und zur Ausweitung des Widerstandsbegriffs. Neuere Gesamtdarstellungen über das Verhältnis zwischen Reichswehr, Wehrmacht und Hitler von Klaus-Jürgen Müller und Manfred Messerschmidt (Nr. 144, 174) machten schließlich den Anteil der Militärs am »Bündnis der Eliten«, wie es Fritz Fischer bezeichnet hat (Nr. 53), insbesondere für die Zeit der Errichtung der NS-Herrschaft und deren Konsolidierung von 1933 bis 1939 deutlich; denn gerade in dieser Phase hielten die führenden Militärs an ihrem Anspruch fest, sowohl »militärisch-professionelle als auch zugleich politisch-soziale Führungselite« (Nr. 183) zu sein, sodass sie nach 1933 gegenüber der NS-Führung eine Politik der politisch-ideologischen Öffnung praktizierten und erst allmählich über Fragen der Taktik, Methode und konkreten Ausgestaltung der NS-Außen- und Machtpolitik Differenzen entstanden. Die Standardwerke von Müller und Messerschmidt leiteten eine grundlegende Neubewertung der Rolle der bewaffneten Macht im Dritten Reich ein (Nr. 179, 181); sie ermöglichten genauere Analysen der nationalkonservativen Opposition auf ihrem Weg »von der Kooperation zum Widerstand« von 1933 bis 1939 (Nr. 181). Dadurch geriet das Bild vom durchgängigen Widerstand der Offiziere gegen Hitler vom Beginn der nationalsozialistischen Machtübernahme an bis 1944/45 ins Wanken. Vielmehr wurde eine »Teilidentität« bei den politischen Vorstellungen und Zielen führender Militärs und der NS-Führung betont, die es der militärischen Führungselite lange Zeit erschwerte, sich von der NS-Politik zu distanzieren.

Die sich bei der Erforschung des militärisch-konservativen Widerstandes ergebenden Schwierigkeiten in Bezug auf die Beurteilung der politischen Zukunftsvorstellungen wurden in Klaus-Jürgen Müllers zahlreichen Publikationen über Armee, Politik und Gesellschaft im Dritten Reich deutlich. Müller stellte die Rolle der bewaffneten Macht im Dritten Reich und die Formen des späteren militärischen Widerstandes in einen historischen Zusammenhang. Seine Arbeiten zeigen, dass nicht so sehr das Unmoralische und ethisch Anstößige der NS-Aktionen, sondern vielmehr der machtpolitische Aspekt der Militärelite das bewegende Motiv für eine Abwendung von Hitler war (Nr. 174, 177, 179, 181). Eine sorgfältige Beschreibung der Vorgeschichte des Staatstreichplanes und des Verlaufs des 20. Juli 1944 bot Peter Hoffmann in seinem grundlegenden Werk »Widerstand – Staatsstreich – Attentat«, das seit 1969 als mehrfach neu aufgelegtes Standardwerk zur Geschichte des Widerstandes gilt (Nr. 103).

Verstärkte Beachtung fanden in diesem Zusammenhang auch Interpretationen, die das unterschiedliche, vor allem zeitlich variierende Widerstandsverhalten einzelner Akteure – wie z. B. von Admiral Canaris und Generaloberst Beck – betonten (Nr. 101, 175). Gerade für die Fragestellung, inwieweit einzelne Militärs durch ihr früheres Wirken und ihre politischen Überzeugungen in der Zeit vor dem Zweiten Weltkrieg als Mitarbeiter und Träger der Hitlerschen Kriegspolitik sowie als Angehöriger der Machtelite zu bezeichnen sind, nimmt Generaloberst Ludwig Beck in seiner Funktion als langjähriger Generalstabschef des deutschen Heeres bis 1938 und als späterer militärischer Kopf des Widerstandes eine besondere Rolle ein – in geringerem Maß auch sein Nachfolger Generaloberst Franz Halder (Nr. 87, 259). Die wissenschaftliche Beschäftigung mit Beck erfolgte lange Zeit unter dem Anspruch eines von Beginn an engagierten Gegners von Hitler und dessen Außenpolitik. Klaus-Jürgen Müller hat schon 1972 die Schwierigkeiten einer Beurteilung Becks als »General zwischen Wilhelminismus und Nationalsozialismus« deutlich gemacht (Nr. 175). In seiner grundlegenden biographischen Studie über Beck hat er zudem den Anstoß gegeben, das militärisch-professionelle Wirken der Generalität stärker im Geflecht der Zusammenarbeit traditioneller, nationalkonservativer Führungseliten mit dem NS-Staat zu betrachten. Seine Arbeiten über Generaloberst Beck sind als wichtige Beiträge zur Diskussion über die Kontinuitätsproblematik für die Militär- und Außenpolitik des Deutschen Reiches anzusehen. Dagegen hat Peter Hoffmann die Widerstandshaltung bei Beck schon für die Jahre 1933 bis 1938 stärker betont und hervorgehoben, dass der General »gegen den Krieg überhaupt« gewesen sei (Nr. 107). Durch die kritischen biographischen Betrachtungen verlor die Militäropposition gegen Hitler ihren monumentalen Charakter; dies macht zukünftig eine Überprüfung in jedem Einzelfall erforderlich. Der differenzierende Ansatz verband denn auch die Widerstandsforschung mit der Debatte über das Problem von Kontinuität und Diskontinuität in der deutschen Geschichte, wie sie in der Geschichtswissenschaft der Bundesrepublik Deutschland seit Anfang der sechziger Jahre geführt wurde. Eine Zwischenbilanz zog Hans Schultz 1974 in seinem Sammelband zum 20. Juli 1944 als Alternative zu Hitler (Nr. 225).

Die im Anschluss daran gewonnene Erkenntnis, dass das »Dritte Reich« trotz Hitlers »Führerwille« und »Führerposition« keineswegs einen monolithischen Block darstellte, sondern von mehreren politischen Kräften und Machtzentren getragen wurde (Nr. 100), ließ der partiellen und zeitlichen Einbindung von Angehörigen der Militäropposition in das NS-Herrschaftssystem eine besondere Bedeutung zukommen. Konservative Überzeugungen mit ihren Orientierungen auf alte Ordnungen und Ideale, wie sie exemplarisch in der Publikation der unvollendeten Aufzeichnungen Ulrich v. Hassells in der Haft 1944 über seinen Lebensweg und Werdegang bis 1930 oder in der Studie von Karl-Heinz Janssen und Fritz Tobias über den »Sturz der Generale« in der Blomberg-Fritsch-Krise 1938 deutlich werden (Nr. 91, 112), schlossen eine »Teilidentität der Interessen« mit dem Nationalsozialismus keineswegs aus. Gerade die 1994 veröffentlichten, über Haftzeit und Krieg hinweggeretteten autobiographischen Aufzeichnungen des ehemaligen Botschafters in Rom zeigen die Gegensätzlichkeit der politischen Wertvorstellungen konservativer Politiker und Offiziere zum Unrechtsdenken bzw. -handeln der Nationalsozialisten. Allerdings konnte die »Teilidentität« der politischen Ziele auch bis zur Verstrickung einzelner Hitlergegner in verbrecherische Aktionen der kriminellen Staatsführung führen, zumal die Mitverantwortung und Teilhabe einzelner Wehrmachtsbereiche an den NS-Kriegsverbrechen im Osten nach dem Überfall auf die Sowjetunion am 22. Juni 1941 allgemein beschrieben wurden. Detaillierte Belege bieten mittlerweile die zwei Begleitbände zu den beiden Wehrmachtsausstellungen des Hamburger Instituts für Sozialforschung (Nr. 85, 92).

Dass die »Teilidentität der Ziele« es insbesondere auf außenpolitischem Gebiet sehr schwierig machte, entsprechende Kontakte von militärisch-konservativen Widerstandskreisen zu den westlichen Demokratien herzustellen, belegten die Studien von Klemens v. Klemperer und Ulrich Schlie über die Auslandskontaktversuche vor und nach Beginn des Zweiten Weltkrieges (Nr. 120, 216). Wie schwierig es ist, eine zeitgerechte Bewertung der Konspiration mit ausländischen Regierungen vorzunehmen, zeigte die von Romedio Graf v. Thun-Hohenstein verfasste Lebensbeschreibung von Generalmajor Hans Oster (Nr. 248, 249, 250). Die Bedeutung Osters als eines der entschiedensten und bis zu seiner Ermordung am 9. April 1945 entschlossensten Hitlergegners sowie seine frühe Widerstandshaltung gegen Hitler werden zudem in den SD-Berichten des Reichssicherheitshauptamtes dokumentiert, die als »Spiegelbild einer Verschwörung« von Hans-Adolf Jacobsen neu ediert worden sind (Nr. 111). Oster kann zweifellos als treibende Kraft der Militäropposition um General Beck und Admiral Canaris in der ersten Kriegshälfte gelten. Inzwischen werden auch die früher gelegentlich als »Landesverrat« umstrittenen und von Oster vom Oktober 1939 bis zum Mai 1940 an den holländischen Militärattaché gemachten geheimen Mitteilungen über die deutschen Angriffstermine im Westen als aus einer »übergreifenden Verantwortung« vorgenommene Widerstandsaktion positiv eingeordnet (Nr. 10, 75).

Die Untersuchungen der unterschiedlichen Bedeutung von Militär und Arbeiterschaft für die Widerstandsbewegungen wurden auch auf dem 32. Historikertag im Oktober 1978 in Hamburg behandelt. Dabei konnte man auf kritische Arbeiten der vorangegangenen Jahre über die politischen Absichten und Konzeptionen einzelner Widerstandskreise zurückgreifen. Noch im Vorfeld dieses Historikertages hatte sich insbesondere Klaus Hildebrand um eine zeitgemäße Einordnung und gerechte Interpretation der politischen Ziele bemüht. In seinem Beitrag über die »ostpolitischen Vorstellungen im deutschen Widerstand« (Nr. 97) warnte er vor einer die historischen Rahmenbedingungen außer Acht lassenden, eilfertigen und überaus kritischen Beurteilung des militärisch- und bürgerlich-konservativen Widerstandes. Er äußerte dabei die Sorge, der Akzent der Widerstandsforschung könne sich allzu sehr auf Darstellungen des linken Widerstandes verschieben, sodass das Gewicht des nationalkonservativen Widerstandes für den einzigen in die Tat umgesetzten Umsturzversuch am 20. Juli 1944 nicht mehr genügend berücksichtigt werde.

Die danach publizierten Untersuchungen zur Opposition gegen Hitler zeigten jedoch, dass solche Befürchtungen nicht zutrafen. Die Erforschung der Aktivitäten des militärisch-konservativen Widerstandes bildete auch weiterhin einen Schwerpunkt der Historiographie. Dies machten insbesondere die zum 40. Jahrestag des 20. Juli 1944 wiederaufgelegten Publikationen von Gerhard Ritter, Fabian v. Schlabrendorff, Heinz Höhne, Rudolf Lill und Heinrich Oberreuter (Nr. 101, 136, 199, 214), ferner die in zeitlicher Nähe dazu veröffentlichen Arbeiten von Rainer A. Blasius und Romedio Graf v. Thun-Hohenstein sowie der zur Ausstellung des Militärgeschichtlichen Forschungsamtes »Der militärische Widerstand gegen Hitler und das NS-Regime 1933–1945« herausgegebene Ausstellungskatalog und Vortragsband deutlich (Nr. 6, 14, 152, 248). Ebenso hatten Untersuchungen über die politisch-moralischen Motive nach wie vor einen festen Platz im Forschungsfeld über die Militäropposition (Nr. 103, 104, 109). Dies kam auch in dem von Huberta Engel im Auftrag der Forschungsgemeinschaft 20. Juli e.V. neu herausgegebenen Sammelband »Deutscher Widerstand – Demokratie heute« zum Ausdruck, in dem auch die Widerstandsgruppe der Militärs behandelt wurde (Nr. 42).

Die vielfach vorgelegten kritischen Forschungsansätze haben das Bild von einer permanenten und unerschütterlichen Militäropposition von der ersten bis zur letzten Stunde verblassen lassen. Es kann mittlerweile kein »Schönheitsfehler« in der Biographie eines konservativen militärischen Hitlergegners mehr sein, anfängliche Zustimmung, Mitverantwortung und Anpassung oder auch Fehleinschätzung des NS-Regimes nach 1933 als Schwächen und Irrtümer beim Namen zu nennen, wie dies in den von Rudolf Lill und Heinrich Oberreuter neu herausgegebenen »Porträts des Widerstands« (Nr. 136) und in den biographischen Arbeiten von Ulrich Heinemann über Fritz-Dietlof Graf v. d. Schulenburg (Nr. 94), Gregor Schöllgen über Ulrich v. Hassell (Nr. 222) und von Marianne Meyer-Krahmer über ihren Vater Carl Goerdeler (Nr. 150) dargestellt wird. Mehrere Biographien über militärische Führerpersönlichkeiten – wie zum Beispiel die Studien von David Irving über Rommel, Bodo Scheurig über v. Tresckow sowie Heinrich Bücheler über Hoepner und v. Stülpnagel (Nr. 23, 24, 110, 212) – konstatierten die schon erwähnte »Teilidentität der politischen Ziele« als Ursache für das Mitwirken an herausragender Stelle als Funktionär der militärischen Elite des »Dritten Reiches« oder für das lange Zeit bestehende Zögern und Zaudern einzelner Hitlergegner, wenn es darum ging, sich gegen den »Führer« zu stellen oder das Hindernis des Soldateneides gegenüber dem Diktator zu überwinden, um sich an einem Staatsstreich gegen Hitler zu beteiligen. Auch die Widerstandshaltung einzelner Offiziere muss folglich im Spannungsverhältnis zwischen prinzipieller Opposition und partieller Bereitschaft zu Anpassung und Mitwirkung gesehen werden. Insofern ist der Widerstand »in seiner Polarität als Antinomie zur Diktatur Hitlers, aber auch als Teil der Geschichte des Dritten Reiches und seines Ortes innerhalb der modernen deutschen Geschichte« darzustellen, wie es Klaus Hildebrand formuliert hat (Nr. 98, S. 186).

Es ist heute kaum noch möglich, den nationalkonservativen und militärischen Widerstand insgesamt als direkten Vorläufer der freiheitlich-demokratischen Grundordnung und liberalen Gesellschaftsform der Bundesrepublik darzustellen oder ihn als Verbindungsglied zwischen der Weimarer Republik und der heutigen Republik zu betrachten. Derartige Versuche laufen nach dem Urteil von Hans Mommsen auf »eine tendenzielle Fehlbeurteilung« hinaus und wären eine »unangemessene Inanspruchnahme des Vermächtnisses der deutschen Opposition« für die Bundesrepublik Deutschland (Nr. 159). Ebenso ist es ein fragwürdiger Versuch, Teilbereiche oder Einzelpersönlichkeiten des Widerstandes wie etwa Graf Stauffenberg entweder für das politische Legitimationsbedürfnis der ehemaligen beiden deutschen Teilstaaten zu instrumentalisieren, wie dies in besonderem Maße in der Historiographie der DDR geschah, worüber insbesondere Kurt Finker entsprechende Berichte vorgelegt hat (Nr. 19, 48, 49, 51), oder aus bundesrepublikanischer Sicht als »Symbol der deutschen Einheit« (Nr. 269) hinzustellen. Zwar fühlte sich Stauffenberg für das »ganze Deutschland« als »das Reich« verantwortlich, doch konnte er sich kaum konkret eine Ost-West-Teilung des deutschen Vaterlandes vorstellen, wie sie dann von 1949 bis 1990 bestand. Den patriotischen Aspekt betonte Wolfgang Venohr auch zu sehr in seiner 1994 als »dokumentarische und szenerische Rekonstruktion« angelegten Beschreibung des »Weges zum 20. Juli 1944« (Nr. 270).

Die DDR-Historiographie machte es sich früher leicht, die vielfältigen Erscheinungsformen des Widerstandes mittels pauschaler Bewertungen und grober Einteilung in »progressiv« und »reaktionär« einzuordnen. Wie leicht dadurch ein ganzer Widerstandskreis der Schwarzweißmalerei während des Kalten Krieges zum Opfer fiel, haben vielfältige Publikationen in Ost und West über die »Rote Kapelle« gezeigt. Dass es sich bei diesem Kreis um Arvid Harnack und Harro Schulze-Boysen um eine breit gestreute, aus fast allen sozialen Schichten – auch aus der Wehrmacht – stammende Widerstandsgruppe handelte, hat neben den Arbeiten von Peter Steinbach, Johannes Tuchel und Jürgen Danyel (Nr. 30, 32, 236, 252, 253, 254) auch Hans Coppi mit seiner Dissertation und weiteren Arbeiten sowie Elsa Boysen mit ihrem Buch über den Luftwaffen-Oberleutnant Harro Schulze-Boysen dokumentiert (Nr. 18, 31, 32). Zur Gruppe um Schulze-Boysen zählte zum Beispiel auch der Luftwaffen-Oberst Erwin Gerths. Beeindruckend ist gerade die Offenheit und Entschlossenheit, mit der Schulze-Boysen und andere Mitverschwörer nach der Festnahme im vollen Bewusstsein der Todesgefahr ihren Kampf gegen das NS-Regime bekannten (Nr. 33).

Schon in den letzten fünf Jahren vor dem Ende des DDR-Staates kam es allerdings zu differenzierteren und neuen Einschätzungen des »antifaschistischen Kampfes« gegen Hitlers Herrschaft, denn die SED-Führung akzeptierte ab 1984 die Bestrebung, »alle Personen und Sachverhalte des deutschen Widerstandskampfes« zu erfassen und ordnete endlich zum 40. Jahrestag des 20. Juli 1944 das Attentat Stauffenbergs dem antifaschistischen Widerstand zu, wie der Bericht zweier DDR-Historiker in der damaligen Parteizeitung (Nr. 79) und insbesondere die mehrfach aufgelegte biographische Studie des Potsdamer Historikers Kurt Finker über Stauffenberg und die Arbeit desselben Autors über den Kreisauer Kreis dokumentierten (Nr. 45, 46). Die besondere Heraushebung des Widerstandes der Kommunisten blieb allerdings bestehen. Erst nach dem Sturz des SED-Regimes begannen 1990 verstärkte, sowohl von der Parteidoktrin nicht mehr beeinflusste als auch teilweise offizielle Versuche, die lange Zeit vorgenommene Reduzierung des deutschen Widerstandes allein auf den kommunistischen Teil aufzuheben und die Offiziere des 20. Juli 1944 ebenso als »traditionsbindend« und »geschichtsträchtig« zu erschließen (Nr. 137, 139).

Aufgrund der Forschungsergebnisse beider deutschen Historiographien über den Widerstand gegen Hitler macht es heute Mühe, einzelne Angehörige der Militäropposition gleichsam heroisiert als konsequente Widerstandskämpfer von der ersten Stunde des Dritten Reiches an und als strahlende Helden zu verehren. Gleichwohl gibt es immer noch derartige Bemühungen, wie dies auch in der Biographie Generaloberst Hoepners durch Heinrich Bücheler anklingt (Nr. 23). Die historische Forschung vermag allerdings zu zeigen, dass die sich erst allmählich herausbildende Distanz zum NS-Regime in vielen Fällen als Fachkritik einsetzte, die zunächst nicht an den Grundfesten des diktatorischen Systems rüttelte, vielmehr dieses sogar effizienter machen wollte. Nur wenige Offiziere, wie z. B. Hans Oster, erkannten früh den Diktator als Kern des Übels und fassten ebenso frühzeitig den unumstößlichen Entschluss, einen gewalttätigen Sturz Hitlers und seines Regimes konsequent zu planen und anzustreben.

Dieser Befund schmälert jedoch keineswegs Mut und Motivation der militärisch-konservativ geprägten Oppositionsgruppe in ihrem Kampf gegen das Unrechtsregime der Nationalsozialisten während des Krieges. Es ist deshalb auch zu Recht von Klaus-Jürgen Müller und Hans Mommsen darauf hingewiesen worden, dass mit der veränderten Betrachtungsweise, deren Mittelpunkt eben nicht allein die Suche und Frage nach dem »Aufstand des Gewissens« ist, »durchaus keine Abwertung« verbunden oder gar beabsichtigt ist (Nr. 187). Es kommt vielmehr darauf an, der früheren, vereinfachten Heroisierung und Monumentalisierung das differenzierte Erscheinungsbild und die Komplexität des deutschen Widerstandes entgegenzusetzen; es kann dabei nicht um Wunschbilder gehen, sondern um das Erkennen der historischen Realität, wie dies auch von der neuen Ausstellung des Potsdamer Militärgeschichtlichen Forschungsamtes anlässlich der Eröffnung in Kiel 1999 kritisch gefordert worden ist (Nr. 153).

Über die Vielfalt und Komplexität des Widerstandes informierten zum 50. Jahrestag des 20. Juli im Sommer 1994 sehr gut einige neu herausgegebene und ergänzte Gesamtdarstellungen und umfangreiche Sammelbände wie von Ger van Roon und Herrmann Graml (Nr. 77, 204) sowie die von Jürgen Schmädeke, Peter Steinbach und Johannes Tuchel herausgegebenen Tagungsbände; der eine erschien als Neuausgabe und Fazit eines anlässlich des 40. Jahrestages des 20. Juli 1944 in Berlin durchgeführten internationalen Symposiums (Nr. 217), der andere präsentierte die Forschungsergebnisse in einem umfangreichen Sonderband der Bundeszentrale für politische Bildung zum 50. Jahrestag (Nr. 243). Dazu ergänzend veröffentlichen Peter Steinbach und Johannes Tuchel zahlreiche Zeugnisse des Widerstands als »historisches Lesebuch« (Nr. 244). Einen ähnlichen Überblick bot das 1994 von Wolfgang Benz und Walter H. Pehle zusammengestellte »Lexikon des deutschen Widerstandes«, zu dem man eine auf die Länder Europas und Einzelpersonen bezogene Ergänzung in dem von Peter Steinbach und Johannes Tuchel herausgegebenen »Lexikon des Widerstandes 1933–1945« findet (siehe dazu die Hinweise auf die Lexika auf S. 252).

Mehrere Neuausgaben und neu kommentierte Editionen von Quellen bieten seit dem 50. Jahrestag – ergänzend zu älteren Quellenpublikationen wie den Groscurth-Tagebüchern (Nr. 80) – für die Darstellung sowohl der Vielfalt innerhalb des Widerstandes als auch der Rigorosität und tief empfundenen Abscheu vor dem Terrorregime der Nationalsozialisten eine breitere Basis als früher. Dies ermöglichen außer dem seit 1967 vorliegenden Standardwerk über den »Kreisauer Kreis« von Ger van Roon (Nr. 201) und dem Bericht des mitbeteiligten ehemaligen Reserveoffiziers Theodor Steltzer (Nr. 246) insbesondere die von Beate Ruhm v. Oppen in erweiterter Form neu aufgelegten »Briefe an

Freya« von Helmuth James Graf v. Moltke, der Zentralfigur des »Kreisauer Kreises«, sowie der Nachdruck von dessen gesammelten Briefen als »Anwalt der Zukunft« (Nr. 154, 190) und die von Horst Mühleisen erstmals umfassend herausgegebenen Briefe von Hellmuth Stieff in vortrefflicher Weise (Nr. 163, 164). Sie lassen nicht nur die persönlichen Widerstandsmotive der Briefschreiber, sondern auch die Gründe hervortreten, »warum viele der hohen Beamten, Militärs, Diplomaten, Geschäftsleute und Intellektuellen über verstohlene Kritik an den innenpolitischen Zuständen im Dritten Reich und an der wachsenden moralischen Verwilderung nicht hinauskamen und nicht die innere Energie aufbrachten, sich dem Dienst für das Regime zu entziehen«, wie Hans Mommsen im Geleitwort zur Neuedition der Hassell-Tagebücher festhielt (Nr. 90, S. 12). Dagegen sind die tatbereite Widerstandshaltung und das ständige Bemühen um Gleichgesinnte von Adam v. Trott zu Solz und von Graf Stauffenberg ein beispielhafter und deutlicher Beweis für das gleichwohl in Diplomatenkreisen und im Offizierskorps vorhandene Widerstandspotenzial und die sich daraus ergebende Energie, sich aus tiefer, grundsätzlicher Überzeugung gegen den Nationalsozialismus zu stellen, wie Claritta von Trotts Lebensbeschreibung ihres Mannes bezeugt (Nr. 251).

Das »Dilemma der deutschen Militäropposition« offenbarte sich sehr deutlich bei den von Hitler herbeigeführten Kriegen gegen Polen am 1. September 1939 und gegen die Sowjetunion ab 22. Juni 1941. In beiden Fällen kam es nicht zu ernsthaften und nachhaltigen Widerstandsaktionen, obwohl man innerhalb der Militäropposition keineswegs von der Richtigkeit der Hitlerschen Angriffsentschlüsse überzeugt war. Als der Diktator am 31. August 1939 seinen endgültigen Befehl zum Angriff auf Polen gab, unterblieb die »Kraftprobe auf Biegen und Brechen« zwischen ihm und seinen politischen Gegnern im militärisch-konservativen Lager, wie in einer kleinen Studie über das besondere Dilemma der deutschen Militäropposition dokumentiert ist (Nr. 257). Biographische Arbeiten über einzelne bedeutende Offiziere und Generale verdeutlichen das Fazit: Es gab damals innerhalb der Militäropposition keinen Konsens über den Standpunkt von Admiral Canaris und Oberst Oster, die beide der

Überzeugung waren, es fehle für den Überfall auf Polen »jede sittliche Grundlage« (Nr. 257, S. 10). Mehrheitlich herrschte vielmehr auch in Widerstandskreisen die Ansicht, die »Polenfrage« müsse »ja einmal gelöst werden«, wie es der zum militärischen Widerstandskreis zählende General Hoepner formulierte.

Und obwohl man in diesen Kreisen ein Jahr später auch den »Sinn« des Krieges gegen die Sowjetunion nicht erkennen konnte, wie es Generalstabschef Halder trotz seiner ambivalenten Haltung gegenüber Hitler kritisch formulierte (Nr. 87, 259), war man im Frühjahr und Sommer 1941 sogar bereit, Hitlers rassenideologisch motivierten Vernichtungskrieg im Osten mitzutragen und in entsprechenden Befehlen gleichsam die Basis dieses Kampfes um »Lebensraum im Osten« zu liefern, wie mehrere Arbeiten zum Beginn des »Unternehmens Barbarossa« und auch zum weiteren Vernichtungskrieg im Osten nachgewiesen haben (Nr. 256). Einzelne Generale und Offiziere wie Oster, Canaris, v. Witzleben und v. Stülpnagel, denen schon vor Kriegsbeginn die verhängnisvollen Auswirkungen der Hitlerschen Außen- und Machtpolitik bewusst wurden und die bereits damals den gewaltsamen Sturz des Diktators anstrebten, um den Krieg zu verhindern, und die diese Anti-Hitler-Einstellung auch in der Zeit der deutschen Siege bis 1942/43 beibehielten, bildeten die Ausnahme (Nr. 184). Gerade biographische Arbeiten über »Hitlers Generalstabschef«, Generaloberst Franz Halder, bezeugen die aktive Teilhabe und schuldhafte Verstrickung sowie Verantwortung der höheren Armeeführung als Ausführungsorgan des totalitären Herrschaftsanspruches im Rahmen der verbrecherischen Kriegführung des NS-Regimes im Osten ab 1941 (Nr. 87, 259).

Zweifellos ist auch das politische Bemühen einiger Diplomaten des deutschen Auswärtigen Amtes, die vertragsgemäßen freundschaftlichen Beziehungen zur Sowjetunion in der Zeit von 1939 bis 1941 zu pflegen, kein »Diplomatischer Widerstand gegen das Unternehmen Barbarossa« gewesen. So konstatierte Ingeborg Fleischhauer, dass bei dem deutschen Botschafter in Moskau, Graf v. d. Schulenburg, »jene letzte verbale Aufrichtigkeit« fehlte, die sein Handeln auch nach außen als Widerstand gegen das Hitler-Regime erkennen ließ (Nr. 54, 55). Wie eine Detailstudie belegt, orientierte sich die Haltung deutscher militärischer

Widerstandskreise gegenüber der Sowjetunion überwiegend an den antibolschewistischen Vorstellungen und Kreuzzugs-Ideen sowie militanten Feindbildern, wie sie von der NS-Propaganda vor 1939 und ab 1941 besonders betont und gefördert wurden (Nr. 260). Erst das Scheitern des »Unternehmens Barbarossa« und die Erkenntnis über die schweren Verbrechen im Osten vergrößerten dann wieder die Distanz zum Regime bei einem Teil des Offizierkorps an der Ostfront.

Es bedeutete für die militärischen Widerstandskreise einen schweren Rückschlag ihrer Bemühungen, vielfältige in- und ausländische Kontakte zu knüpfen sowie über die Stimmung der Bevölkerung gegenüber dem NS-System ausreichend informiert zu sein, als im Zusammenhang mit einem Ermittlungsverfahren wegen Devisenverstößen im Frühjahr 1943 der Abwehr-Mitarbeiter Hans v. Dohnanyi festgenommen und Generalmajor Oster im Amt Ausland/Abwehr entlassen wurden. Über diesen »Fall Dohnanyi« und die Verkettung zahlreicher unglücklicher Umstände, die der NS-Justiz und SS-Willkür zum Schlag gegen die militärischen Verschwörer in der Abwehr verhalfen und gleichsam das Ende der Widerstandsgruppe unter Admiral Canaris und General Oster zur Folge hatten, informiert vortrefflich die 1991 publizierte juristische Dissertation von Elisabeth Chowaniec (Nr. 29). Aufgrund umfangreicher Auswertungen von Nachlassunterlagen konnte die Autorin den zweifelhaften Wert der Akten der Nachkriegsprozesse darlegen. Sie wies darauf hin, dass die Prozessmaterialien keinesfalls unkritisch und singulär als aussagekräftige Quellen für den Widerstand herangezogen werden sollten, da sonst die negative und diffamierende Darstellungsweise der NS-Verfolger und -Richter fortgeschrieben würde. Zum gezielten oppositionellen und humanitären Wirken von Hans v. Dohnanyi, Dietrich Bonhoeffer, Wilhelm Canaris und Hans Oster für einzelne Opfer der nationalsozialistischen Judenverfolgung ab Herbst 1942 legte schließlich Winfried Meyer seine 1992 abgeschlossene Dissertation über das »Unternehmen Sieben« als gelungenes Forschungsergebnis vor (Nr. 148). Derselbe Autor publizierte ferner einen Sammelband zum Verbleib und zur Ermordung Hans v. Dohnanyis und seiner Mitverschwörer durch die SS im KZ Sachsenhausen 1945 (Nr. 149).

In den ersten Untersuchungen nach 1945 hatte die »Lösung der Eidfrage« für den Soldaten und Offizier einen breiten Raum bei der Darstellung der Widerstandsprobleme eingenommen. Insbesondere vor dem Hintergrund der befreienden »Vollmacht des Gewissens« (Nr. 272) jedes einzelnen Hitlergegners angesichts der von der NS-Führung verübten Verbrechen konnte die früher und häufig hoch eingeschätzte Eidfrage besser eingestuft und »befreiend« überwunden werden. Sie hat in neueren Publikationen zum militärischen Widerstand – wie die Studien von Friedrich Georgi über seinen Schwiegervater General Olbricht (Nr. 66, 67) und von August Graf v. Kageneck über seinen Regimentskameraden Major Roland v. Hösslin (Nr. 117) verdeutlichen – nur noch insofern Bedeutung, als allgemein anerkannt wird, dass der Umsturz- und Befreiungsversuch des 20. Juli 1944 keineswegs »falsch und zu spät«, wie Otto John missverständlich formulierte (Nr. 116), sondern zu Recht erfolgte, dass die Verschwörer gleichsam ohne Rücksicht auf den Eid »das Letzte gewagt« haben, um Deutschland von einer kriminellen Staatsführung und SS-Willkür zu befreien und vor dem totalen Untergang zu bewahren (Nr. 66). Wie wichtig dem Widerstandkreis um Olbricht und Stauffenberg der Einsatz für die persönliche Freiheit des Einzelnen aus christlicher Grundhaltung heraus war, zeigte die Biographie von Helena P. Page über General Friedrich Olbricht (Nr. 192). Ihr gelang es, die Position und den Anteil von General Olbricht im Widerstandskreis und beim Handeln am 20. Juli 1944 in der Bendlerstraße deutlicher herauszuarbeiten, als dies bislang geschah.

Im Gegensatz zu manchen unkritischen Darstellungen über den militärisch-politischen Verlauf des Zweiten Weltkrieges wird in der Historiographie zum Widerstand meist mit sehr deutlichen Worten das Versagen prominenter Feldmarschälle und Heerführer dargestellt, die sich stets von neuem von Hitlers Suggestionskraft und Überredungsvermögen blenden ließen oder die – wie im Falle des Feldmarschalls v. Manstein – aufgrund abwartender und gegenüber dem »Führer« loyaler Haltung davor zurückschreckten, sich an die Spitze der Verschwörung oder ihr wenigstens zur Verfügung zu stellen. Dies hat für Manstein dessen früherer Ordonnanzoffizier, Alexander Stahlberg, detailliert beschrieben. In seinem Lebensbericht stellt er sehr anschaulich die Bedenken und Loyalitätshaltung Mansteins vor (Nr. 233). Umso unverständlicher erscheint es der kritischen Öffentlichkeit und Forschung, dass gerade dieser Heerführer, der ebenso wie die Feldmarschälle Wilhelm Ritter v. Leeb und Hans-Günther v. Kluge eine unrühmliche Rolle beim Empfang von Hitlers Dotationen und Geschenken an seine Elite einnahm (Nr. 268), dennoch nach 1945 für Traditionszwecke in Anspruch genommen wurde. Überliefert ist die Verbitterung von Stauffenbergs Mitverschwörer, Henning v. Tresckow, der – 1944 selbst zum Generalmajor befördert – nicht verstehen konnte, dass ein Teil seiner Generalskameraden seine »Pflicht nur in der Erfüllung der ihnen erteilten Befehle sah«, wie Fabian v. Schlabrendorff in seiner Erinnerungsschrift 1979 nochmals festhielt (Nr. 215).

Vor dem Hintergrund dieser Kritik und der Beobachtung, dass insbesondere jüngere Offiziere wie die Brüder Georg und Philipp Freiherrn v. Boeselager, Axel Freiherr v. dem Bussche-Streithorst, Rudolf-Christoph Freiherr v. Gersdorff, Ewald Heinrich v. Kleist und Eberhard v. Breitenbach zum persönlichen Einsatz und Opfer für ein Attentat auf Hitler bereit waren, hat Wolfgang Schieder 1986 den verdienstvollen Versuch unternommen, das widersprüchliche Verhalten der Militäropposition anhand von Generationsunterschieden und unterschiedlichen Erlebnissen mit der Trennung in eine ältere Generalsgruppe und eine jüngere, das Offizierkorps vom Leutnant bis zum Oberst umfassende Generation zu erklären (Nr. 213). Wie ausschlaggebend für diese jüngere Widerstandsgeneration die persönlichen Freundschafts- und Verwandtschaftsbeziehungen waren, dokumentierte Detlef Graf v. Schwerin in seiner Studie über Albrecht v. Kessel, Eduard Brücklmeier, Fritz-Dietlof Graf v. d. Schulenburg, Peter Graf Yorck v. Wartenburg, Botho v. Wussow und Ulrich-Wilhelm Graf Schwerin v. Schwanenfeld (Nr. 226). Diese aufschlussreiche »Gruppenbiographie« des jüngsten Sohnes des am 8. September 1944 von den Nationalsozialisten hingerichteten Grafen Ulrich-Wilhelm v. Schwerin erschien auch mit dem Schwerpunkt auf den Ereignissen nach der Schlacht von Stalingrad in überarbeiteter und gekürzter Version als neu aufgelegte Publikation über »Die Jungen des 20. Juli 1944« (Nr. 227).

Auf vergleichbare Weise wie v. Schwerin hat Peter Hoffmann mit seiner beeindruckenden sorgfältigen Publikation über »Claus Schenk Graf v. Stauffenberg und seine Brüder« eine Stauffenbergsche »Gruppenbiographie« vorgelegt (Nr. 106). In der umfassenden und detailreichen Untersuchung analysiert der in Montreal lehrende Historiker die prägenden Faktoren für die humanitären und antitotalitären Vorstellungen von Claus, Berthold und Alexander v. Stauffenberg. Als entscheidende Einflüsse und Antriebskräfte für ihre Widerstandshaltung nennt er die schwäbisch-adelige Familientradition, das Wissen und die Kenntnis der klassischen Antike sowie die Zuneigung zur Dichtung des 19. und 20. Jahrhunderts im Kreis um Stefan George. Es ist sowohl das Verdienst von Peter Hoffmann als auch von Eberhard Zeller, der als schon lange ausgewiesener Sachkenner des 20. Juli 1944 ebenfalls eine Stauffenberg-Biographie publiziert hat (Nr. 288), auf die besondere Prägung der Brüder Stauffenberg durch Stefan George, die schon in frühen Studien ansatzweise skizziert wurde, wieder deutlich hingewiesen zu haben. Denn sie kann zusätzliche Erklärungsmöglichkeiten für Stauffenbergs festen »Weg zur Tat« am 20. Juli 1944 bieten. Hoffmanns besondere Leistung für den Kenntnisstand und das Wissen über den deutschen Widerstand und 20. Juli 1944 wurde schon 1990 mit der ihm gewidmeten, durch Francis R. Nicosia und Lawrence D. Stokes in englischer Sprache vorgelegten Festschrift eigens gewürdigt (Nr. 189), in der einzelne Aspekte des nationalkonservativen und militärischen Widerstands beschrieben werden. Wie wichtig der verwandtschaftliche und gruppenbezogene Zusammenhalt innerhalb adliger und konservativer Offizierskreise bei ihrer Opposition gegen den Diktator war, verdeutlichten die Studien von Klaus Gerbet und Horst Mühleisen über Carl-Hans Graf v. Hardenberg, der als langjähriger Adjutant bei Generalfeldmarschall v. Bock viele Verbindungen zu oppositionellen Gesinnungsfreunden herstellen konnte (Nr. 68, 165); dabei wurde Schloss Neuhardenberg insgeheim zum Treffpunkt vieler Kreise und Besprechungen vor dem 20. Juli 1944.

Die besondere Funktion und Aufgabe der Ehefrauen und Familien für die verschwörerischen Offiziere wurde in der Sammlung von Dorothee v. Meding sowie in den Veröffentlichungen von Marion Gräfin Yorck v. Wartenburg und Freya Gräfin v. Moltke zur Widerstandsleistung von »Frauen gegen die braune Diktatur« deutlich (Nr. 142, 155, 285). Anhand der Erinnerungen von elf Frauen aus dem Kreis des 20. Juli 1944 vermag v. Meding exemplarisch deren wichtige Rolle in den verschiedenen Widerstandskreisen in Erinnerung zu rufen. Zwar wurden viele Ehefrauen der Hitlergegner durch die von Hitler und Himmler angeordnete »Sippenhaft« verfolgt und ihre Kinder verschleppt, wie es Fey v. Hassell und Inge Aicher-Scholl für die Betroffenen sehr eindrucksvoll beschrieben (Nr. 3, 88), dennoch konnten sich die Nationalsozialisten aufgrund ihres eigenen Rollenverständnisses von der unpolitischen Frau im NS-Staat nicht vorstellen, wie tief und ernsthaft die Frauen der Offiziere oder der Arbeiterführer am Widerstand gegen Hitler beteiligt waren.

Besonderes Interesse galt und gilt immer wieder der Frage, ab wann führende Militärs gegenüber Hitler den Schritt von der speziellen Fachkritik gegenüber einzelnen Entscheidungen des Diktators zur grundsätzlichen Opposition und Verschwörung mit anderen Gleichgesinnten gingen. Im Rahmen dieser biographischen Sichtweise und Forschungsrichtung sind in den letzten Jahren zahlreiche Lebensbeschreibungen und Personenskizzen entstanden, wie z. B. über Generalmajor Henning v. Tresckow (Nr. 4, 5, 262), über Helmuth James Graf v. Moltke (Nr. 9, 154, 156, 157, 202, 205), über Generaloberst Ludwig Beck (Nr. 107, 186), über Generalfeldmarschall Günther v. Kluge (Nr. 171, 237, 238, 241), über Admiral Canaris (Nr. 11, 21, 57, 102), über General der Artillerie Fritz Lindemann (Nr. 168, 277, 278), über Oberst Wilhelm Staehle (Nr. 200, 201), über General der Infanterie Carl-Heinrich v. Stülpnagel (Nr. 24, 185, 220, 232), über Generalfeldmarschall Erwin v. Witzleben (Nr. 173, 193, 194), über Oberstleutnant Georg Freiherr v. Boeselager (Nr. 38, 39), über General der Infanterie Friedrich Olbricht (Nr. 223, 283), über Oberstleutnant Robert Bernardis (Nr. 71), über Oberst Heinrich Kodré (Nr. 73), über Generalmajor Erwin Lahousen (Nr. 72), über Generalfeldmarschall Wilhelm Ritter v. Leeb (Nr. 245), über Oberst Helmuth Groscurth (Nr. 81), über Oberstleutnant Dr. Caesar v. Hofacker (Nr. 95, 99, 218, 264), über Major Freiherr v. Boeselager (Nr. 115), über Sonderführer Karl Ludwig Freiherr von und zu

Guttberg (Nr. 17a), über Hauptmann Axel v. dem Bussche-Streithorst (Nr. 141), über Generaloberst Friedrich Fromm (Nr. 129, 130), 168), über Generalleutnant Vincenz Müller (Nr. 131), über Oberst Albrecht Ritter Mertz v. Quirnheim (Nr. 275, 276) und auch erneut über Oberst Claus Schenk Graf v. Stauffenberg (Nr. 26, 108, 234). Biographische Vergleichsmöglichkeiten zur Frage, wann einzelne Militärs den entscheidenden Schritt zum Widerstand gegen Hitler gingen, bieten ebenfalls sowohl der zum 50. Jahrestag des Attentats auf Hitler neu herausgegebene Sammelband »Für Deutschland«, der mehrere Porträts der »Männer des 20. Juli«, darunter auch die wichtigsten beteiligten Offiziere vorstellt (Nr. 121), als auch der von Klaus Achmann und Hartmut Bühl zusammengestellte Band zum »20. Juli 1944« (Nr. 2), der Ludwig Beck, Georg v. Boeselager, Erich Hoepner, Alfred Kranzfelder, Friedrich Olbricht, Hans Oster, Claus Schenk v. Stauffenberg, Theodor Steltzer, Henning v. Tresckow und Yorck v. Wartenburg als »Lebensbilder aus dem militärischen Widerstand« exemplarisch beschreibt. Die Vielzahl der Forschungsarbeiten über einzelne Hitlergegner dokumentiert, dass die biographische Studie ein besonderes Beschreibungsfeld und ein sehr oft beschrittener Weg für die Erforschung und Darstelung der vielfältigen Widerstandsbemühungen gegen das NS-Regime ist.

Dass der Schritt von bisheriger Zustimmung oder allgemeiner Kritik am Nationalsozialismus zum aktiven Widerstand bei sehr vielen Offizieren in Verbindung mit Beobachtungen und Erfahrungen nationalsozialistischer Verbrechen an der einheimischen Zivilbevölkerung in eroberten polnischen oder sowjetischen Gebieten erfolgte, konnte Horst Mühleisen exemplarisch in seiner Studie über Generalmajor Hellmuth Stieff und durch Publikation von dessen Briefen belegen, der zutiefst über die NS-Verbrechen erschüttert war und sich danach schämte, »ein Deutscher zu sein« (Nr. 163, 164, 166, 207). Ein vergleichbares Zeugnis früher NS-Gegnerschaft bietet die Arbeit von Klaus v. d. Groeben über Nikolaus Christoph v. Halem (Nr. 78). Die besondere Bedeutung erfahrener oder sogar selbst beobachteter NS-Verbrechen für den Zusammenhalt der Militäropposition und den Weg zum Widerstand gegen Hitler wird auch in dem Sammelband aufgezeigt, der anlässlich einer Tagung des Fritz-Bauer-Institutes nach parteipolitischen Querelen zur Eröffnung der Wehrmachts- und Widerstandsausstellung in Frankfurt am Main im Januar 1998 zusammengestellt und im Jahr 2000 publiziert wurde (Nr. 263).

In vielen Einzelfällen reicht die Quellenlage allerdings nicht aus, um für den entscheidenden Schritt zum Widerstand ein exaktes Datum festzumachen. So wird beispielsweise auch im Falle von Feldmarschall Rommel ein steter, schon ab 1941, spätestens jedoch ab Ende November 1942 in Verbindung mit der verlangten Räumung Nordafrikas zu beobachtender Wandel des Heerführers vom anfänglichen Anhänger und Bewunderer zum Gegner Hitlers in der Forschung weitgehend akzeptiert (Nr. 126, 255), wie auch die neueren biographischen Arbeiten von Sir David Fraser und Maurice P. Remy zeigen (Nr. 58, 59, 197). Völlig verfehlt wäre es freilich, deshalb von einer »Verschwörung der Marschälle« zu sprechen (Nr. 191, 255). Denn sie kam gerade nicht zustande. Im Zusammenhang mit der Lebensbeschreibung Rommels durch David Irving (Nr. 110) und dessen im rechtsextremistischen Umfeld vorgetragenen ablehnenden Aussagen zum 20. Juli 1944 kam es allerdings zur unsinnigen Konstruktion einer neuen Dolchstoßlegende und Verratsthese von Widerstandsleuten an der Westfront. Erfreulicherweise hat die seriöse Forschung derartige Thesen über Sabotage und Verrat vonseiten des militärischen Widerstandes überzeugend zurückgewiesen (Nr. 151). Gleichwohl ist das Echo überraschend, das solchen geschichtlichen Verdrehungen von der angeblichen »Kriegsschuld des Widerstandes« immer wieder Glauben schenkt. Spekulationen aus rechtsextremer Ecke, in denen die Generale Beck, Oster, Thomas, Fellgiebel und Olbricht gar als Zuträger und Informanten eines sowjetischen Agentenringes oder der »Roten Kapelle« eingeordnet werden, führen sich allerdings selbst ad absurdum; es gibt dafür keinerlei Belege.

Über die Schwierigkeiten des amerikanischen Geheimdienstes, während des Krieges sichere Erkenntnisse über den deutschen Widerstand ziviler und militärischer Kreise zu gewinnen, vermittelt der von Jürgen Heideking und Christof Mauch 1993 edierte Sammelband zum »Geheimdienstkrieg gegen Deutschland« einen trefflichen Eindruck (Nr. 93). Darin bieten Jürgen Heideking und Heike Bungert anhand der mittlerweile in Washington freigegebenen Geheimdienstakten des »Office of Strategie Services (OSS)« genauere Hinweise zu den vergeblichen Kontaktversuchen von Helmuth James Graf v. Moltke in Konstantinopel im Juli und Dezember 1943 und zur Einschätzung des »Nationalkomitees Freies Deutschland« durch die Amerikaner.

Auch die lange Zeit in der deutschen Historiographie vorherrschende distanzierte Betrachtungsweise des »Bundes Deutscher Offiziere« (BDO) und des »Nationalkomitees Freies Deutschland« (NKFD), die mit sowjetischer Unterstützung 1943 als antifaschistische Organisation »hinter Stacheldraht« gegründet wurden und mit Appellen von außen zum Sturz Hitlers aufforderten (Nr. 15), hat in der Widerstandsforschung inzwischen einer vorurteilsfreien Interpretation Platz gemacht – zur heftigen Diskussion im Zusammenhang mit der Präsentation des NKFD in der Gedenkstätte Deutscher Widerstand in Berlin ist auf die Beiträge von Peter Steinbach, Karl-Heinz Frieser und Horst Zank zu verweisen (Nr. 60, 63, 239, 286). Die ergänzte Neuausgabe von 1993 des schon 1960 publizierten Buches von Bodo Scheurig (Nr. 209) hebt noch sehr stark auf die militärische Ausnahmesituation ab, in der sich die gefangen genommenen Offiziere nach der Niederlage in Stalingrad im Februar 1943 befanden, um vom Boden des Feindes aus Bemühungen anzustellen, Deutschland vor dem politischen Untergang zu bewahren. Einen biographischen Ansatz zur Bewertung des NKFD und BDO boten die Studien von James D. Carnes über General Walther v. Seydlitz-Kurzbach und von Sigrid Wegner-Korfes über ihren Vater, Dr. Otto Korfes, sowie die Erinnerungen von Seydlitz (Nr. 27, 28, 229, 275). In neueren Arbeiten seit 1995, insbesondere in einer deutsch-russischen Gemeinschaftsproduktion über die differenzierte Arbeit beider Widerstandsgruppen nach mehreren Kongressen in Moskau und Krasnogorsk, werden NKFD und BDO deutlicher als in der früheren Widerstandshistoriographie jenem militärischen Teil der deutschen Widerstandsbewegung gegen den Nationalsozialismus zugerechnet, der »aus sittlichem Gebot, aus menschlichem Empfinden und aus Liebe zu Volk und Heimat (auch) hinter dem Stacheldraht sowjetischer Kriegsgefangenenlager« den Kampf gegen Hitler und das NS-System aufnahm (Nr. 52, 260).

Unzutreffend ist allerdings die frühere These der ostdeutschen kommunistischen Führung, NKFD und BDO seien bewusste Wegbereiter des späteren DDR-Sozialismus gewesen. Gegen diese falsche Inanspruchnahme konnten sich beide Organisationen allerdings nicht mehr zur Wehr setzen, denn sie wurden von der sowjetischen Führung nach Kriegsende im November 1945 aufgelöst. Nach wie vor unbelegt sind auch Andeutungen in der DDR-Historiographie, Stauffenberg habe noch vor seinem Attentat versucht, Kontakt mit dem NKFD aufzunehmen (Nr. 45 mit den verschiedenen Auflagen); eher gibt es aufgrund neuerer Studien Hinweise, dass er die Aktivitäten des NKFD zur Auflösung der deutschen Ostfront ablehnend verfolgt hat, da ihm und seinen militärischen Freunden gerade das Halten der Front im Osten als Pluspunkt für ihren außenpolitischen Spielraum nach einem gelungenen Attentat am 20. Juli 1944 sehr wichtig war (Nr. 258, 260).

Die Frage, warum der Anschlag Stauffenbergs auf Hitler in dessen Hauptquartier bei Rastenburg in Ostpreußen misslang, wurde von Peter Hoffmann schon vor Jahren sehr detailliert untersucht und mit dem Hinweis auf die Verkettung unglücklicher Umstände und den besonderen zeitlichen Druck bei der Schärfung des Sprengstoffes durch Stauffenberg und Haeften beantwortet (Nr. 105), sodass von beiden letztlich nur ein Sprengstoffpaket gezündet und in die Aktentasche gelegt wurde, obwohl sie zwei mitbrachten. Auch in seiner neuen Stauffenberg-Biographie (Nr. 106) hat Peter Hoffmann diese Erklärung nach sorgfältiger Prüfung bestätigt. Als Spekulation muss die von Dietrich Schmidt-Hackenberg vorgelegte These eingestuft werden, die Verschwörer hätten von Anfang an nur ein Zeichen setzen und den Diktator durch das Attentat gar nicht töten wollen (Nr. 219), weil sie mit einem toten Hitler keinen Märtyrer schaffen wollten. Die Geschichte der gleichwohl überraschenden Abfolge von 42 fehlgeschlagenen und verschobenen Anschlägen auf Hitler hat Will Berthold zusätzlich in einem Band zusammengefasst (Nr. 13). Die Absicht, Hitler 1938/39 bei einem geplanten Putsch durch einen Stoßtrupp unter Führung von Offizieren aus der Abwehrabteilung mit Billigung Osters gezielt zu erschießen, wurde von Susanne Meinl in ihrer im Jahr 2000 erschienenen Studie über »Nationalsozialisten gegen Hitler« untersucht (Nr. 143). Weitere ergänzende Studien beschreiben die Verfolgungsmaßnahmen durch die NS-Stellen sowie Verurteilungen und Ermordungen vieler militärischer Verschwörer und Hitlergegner nach dem 20. Juli 1944 (Nr. 169, 265, 267); sie dokumentieren, wie nachhaltig das »Widerstandspotenzial« danach bis zum Kriegsende im Mai 1945 geschwächt war.

Die mittlerweile vorliegenden Untersuchungen zur Alltagsgeschichte der Zivilbevölkerung im Dritten Reich haben schließlich auch das Blickfeld für die unterschiedlichen Widerstandsformen im militärischen Bereich auch des »einfachen Soldaten« geschärft. Allerdings liegt bislang noch keine vergleichende Studie über Widerstand und Verfolgung im Soldatenalltag vor, sodass die Frage nach einer »Volksopposition« nicht im Rahmen von Darstellungen über individuelle Verweigerungs- und Desertionsformen im Bereich der bewaffneten Macht erörtert wird. Nur gelegentlich kann das Erstarken und Wachsen einer aktiven Widerstandshaltung anhand der persönlichen Erlebnisse und Eindrücke im Fronteinsatz, wie z. B. bei der Tätigkeit der zum Münchener Kreis der »Weißen Rose« zählenden Willi Graf, Alexander Schmorell und Hans Scholl als Sanitätssoldaten an der Ostfront, verfolgt werden – insbesondere dann, wenn aufgrund eigener Beobachtungen über die NS-Kriegs- und Besatzungspolitik direkt Ablehnung und Abscheu erzeugt wurden (Nr. 122, 135). Mehrere Publikationen über die Münchener Studentengruppe »Weiße Rose«, wie z. B. die von Inge Jens herausgegebenen »Briefe und Aufzeichnungen von Hans und Sophie Scholl« (Nr. 114) und die Sammlung der Münchener Gedächtnisvorlesungen (Nr. 276) sowie die grundlegende Studien von Detlef Bald (Nr. 8) und Tatjana Blaha (siehe Titel-Hinweis auf S. 252), weisen auf die zentrale Bedeutung militärischer Erfahrungen und persönlicher Fronterlebnisse im Krieg gegen die UdSSR sowie der unmenschlichen Besatzungspolitik im Osten für die dort als Sanitätsunteroffiziere und Hilfsärzte vorübergehend eingesetzten Studenten hin. Für sie war denn auch die Katastrophe des deutschen Ostheeres in Stalingrad im Januar / Februar 1943 Anstoß zur geheimen Flugblattaktion gegen das Regime.

Es ist problematisch, die vielfältigen unterschiedlichen Einzelaktionen wie Desertion, Fahnenflucht, Gehorsamsverweigerung, unerlaubte Entfernung von der Truppe, Selbstverstümmelung und Zersetzung der Wehrkraft generell als Ausdruck eines grundsätzlichen Widerstands- und Freiheitskampfes des »einfachen Soldaten« gegen den Nationalsozialismus zu verstehen. Bislang noch weitgehend unverbunden nebeneinander stehende Einzelfälle und biographische Skizzen über einzelne Deserteure, die in den letzten Jahren parallel zur »notwendigen Debatte« über die Errichtung von »Denkmalen für den unbekannten Deserteur« (Nr. 34 und Hinweise bei Nr. 83) und der politischen Rehabilitation durch Bundestag und Bundesregierung erschienen (Nr. 145, 280), belegen allerdings in vielen Fällen politische bzw. sittliche Motive des »Widerstands im Waffenrock« (Nr. 271), auch wenn sie in der Regel nicht unmittelbar den Sturz Hitlers und seiner Herrschaft zum Ziele haben konnten.

Zumeist war der einzelne Deserteur isoliert und der bewusste Widerstand gegen den Nationalsozialismus selten das alleinige Motiv für den Entschluss zur Desertion. Gleichwohl hat das Reichskriegsgericht Deserteure und »anders denkende« Soldaten als Hitlergegner durch unverhältnismäßig hohe Strafen unerbittlich verfolgt, um die totalitäre Herrschaft des NS-Systems auch innerhalb der bewaffneten Macht zu stabilisieren. Einen reichhaltig dokumentierten Überblick über das NS-konforme Wirken dieses Militärjustizapparats beim Kampf gegen Hitler- und Regimegegner vermittelten der von Norbert Haase zusammengestellte Ausstellungskatalog »Das Reichskriegsgericht und der Widerstand gegen die nationalsozialistische Herrschaft« und der von der Marburger Geschichtswerkstatt exemplarisch für das Marburger Militärgericht zusammengestellte Sammelband zur »Militärjustiz im Nationalsozialismus« (Nr. 40). Umfassende Studien zur harten Todesstrafenpraxis der Militärgerichte, die 1991 vom Bundessozialgericht »als Terrorjustiz und damit als offensichtlich unrechtmäßig im Sinne des Entschädigungsgesetzes beurteilt« wurde, wurden von Manfred Messerschmidt und Fritz Wüllner vorgelegt (Nr. 147). Dazu ergänzend bietet die Dokumentation »Der Tod von Plötzensee« anhand der von Victor v. Gostomski während der Häftlingszeit aus der Strafanstalt geschmuggelten Dokumente sowohl eine Chronik der Anstaltsereignisse als auch Hintergrundinformationen zu Gesetzen, Gerichten, Richtern und Henkern für die Jahre 1942 bis 1944 (Nr. 74).

Die inzwischen von Fietje Ausländer, Günter Fahle, Norbert Haase, Jörg Kammler, Gerhard Paul, Wolfram Wette, Fritz Wüllner und Manfred Messerschmidt vorgelegten Forschungsergebnisse über Deserteure und Kriegsdienstverweigerer (Nr. 7, 43, 82, 118, 145, 192 a, 279, 284) zeigen für viele Einzelfälle das bewusst gewählte Ziel der Soldaten, sich dem nationalsozialistischen Krieg und Hitlers Gewaltherrschaft zu entziehen. Nicht widerspruchslos wird sich allerdings die allgemeine Feststellung von Norbert Haase durchsetzen, Deserteure generell ebenso als Widerstandskämpfer anzusehen wie andere Widerständler gegen Hitler und dessen Herrschaft, »solange Einigkeit darüber besteht, dass der verbrecherische Charakter des Regimes jegliche Form des Widerstehens rechtfertigte« (Nr. 83, S. 145). Dies trifft zwar grundsätzlich zu, müsste jedoch gleichwohl solche Einzelfälle ausschließen, die aus Gewinnsucht, persönlichem Eigennutz oder sonstigen Beweggründen auf Kosten anderer resultierten. Wie schwierig und heikel noch immer die ideellen Forderungen nach Anerkennung und Rehabilitierung der kleinen Gruppe der Deserteure trotz des inzwischen erfolgten politischen Beschlusses zwecks Rehabilitierung durchzusetzen sind, umriss bereits der im Anschluss an eine Tagung der Geschichtswerkstatt Marburg vom Herbst 1991 publizierte Symposiumsbericht zur Diskussion über die Neubewertung der Deserteure während der NS-Zeit mit den detaillierten und informativen Referaten der Betroffenen und Fachhistoriker (Nr. 70).

Die Widerstandshistoriographie hat sich mittlerweile auch den Eid- und Kriegsdienstverweigerern zugewandt. Dabei wurde der oppositionelle Beweggrund bei den als Zeugen christlicher Gewissensbedenken bekannt gewordenen Eid- und Kriegsdienstverweigerern deutlich – wie dies z. B. die Publikationen über Michael Lerpscher, Franz Reinisch und Franz Jägerstätter eindrucksvoll dokumentieren (Nr. 12, 138, 195, 196). Weitere umfangreiche Zeugnisse für das Gewissensmotiv mehrerer, ausgewählter Kriegsdienstverweigerer bot die evangelisch-theologische Dissertation von Karsten Bredemeier (Nr. 20). Sie machte zudem deutlich, dass die Kirchen im Gewissenskonflikt mit der Wehrdienstfrage im Dritten Reich den Verweigerern wenig Unterstützung boten. Die fast kollektive Kriegsdienstverweigerung und NS-Verfolgung der Zeugen Jehovas wurde von Detlef Garbe eindrucksvoll dargestellt (Nr. 62). Einem ausgewählten Teilaspekt des Widerstandskampfes einfacher Soldaten widmete sich die grundlegende Studie von Hans-Peter Klausch über »Antifaschisten in SS-Uniform« im Rahmen des SS-Sonderverbandes »Dirlewanger«, in den auch ehemalige Wehrmachtoffiziere strafweise überstellt worden waren (Nr. 119).

Inzwischen gibt es auch einige genauere Untersuchungen zu Soldaten und Offizieren, die sich dem NS-System in seinem programmatischen Kern, nämlich der NS-Vernichtungspolitik gegenüber Juden und anderen Teilen der Bevölkerung, in ihrem eigenen dienstlich begrenzten Bereich widersetzten. Sie beabsichtigten zwar nicht den Sturz Hitlers und seiner diktatorischen Herrschaft, halfen aber vom NS-Regime verfolgten Personen oder unterstützten sie im militärischen Umfeld insgeheim. Dazu zählten Offiziere und Soldaten, die sich bei verschiedenen NS-Maßnahmen im Vernichtungskrieg bewusst verweigerten und das Risiko eingingen, dafür selbst Nachteile in Kauf nehmen zu müssen, wie in den von Wolfram Wette zusammengestellten Sammelbänden und in Siegwald Ganglmairs Einzelstudie anhand neuer Forschungen beschrieben wird (Nr. 61, 280, 281).

Auch diese Forschungen über kleinere isolierte Gruppen von Hitlergegnern und Regimeverweigerern bestätigen das von Hans Mommsen formulierte Resümee, dass die Militäropposition einiger Offiziere ein Widerstand ohne »militärisches Fußvolk« war, dass der Widerstand gegen Hitler letztlich nur von einer kleinen Minderheit der Bevölkerung getragen wurde (Nr. 160, S. 38). Vielleicht bietet dieses Fazit auch eine Erklärung für die Beobachtung, dass es nach dem Attentat Stauffenbergs trotz der vielfachen militärischen Rückschläge im Osten und Westen und trotz der verheerenden alliierten Luftangriffe auf die deutschen Städte ab Sommer 1944 zu einer Konsolidierung des NS-Regimes kam. In dieser Phase baten nicht nur ehemalige, von Hitler schon früher schmählich entlassene Offiziere durch eine Ergebenheitsadresse gegenüber dem Diktator nach dem 20. Juli um eine Wiederverwendung im Rahmen eines neuen Frontkommandos, sondern auch frühere Hitlergegner reihten sich wieder als Soldaten und Offiziere im Frontdienst ein, wie es z. B. Generalmajor Rudolf-Christoph Freiherr v. Gersdorff in seinen Erinnerungen von 1977 beschrieb (Nr. 69). Dieses Ergebnis provoziert die Frage, ob die Militäropposition und der Widerstand insgesamt doch nur ein schmaler, episodenhafter Ausschnitt der Geschichte des Dritten Reiches war, völlig untypisch für das Deutschland jener Jahre und schwer vermittelbar als historisch-politischer Traditionsfaktor für die Zeit nach 1945.

Eine Reihe von Publikationen der letzten Jahre – wie z. B. von Hans Mommsen, Erich Kosthorst, Peter Steinbach, Klaus-Jürgen Müller und Manfred Messerschmidt – bieten denn auch, gestützt auf die zuvor gewonnenen Forschungsergebnisse über die unterschiedlichen Wege zum Widerstand einzelner Offiziere gegen Hitler, vielfache Erläuterungen über das ambivalente Verhältnis konservativer Offiziere gegenüber dem NS-Herrschaftssystem und der totalitären Partei. Und sie zeigen sorgfältig entwickelte Erklärungsmodelle zu den verschiedenen Motiven der Militäropposition, sich vom Nationalsozialismus abzuwenden und dessen »Führer« schließlich durch einen geplanten Anschlag und Staatsstreichversuch zu bekämpfen (Nr. 124, 146, 161, 162, 180, 242).

Die Frage nach der Verstrickung und Teilhabe von Hitlergegnern in den vom NS-Regime geführten Vernichtungskrieg erhielt im Zusammenhang mit der vom Hamburger Institut für Sozialgeschichte zusammengestellten Wehrmachtausstellung ab März 1995 sowie des entsprechenden Begleitbandes neuen Auftrieb. Schon 1983 hatte Christof Dipper diese Problematik am Beispiel des Verhaltens von Widerständlern zur nationalsozialistischen Judenpolitik kritisch skizziert und sie im Zusammenhang mit Untersuchungen zur Einstellung von Hitlergegnern gegenüber NS-Verbrechen 1999 erneut aufgegriffen (Nr. 263). Christian Gerlach gab nun mit seinen Beiträgen über die »Männer des 20. Juli« und deren Haltung im Krieg gegen die Sowjetunion Anstoß (Nr. 64, 65), die Konfrontation der militärischen Verschwörer mit den NS-Verbrechen vor dem Weltkrieg und währenddessen genauer zu untersuchen und kritischer zu bewerten.

Dagegen haben andere Untersuchungen in dieser Diskussion gerade für den Widerstandskreis um Henning v. Tresckow im Stab der Heeresgruppe Mitte an der Ostfront die Lauterkeit und moralische Motivation deren Opposition betont (Nr. 17, 96). Wenig hilfreich war allerdings der Versuch, der damals neu konzipierten Ausstellung »Aufstand des Gewissens« des Militärgeschichtlichen Forschungsamtes aus tages- und parteipolitischen Absichten in den jeweiligen Ausstellungsorten beider Wanderexpositionen die Rolle eines Korrektivs mittels bewusster Gegenüberstellung zur Wehrmachtausstellung zu übertragen. Es erwies sich vielmehr, dass der militärische Widerstand gegen Hitler nicht als Alibi für die Haltung der Wehrmachtführung im Vernichtungskrieg herangezogen werden kann (Nr. 263). Zudem präsentierte die Ausstellung »Aufstand des Gewissens« nur sehr gering Beispiele der Beteiligung und Verstrickung oder des Gewissenskonfliktes bei führenden Militärs, wie schon bei einer Tagung in Kiel kritisch angemerkt wurde. (Nr. 153). Der Frage nach den Handlungsspielräumen, die einzelne Oppositionelle und ihr nahe stehende Offiziere bei der NS-Kriegführung hatten, um antijüdische Verfolgungen und Verbrechen zu verhindern oder anzuhalten, widmete sich dann ein eigener Abschnitt der ab 1999/2000 neu konzipierten und überarbeiteten zweiten Wehrmachtausstellung »Verbrechen der Wehrmacht – Dimensionen des Vernichtungskriegs 1941–1945«, die ab 2001 erstmals präsentiert wurde und zu der ein umfangreicher, detaillierter Ausstellungsband publiziert wurde (Nr. 85).

Vor dem Hintergrund der kritischen Untersuchungen über die Beteiligung mancher Hitlergegner am Aufstieg des Nationalsozialismus oder am Vernichtungskrieg nach 1939 haben sowohl die 1994 vorgelegte Abhandlung von Kurt Finker zum 20. Juli 1944 (Nr. 50) als auch die beiden neueren, 1999 erschienenen Darstellungen zur Widerstandsgeschichte von Theodore S. Hamerow und Joachim Fest den mühsamen und »langen Weg« der Überwindung bis zum Hitlergegner und zum Staatsstreich am 20. Juli 1944 aufgezeigt (Nr. 44, 86). Sie dokumentieren sehr eindrucksvoll die Schwierigkeiten dieses Prozesses »von der Kollaboration zum Widerstand«, wie es Hammerow formuliert, die Rückschläge, aber auch die Bereitschaft, ihr eigenes Leben zu opfern, um Deutschland von der Tyrannei Hitlers und seiner Bewegung zu befreien. Beide Untersuchungen zeigen den schwierigen Weg der Einsicht unter den vielen militärischen Hitlergegnern, den Nationalsozialismus fälschlicherweise anfangs begrüßt zu haben und von ihm leichtgläubig geblendet gewesen zu sein, sodass man anfängliche Missstände übersah und entschuldigte, bis man schließlich doch den verbrecherischen Charakter des Regimes und seine rücksichtslose Kriegspolitik erkannte, um sie dann mit konsequenter Planung für ein Attentat und den politischen Umsturz zu bekämpfen.

Als Gegenposition zu den kritischen Feststellungen zur Haltung der Verschwörergruppe um General Henning v. Tresckow in der Heeresgruppe Mitte an der Ostfront ist gleichsam die Beschreibung von Marion Gräfin Dönhoff »Um der Ehre willen« zu sehen, welche – ebenso wie die Publikation von Mainhardt v. Nayhauss über Richard v. Weizsäckers Dienst im Infanterieregiment Nr. 9 »Graf Neun« (Nr. 188) – gerade die besondere Rolle adliger Freunde im Widerstand gegen Hitler unterstrich (Nr. 37). Dagegen hat nunmehr Stephan Malinowski in seinem voluminösen Werk der These von der herausgehobenen Rolle des deutschen Adels beim Kampf gegen Hitler und seinem Regime widersprochen (Nr. 140). Aus seiner Sicht lässt sich festhalten, dass es gerade sehr viele Adlige waren, die Hitlers Aufstieg begünstigten und die Etablierung seiner Macht unterstützten. Der 20. Juli 1944 sei deshalb trotz des hohen Adelsanteils am Widerstand kein Fanal des deutschen Adels, wohl auch kein »Aufstand des Gewissens«, sondern eher ein »Aufstand des schlechten Gewissens« gewesen.

Die weitere Diskussion der Frage nach der Verstrickung von militärischen Hitlergegnern in den NS-Vernichtungskrieg ab 1939 wird in der Widerstandshistoriographie kaum anhand neuer Quellen des Widerstandes, sondern eher als Disput um den richtigen Interpretationsrahmen der nationalsozialistischen Herrschaft sowie ihrer Akzeptanz und Durchsetzung in der Bevölkerung und bei einzelnen Gruppen und Kreisen der Hitlergegner fortgeführt werden, wie es beispielhaft der 1991 von David C. Large für angloamerikanische Leserkreise herausgegebene Sammelband »Contending with Hitler« darlegte (Nr. 132). Insgesamt dokumentiert die Diskussion über das Ausmaß sowie den Umfang des Widerstandes gegen den Nationalsozialismus und des oppositionellen Handlungsspielraums, dass auch die Bewertung der Militäropposition nach wie vor zu den umstrittenen Bereichen der zeitgeschichtlichen Forschung und historisch-politischen Bildung gehört. Die zum 50. Jahrestag des 20. Juli 1944 vorgelegten Überblicke und Zusammenfassungen zur »Bewertung und Rezeption des deutschen Widerstandes gegen das NS-Regime« (Nr. 261) zeigen nicht nur den »Widerstand im Widerstreit« (Nr. 240), sondern auch den Wandel zur generell positiven Bewertung der deutschen Militäropposition nach 1945, was auch die 2002 vorgelegte Sammlung zur Wahrnehmung und Bewertung des innerdeutschen Widerstandes außerhalb Deutschlands belegt (Nr. 266). Die darin zu verfolgenden Erörterungen über die Rezeption und Einschätzung des 20. Juli 1944 führten in den letzten Jahren zu einem angemessenen Verständnis und zur Anerkennung des Widerstandes in der nachgewachsenen Generation und bei aktuellen historisch-politischen Bildungsinhalten.

Abkürzungsverzeichnis

AA	Auswärtiges Amt
a. a. O.	am angegebenen Ort
Abs.	Absatz
Abt.	Abteilung
Abw.	Abwehr (Amt Ausland / Abwehr)
a. D.	außer Dienst
AHA	Allgemeines Heeresamt
allg.	allgemein
Anl.	Anlage
Anm.	Anmerkung
AOK	Armeeoberkommando
Aufl.	Auflage
BA	Bundesarchiv (Berlin und Koblenz)
BA-AStL / ZStL	Bundesarchiv, Außenstelle Ludwigsburg / Zentrale Stelle der Landesjustizverwaltungen (Ludwigsburg)
BA-MA	Bundesarchiv-Militärarchiv (Freiburg)
BA-ZNS	Bundesarchiv-Zentralnachweisstelle (Aachen-Kornelimünster)
Bd., Bde.	Band, Bände
BdE	Befehlshaber des Ersatzheeres
Bez.	Bezeichnung
Bl.	Blatt
Chef HRüst	Chef der Heeresrüstung
d. G.	des Generalstabes (Generalstabsoffiziere, die außerhalb des Generalstabes des Heeres eingesetzt sind, wie z. B. im OKW)

Div.	Division
DÖW	Dokumentationsarchiv des österreichischen Widerstands (Wien)
Dok.	Dokument
dt.	deutsch
ed.	edited (herausgegeben)
e. V.	eingetragener Verein
FHQ	Führerhauptquartier
Frhr.	Freiherr
geh.	geheim
Gen.	General
GenStdH	Generalstab des Heeres
Gestapo	Geheime Staatspolizei
gez.	gezeichnet
GFM	Generalfeldmarschall
g. K., g. Kdos	geheime Kommandosache (Geheimhaltungsgrad)
GWU	Geschichte in Wissenschaft und Unterricht
HQ, H. Qu.	Hauptquartier
Hrsg.	Herausgeber, herausgegeben
i. A.	im Auftrag
IfZ	Institut für Zeitgeschichte
i. G.	im Generalstab (Generalstabsoffizier)
Inf. Div.	Infanteriedivision
i. R.	im Ruhestand
Kdt.	Kommandant
KTB	Kriegstagebuch
KZ	Konzentrationslager
MA	Militärarchiv
MF	Mikrofilm(e) (Signaturbezeichnung)
MGFA	Militärgeschichtliches Forschungsamt
MGM	Militärgeschichtliche Mitteilungen
MSg	Militärgeschichtliche Sammlung (Archivsignatur)
N, NL	Nachlass (Signaturbezeichnung)
NA	National Archives and Record Administration (in den USA), früher Washington / DC, heute College Park / Maryland

Neuaufl.	Neuauflage
NF., N. F.	Neue Folge (bei Zeitschriften und Reihen)
NL	Nachlass
No., no.	Number (Nummer)
NSDAP	Nationalsozialistische Deutsche Arbeiterpartei
OB, Ob.	Oberbefehlshaber
ObdH	Oberbefehlshaber des Heeres
ObdL	Oberbefehlshaber der Luftwaffe
ObdM	Oberbefehlshaber der Kriegsmarine
Obkdo.	Oberkommando
o. D.	ohne Datum
Offz.	Offizier, Offiziere
o. J.	ohne Jahresangabe
OKH	Oberkommando des Heeres
OKL	Oberkommando der Luftwaffe
OKM	Oberkommando der Kriegsmarine
OKW	Oberkommando der Wehrmacht
OKW / WFSt	Oberkommando der Wehrmacht / Wehrmachtführungsstab
o. O.	ohne Ortsangabe
PA	Personalamt
Pers.	Personalakten, -unterlagen (Signaturbezeichnung)
Pz.	Panzer
Qu.	Quartiermeister
Res.	Reserve
RGBl	Reichsgesetzblatt
RH	Reich / Heer (Archivsignatur)
RKG	Reichskriegsgericht
RM	Reichsmark
RSHA	Reichssicherheitshauptamt
RW	Reichswehr, Reich / Wehrmacht (Archivsignatur)
s.	siehe
SA	Sturmabteilung der NSDAP
SD	Sicherheitsdienst der SS
Skl	Seekriegsleitung
sog.	so genannt(e, er)

SS	Schutzstaffel der NSDAP
StA	Staatsarchiv
TB, T. B.	Tagebuch, Tätigkeitsbericht
u.	und
u. a.	unter anderem
UdSSR	Union der Sozialistischen Sowjetrepubliken
u. d. T.	unter dem Titel
v.	von, vom
v. d.	von der
Verw.	Verwaltung
VfZG	Vierteljahrshefte für Zeitgeschichte
VGH	Volksgerichtshof
Vol., vols.	Volume, volumes (Band, Bände)
WB	Wehrmachtbefehlshaber
WFSt	Wehrmachtführungsstab
WWR	Wehrwissenschaftliche Rundschau
zbV, z. b. V.	zur besonderen Verfügung
ZfG	Zeitschrift für Geschichtswissenschaft
zit.	zitiert
Zs.	Zeitschrift
z. S.	zur See
ZStL	Zentrale Stelle der Landesjustizverwaltungen zur Aufklärung nationalsozialistischer Verbrechen (Ludwigsburg)
z. V.	zur Verfügung (nicht aktive Offiziere)

Bezeichnungen der Generalstabsoffiziere in einem Stab:

Ia	1. Generalstabsoffizier (für führungsmäßige und taktische Belange)
Ib	2. Generalstabsoffizier (für Versorgung, Nachschub)
Ic	3. Generalstabsoffizier (für Feindaufklärung und Abwehr sowie geistige Betreuung)

Anmerkungen und Literatur

Anmerkungen zu Kapitel 2: Historischer Abriss: Von den ersten militärischen Umsturzplänen zur Operation »Walküre« am 20. Juli 1944

1 Vgl. dazu besonders Peter Hoffmann: Widerstand, Staatsstreich, Attentat. Der Kampf der Opposition gegen Hitler. München 1969, 1979, S. 33.

2 Ulrich von Hassell. Die Hassell-Tagebücher 1938–1944. Aufzeichnungen vom Andern Deutschland. Hrsg. v. Friedrich Freiherr Hiller von Gaertringen. Berlin 1988, S. 307.

3 Zu den drei Zentren vgl. Peter Hoffmann: Militärischer Widerstand in der zweiten Kriegshälfte 1942–1944/1945. In: Aufstand des Gewissens. Militärischer Widerstand gegen Hitler und das NS-Regime 1933–1945. Katalog zur Wanderausstellung des Militärgeschichtlichen Forschungsamtes. Hrsg. v. Heinrich Walle. 4. durchges. Aufl. Herford 1994, S. 395–420.

4 Hoffmann, Widerstand (1969), S. 344; Gerhard Ritter: Carl Goerdeler und die deutsche Widerstandsbewegung. Stuttgart 1956; Neuausgabe, München 1964, 4. Aufl. Stuttgart 1984, S. 353 ff., 359 f.

5 Vgl. Hoffmann, Widerstand (1979), S. 357 ff.

6 Ebenda, S. 360.

7 Siehe Aufstand des Gewissens; Georg Holmsten: Deutschland Juli 1944. Düsseldorf 1982, S. 72; Hoffmann, Widerstand, S. 355 ff.

8 Vgl. Peter Hoffmann: Claus Schenk Graf von Stauffenberg und seine Brüder. Stuttgart 1992; Joachim Kramarz: Claus Graf Stauffenberg 15. November 1907–20. Juli 1944. Das Leben eines Offiziers. Frankfurt am Main 1965; Christian Müller: Oberst i. G. Stauffenberg. Eine Biographie. Düsseldorf 1970; Kurt Finker: Stauffenberg und der 20. Juli 1944. Berlin-Ost 1967; Bodo Scheurig: Claus Graf Schenk von Stauffenberg. Berlin 1964; Wolfgang Venohr: Stauffenberg. Symbol der deutschen Ein-

heit. Eine politische Biographie. Frankfurt am Main 1986, auch zum Folgenden.

9 Vgl. Friedrich Georgi: »Wir haben das Letzte gewagt …« General Olbricht und die Verschwörung gegen Hitler. Der Bericht eines Mitverschworenen. Freiburg 1990, S. 74 ff; ders.: Soldat im Widerstand: General der Infanterie Friedrich Olbricht. Berlin u. a. 1988, 2. Aufl. 1989.

10 Hoffmann, Widerstand, S. 37; Fabian von Schlabrendorff: Offiziere gegen Hitler. Frankfurt am Main, Hamburg 1962, neue, durchges. und erw. Ausg. von Walter Bußmann. Nach der Edition von Gero v. Gaevernitz. Berlin 1984, S. 108.

11 Hoffmann, Widerstand, S. 355 f.

12 Vgl. StA Nürnberg, Rep. 502/VI/515: Aussage von Peter Sauerbruch; ebenso Mitteilung von Gräfin Stauffenberg an Verf. v. 24. 2. 1987, im Besitz des Verf.; Sauerbruch, Bericht.

13 Hoffmann, Militärischer Widerstand in der zweiten Kriegshälfte, S. 411; ders., Widerstand, S. 355 ff.

14 Vgl. Hoffmann, Militärischer Widerstand.

15 »Spiegelbild einer Verschwörung«. Die Opposition gegen Hitler und der Staatsstreich von 20. Juli 1944 in der SD-Berichterstattung. Geheime Dokumente aus dem ehemaligen Reichssicherheitshauptamt. Hrsg. v. Hans-Adolf Jacobsen. Stuttgart 1984, Bd. 1, S. 158.

16 Vgl. die Listen in: Spiegelbild der Verschwörung, S. 26–28, 50–53, 76–82; ferner Abdruck in: Aufstand des Gewissens, S. 176.

17 Vgl. Ritter, Goerdeler, S. 372 f.; abgedruckt bei Hoffmann, Widerstand, S. 440 f.

18 Hoffmann, Widerstand, S. 398.

19 Hoffmann, Widerstand, S, 378 ff.

20 Liste bei Hoffmann, Widerstand, S. 431 f.

21 Ab 20. 6. 44 tat er bereits Dienst bei Fromm.

22 Dazu detailliert Peter Hoffmann: Die Sicherheit des Diktators. Hitlers Leibwachen, Schutzmaßnahmen, Residenzen, Hauptquartiere. München 1975.

23 Vgl. Hoffmann, Stauffenberg, S. 398, als Faksimile abgedruckt S. 369 f. Zur Entstehung des Schwurs der Brüder Stauffenberg siehe den Exkurs bei Hoffmann, Stauffenberg, S. 463–472.

24 Bodo Scheurig: Henning von Tresckow. Eine Biographie. 3., durchges. Aufl., Oldenburg 1973, S. 184 f.; vgl. Schlabrendorff, Offiziere; S. 138; Gerd R. Ueberschär: Generalmajor Henning von Tresckow. In: Hitlers militärische Elite. Bd. 2. Hrsg. v. Gerd R. Ueberschär. Darmstadt 1998, S. 256–262, hier S. 261.

25 Hoffmann, Stauffenberg, S. 407; ders.: Widerstand gegen Hitler und das Attentat vom 20. Juli 1944. Probleme des Umsturzes. München 1979, 2. Aufl. 1984, S. 44.

26 Hoffmann, Stauffenberg, S. 417 f.

27 Hoffmann, Stauffenberg, S. 419 f.

28 Heinz W. Doepgen: Georg v. Boeselager. Kavallerie-Offizier in der Militäropposition gegen Hitler. Herford 1986, S. 93 ff.; ders.: Georg Frhr. von Boeselager (1915–1944). In: Deutsche Patrioten in Widerstand und Verfolgung 1933–1945. Paul Lejeune-Jung, Theodor Roeingh, Josef Wirmer, Georg Frhr. von Boeselager. Ein Gedenkbuch der Stadt Paderborn. Hrsg. v. Friedrich G. Hohmann. Paderborn 1986, S. 53–76, S. 71 f.; Antonius John: Philipp von Boeselager. Freiherr, Verschwörer, Demokrat. Bonn 1994.

29 Hoffmann, Widerstand gegen Hitler, S. 77 f.

30 Vgl. die rekonstruierte Skizze in: Aufstand des Gewissens, S. 157.

31 Skizze und Liste in: Aufstand des Gewissens, S. 157.

32 Zur Frage, inwieweit Brandt und Heusinger vom Attentatsplan wussten, siehe Archiv IfZ München, ZS 47 Bd. II: Zeugenaussagen u. Briefe v. General Rudolf Christoph Frhr. v. Gersdorff v. 8. 7. 1955 und 19. 10. 1956.

33 Vgl. zum Folgenden Hoffmann, Stauffenberg, S. 426 ff.; ders., Widerstand gegen Hitler, S. 82 ff.

34 Briefwechsel Oberst a. D. Wolfgang Glaesemer mit Oberstleutnant a. D. Werner Rode v. 30. 5. 1986 bis 10. 6. 1986 und jeweils mit dem Verf. sowie Dr. Wiggershaus bis 2. 9. 1986 bzw. 7. 11. 1988, ferner Darlegung von Oberst a. D. Helmut Ritgen an Herrn Rode v. 22. 12. 1988, alle im Besitz des Verf.

35 Vgl. Hans K. Fritzsche: Ein Leben im Schatten des Verrats. Erinnerungen eines Überlebenden an den 20. Juli 1944. Freiburg 1984, S. 16 ff.; Kunrat Frhr. v. Hammerstein: Spähtrupp. Stuttgart 1963, S. 278 ff.

36 Vgl. Faksimile-Abdruck in: Aufstand des Gewissens, S. 161–164; Helena Page: General Friedrich Olbricht. Ein Mann des 20. Juli. Berlin 1991, S. 281 ff.

37 Vgl. Heinrich Bücheler: Generaloberst Erich Hoepner und die Militäropposition gegen Hitler. Berlin 1978.

38 Hinweise bei Hoffmann, Stauffenberg, S. 431.

39 Siehe Max Domarus: Hitler. Reden und Proklamationen 1932–1945. Kommentiert von einem deutschen Zeitgenossen. 2 Bde. Wiesbaden 1973, Bd. II. 2. Teilbd., S. 2127 f. mit Text der Hitlerschen Erklärung.

40 Hoffmann, Stauffenberg, S. 439 ff.

41 Hoffmann, Stauffenberg, S. 440 f.

42 Vgl. dazu Archiv IfZ München, ZS / A 29 / 2: Bericht von Oberstleutnant a.D. Herber »Was ich am 20. 7. 44 in der Bendlerstraße erlebte«.

43 Page, Olbricht, S. 289 ff.; Hoffmann, Stauffenberg, S. 442; Hammerstein, Spähtrupp, S. 281 ff.; Archiv IfZ München: ZS / A 29 / 2: Bericht von Oberstleutnant a.D. Herber, der keine Verwundeten angibt.

44 Vgl. detaillierter Hoffmann, Widerstand (1979), S. 625 ff.

45 Peter Hoffmann: Warum misslang das Attentat vom 20. Juli 1944. In: VfZG 32 (1984), S. 441–462.

Anmerkungen zu Kapitel 3: Der militärische Widerstand und die Ereignisse des 20. Juli in Paris, Wien und Prag

1 Wilhelm von Schramm: Der Aufstand der Generale. Der 20. Juli 1944 in Paris. München 1964; Der 20. Juli 1944 in Paris. Verlauf – Hauptbeteiligte – Augenzeugen. Hrsg. v. Bengt von zur Mühlen und Frank Bauer. Berlin-Kleinmachnow 1995.

2 Vgl. Manfred Schmid: Cäsar von Hofacker. Der 20. Juli in Paris. In: Der Widerstand im deutschen Südwesten 1933–1945. Hrsg. v. Michael Bosch und Wolfgang Niess. Stuttgart 1984, S. 207–215; Ulrich Heinemann: Caesar von Hofacker – Stauffenbergs Mann in Paris. In: »Für Deutschland«. Die Männer des 20. Juli. Hrsg. v. Klemens v. Klemperer, Enrico Syring und Rainer Zitelmann. Frankfurt am Main, Berlin 1994, S. 109–125; Friedrich Freiherr Hiller von Gaertringen: »Sie sollten jetzt schweigen, Herr Präsident« – Oberstleutnant d. R. Cäsar von Hofacker. In: Der 20. Juli 1944 in Paris. Verlauf – Hauptbeteiligte – Augenzeugen. Hrsg. v. Bengt von zur Mühlen und Frank Bauer. Berlin-Kleinmachnow 1995, S. 41–60; Gerd R. Ueberschär: Cäsar von Hofacker und der deutsche Widerstand gegen Hitler in Paris. In: Frankreich und Deutschland im Krieg (November 1942–Herbst 1944). Hrsg. v. Stefan Martens und Maurice Vaisse. Bonn 2000, S. 621–631; ferner Bundesarchiv-Zentralnachweisstelle (BA-ZNS) Aachen-Kornelimünster, Personalunterlagen Hofacker. Siehe auch die zentralen Aktenbestände RW 35 (Militärbefehlshaber in Frankreich) im Bundesarchiv-Militärarchiv (BA-MA) Freiburg und AJ 40 in Archives nationales, Paris.

3 Zu Hofackers Wirken in Paris vgl. Wilhelm von Schramm: Der Aufstand der Generale. Der 20. Juli 1944 in Paris. München 1964; Der 20. Juli 1944 in Paris. Verlauf – Hauptbeteiligte – Augenzeugen. Hrsg. v. Bengt von zur Mühlen und Frank Bauer. Berlin-Kleinmachnow 1995; Walter Bargatzky: Hotel Majestic. Ein Deutscher im besetzten Frankreich. Freiburg 1987; ferner BA-ZNS Aachen-Kornelimünster: Schreiben des Oberkommandos des Heeres, Generalstab des Heeres / Generalquartiermeister an den Reichsminister der Luftfahrt und Oberbefehlshaber der Luftwaffe, Luftwaffenpersonalamt v. 29. 1. 1942.

4 Heinemann, Caesar von Hofacker, S. 114f.

5 Brief Hofacker an seine Frau v. 14. 12. 1941, zit. nach Heinemann, Caesar von Hofacker, S. 115.

6 »Spiegelbild einer Verschwörung«. Die Opposition gegen Hitler und der

Staatsstreich vom 20. Juli 1944 in der SD-Berichterstattung. Geheime Dokumente aus dem ehemaligen Reichssicherheitshauptamt. Hrsg. v. Hans-Adolf Jacobsen. 2 Bde. Stuttgart 1984, Bd. 1, S. 169; »Unternehmen Barbarossa«. Der deutsche Überfall auf die Sowjetunion 1941. Hrsg. v. Gerd R. Ueberschär und Wolfram Wette. Paderborn 1984, S. 9.

7 Hofacker war als Mitglied des »Stahlhelm« (seit 1931) in die SA (SA-Obersturmführer z. V.) übernommen worden, vgl. Schmid, Caesar von Hofacker, S. 210. Hofacker war erst 1937 in die NSDAP eingetreten (Mitgliedsnr. 5 371 522) und wurde am 8. 8. 1944 von NSDAP-Reichsleiter Bormann aus der Partei ausgestoßen.

8 Vgl. Peter Hoffmann: Militärischer Widerstand in der zweiten Kriegshälfte 1942–1944/1945. In: Aufstand des Gewissens. Militärischer Widerstand gegen Hitler und das NS-Regime 1933–1945. Katalog zur Wanderausstellung des Militärgeschichtlichen Forschungsamtes. Hrsg. v. Heinrich Walle. 4. durchges. Aufl. Herford 1994, S. 400 ff.

9 BA-MA Freiburg: RW 35/20: Stabsbefehl Nr. 9/1944 v. 3. 2. 1944 und Nr. 10/1944 v. 11. 2. 1944.

10 Vgl. »Spiegelbild einer Verschwörung«, S. 708 ff., 714 ff.; ferner Berichte von Friedrich v. Teuchert, v. Boineburg-Lengsfeld und Bargatzky, in: Der 20. Juli 1944 in Paris, S. 178 ff., 197 ff., 209 ff.; Bargatzky, Hotel Majestic.

11 »Spiegelbild einer Verschwörung«, S. 523.

12 »Spiegelbild einer Verschwörung«, S. 136; Heinemann, Caesar von Hofacker, S. 120.

13 Ernst Jünger: Sämtliche Werke. Erste Abteilung Tagebücher. Bd. 3: Strahlungen II. Stuttgart 1979, S. 241 f.; vgl. auch ebenda, S. 255.

14 »Spiegelbild einer Verschwörung«, S. 368, 522.

15 Siehe Gaertringen, Sie sollten jetzt schweigen, S. 54.

16 Aufzeichnung von Gotthard Frhr. von Falkenhausen vom Juli/August 1945 über den ihm gegebenen Bericht Hofackers, siehe Gaertringen, Sie sollten jetzt schweigen, S. 54.

17 Peter Hoffmann: Widerstand – Staatsstreich – Attentat. Der Kampf der Opposition gegen Hitler. München 3. erweiterte Aufl. 1979, S. 436; Hans Speidel: Aus unserer Zeit. Erinnerungen. Berlin 1977, S. 185 ff.; David Irving: Rommel. Eine Biographie, Hamburg 2. Aufl. 1979, S. 554 f.; Abdruck in: Aufstand des Gewissens. Militärischer Widerstand gegen Hitler und das NS-Regime 1933–1945. Hrsg. v. Militärgeschichtlichen Forschungsamt. Bonn, Herford 4. Aufl. 1994, S. 149.

18 »Spiegelbild einer Verschwörung«, S. 56 f., 91, 101, 136, auch zum Folgenden.

19 Siehe Klemperer, Die verlassenen Verschwörer, S. 321; vgl. ferner Heinemann, Caesar von Hofacker, S. 120; Schmid, Caesar von Hofacker, S. 211; K. Finker: Stauffenberg und der 20. Juli 1944. Berlin-Ost 7. Aufl. 1989, S. 190 f.

20 »Spiegelbild einer Verschwörung«, S. 136.
21 Siehe zum Folgenden Schramm, Aufstand der Generale.
22 Schramm, Aufstand der Generale, S. 87 f.
23 Ebenda, S. 89 ff.
24 Ebenda, S. 99 ff.
25 Vgl. Hoffmann, Widerstand (1979), S. 586; Schramm, Aufstand der Generale; Der 20. Juli 1944 in Paris.
26 »Spiegelbild einer Verschwörung«, S. 415 f.
27 BA-ZNS Aachen-Kornelimünster: Schreiben Görings an Hofacker v. 11. 8. 1944.
28 Zit. nach Gaertringen, Sie sollten jetzt schweigen, S. 57.
29 »Spiegelbild einer Verschwörung«, S. 92, S. 135; Klemperer, Die verlassenen Verschwörer, S. 320; ähnlich Hoffmann, Widerstand (1979), S. 433, der Hofacker als »Motor aller Umsturzanstrengungen« bezeichnet.
30 Hoffmann, Widerstand (1979.), S. 554 ff.
31 Karl Glaubauf: Oberst i. G. Heinrich Kodré. Ein Linzer Ritterkreuzträger im militärischen Widerstand. In: Jahrbuch 2002 des Dokumentationsarchivs des österreichischen Widerstandes. Redaktion: Siegwald Ganglmair. Wien 2002, S. 41–68.
32 Karl Szokoll: Die Rettung Wiens 1945. Wien 2001, S. 224 ff.; Ludwig Jedlicka: Der 20. Juli 1944 in Österreich. Wien 1966, auch zum Folgenden.
33 Glaubauf, Kodré, S. 62 ff.
34 Hoffmann, Widerstand (1979), S. 568 ff.; ferner Ferdinand Schaal: Der 20. Juli 1944 in Prag. In: Schwäbische Zeitung v. 26. 7. 1952, Seite Zeit und Welt.
35 Hoffmann, Widerstand (1979), S. 571 f.; Schaal, Der 20. Juli, auch zum Folgenden.

Literaturhinweise zu Kapitel 4: Hitlergegner und Attentäter: Biographische Skizzen zum 20. Juli 1944 und zur Militäropposition

Beck, Ludwig
Buchheit, Gert: Ludwig Beck. Ein preußischer General. München 1964; Foerster, Wolfgang: Ein General kämpft gegen den Krieg. München 1949, 2. Aufl. München 1953; Hoffmann, Peter: Generaloberst Ludwig Becks militärpolitisches Denken. In: Historische Zeitschrift Bd. 234 / 1982, S. 101–121; ders.: Ludwig Beck – Oberhaupt der Verschwörung. In: »Für Deutschland«. Die Männer des 20. Juli. Hrsg. v. Klemens von Klemperer, Enrico Syring, Rainer Zitelmann. Frankfurt am Main 1994, S. 26–43; Müller, Klaus-Jürgen: Ludwig Beck. Probleme seiner Biographie. In: MGM Bd. 11 / 1972, S. 167–176; ders.: Generaloberst Ludwig Beck. Generalstabschef des deut-

schen Heeres 1933–1938. In: Müller, Klaus-Jürgen: Armee, Politik und Gesellschaft in Deutschland 1933–1945. Paderborn 1979, 3. Aufl. 1981, S. 51–100; ders.: General Ludwig Beck. Studien und Dokumente zur politisch-militärischen Vorstellungswelt und Tätigkeit des Generalstabschefs des deutschen Heeres 1933–1938. Boppard 1980; ders.: Generaloberst Ludwig Beck. In: Hitlers militärische Elite. Hrsg. v. Gerd R. Ueberschär. 2 Bde. Darmstadt 1998, Bd. 1, S. 9–19; Reynolds, Nicholas: Beck. Gehorsam und Widerstand. Das Leben des deutschen Generalstabschefs 1935–1938. Wiesbaden 1977.

Bernardis, Robert
Glaubauf, Karl: Robert Bernardis. Österreichs Stauffenberg. Statzendorf 1994.

Canaris, Wilhelm
Abshagen, Karl Heinz: Canaris. Stuttgart 1949; Benzing, Klaus: Der Admiral. Leben und Wirken. Nördlingen 1973; Brissaud, André: Canaris 1887–1945. Frankfurt am Main 1976; Fraenkel, Heinrich, und Roger Manvell: Canaris. Spion im Widerstreit. Bern 1969; Höhne, Heinz: Canaris. Patriot im Zwielicht. München 1976; ders.: Admiral Wilhelm Canaris. In: Hitlers militärische Elite. Hrsg. v. Gerd R. Ueberschär. 2 Bde. Darmstadt 1998, Bd. 1, S. 53–60.

Dohnany, Dr. Hans von
Chowaniec, Elisabeth: Der »Fall Dohnanyi« 1943–1945. Widerstand, Militärjustiz, SS-Willkür. München 1991; Winfried Meyer (Hrsg.): Verschwörer im KZ. Hans von Dohnanyi und die Häftlinge des 20. Juli 1944 im KZ Sachsenhausen. Berlin 1999.

Fellgiebel, Erich
Wildhagen, Karl Heinz (Hrsg.): Erich Fellgiebel. Meister operativer Nachrichtenverbindungen. Wennigsen 1970.

Finckh, Eberhard
Schramm, Wilhelm v.: Aufstand der Generale. Der 20. Juli in Paris. München 1964; Der 20. Juli 1944 in Paris. Verlauf – Hauptbeteiligte – Augenzeugen. Hrsg. v. Bengt von zur Mühlen u. Frank Bauer. Berlin-Kleinmachnow 1995.

Goerdeler, Dr. Carl Friedrich
Kosthorst, Erich: Carl Friedrich Goerdeler. In: 20. Juli – Portraits des Widerstands. Hrsg. v. Rudolf Lill und Heinrich Oberreuter. Düsseldorf 1984, S. 111–133; Meyer-Krahmer, Marianne: Carl Goerdeler und sein Weg in den Widerstand. Eine Reise in die Welt meines Vaters. Freiburg 1989; Reich,

Ines: Carl Friedrich Goerdeler. Ein Oberbürgermeister gegen den NS-Staat. Köln 1997; Ritter, Gerhard: Goerdelers Verfassungspläne. In: Nordwestdeutsche Hefte 1 (1946), S. 6–14; ders.: Carl Goerdeler und die deutsche Widerstandsbewegung. Stuttgart 1954, 4. Aufl. 1984; Thamer, Hans-Ulrich: Carl Friedrich Goerdeler – Der Motor des konservativ-bürgerlichen Widerstandes. In: »Für Deutschland«. Die Männer des 20. Juli. Hrsg. v. Klemens von Klemperer, Enrico Syring und Rainer Zitelmann. Frankfurt am Main 1994, S. 71–93.

Haeften, Werner von
Hardenberg, Reinhild Gräfin von: Erinnerungen an Neuhardenberg und den Widerstand gegen den Nationalsozialismus. Berlin 2003; Peter Hoffmann: Widerstand, Staatsstreich, Attentat. Der Kampf der Opposition gegen Hitler. München 1985.

Hase, Paul von
Hoffmann, Peter: Widerstand, Staatsstreich, Attentat. Der Kampf der Opposition gegen Hitler. München 1985.

Hoepner, Erich
Bücheler, Heinrich: Hoepner. Ein deutsches Soldatenschicksal des XX. Jahrhunderts. Herford 1980; Mitcham, Samuel W., und Gene Mueller: Generaloberst Erich Hoepner. In: Hitlers militärische Elite. Hrsg. v. Gerd R. Ueberschär. 2 Bde. Darmstadt 1998, Bd. 2, S. 93–99; Steinkamp, Peter: Die Haltung der Hitlergegner Generalfeldmarschall Wilhelm Ritter von Leeb und Generaloberst Erich Hoepner zur verbrecherischen Kriegführung bei der Heeresgruppe Nord in der Sowjetunion 1941. In: NS-Verbrechen und der militärische Widerstand gegen Hitler. Hrsg. v. Gerd R. Ueberschär. Darmstadt 2000, S. 47–61.

Hofacker, Dr. Cäsar von
Heinemann, Ulrich: Caesar von Hofacker – Stauffenbergs Mann in Paris. In: »Für Deutschland«. Die Männer des 20. Juli. Hrsg. v. Klemens von Klemperer, Enrico Syring und Rainer Zitelmann. Frankfurt am Main 1994, S. 108–125; Hiller von Gaertringen, Friedrich Freiherr: »Sie sollten jetzt schweigen, Herr Präsident« – Oberstleutnant d. R. Cäsar von Hofacker. In: Der 20. Juli 1944 in Paris. Verlauf – Hauptbeteiligte – Augenzeugen. Hrsg. v. Bengt von zur Mühlen u. Frank Bauer. Berlin-Kleinmachnow 1995, S. 41–60; Schmid, Manfred: Cäsar von Hofacker. Der 20. Juli in Paris. In: Der Widerstand im deutschen Südwesten 1933–1945. Hrsg. v. Michael Bosch und Wolfgang Niess. Stuttgart 1984, S. 207–215; Ueberschär, Gerd R.: Cäsar von Hofacker und der deutsche Widerstand gegen Hitler in Paris. In: Frankreich und Deutschland im Krieg (November 1942–Herbst 1944). Okkupation,

Kollaboration, Résistance. Hrsg. v. Stefan Martens und Maurice Vaisse. Bonn 2000, S. 621–631.

Klausing, Friedrich Karl

Hoffmann, Peter: Widerstand, Staatsstreich, Attentat. Der Kampf der Opposition gegen Hitler. München 1985; Das Gewissen steht auf. Lebensbilder aus dem deutschen Widerstand 1933–1945. Hrsg. v. Annedore Leber in Zusammenarbeit mit Willy Brandt und Karl Dietrich Bracher. Neuausgabe Mainz 1984.

Kluge, Hans Günther v.

Ose, Dieter: Entscheidung im Westen 1944. Der Oberbefehlshaber West und die Abwehr der alliierten Invasion. Stuttgart 1982; Lamb, Richard: Kluge. In: Hitler's Generals. Ed. by Correlli Barnett. London 1989, S. 379–410; Mueller, Gene: Generalfeldmarschall Günther von Kluge. In: Hitlers militärische Elite. Hrsg. v. Gerd R. Ueberschär. 2 Bde. Darmstadt 1998, Bd. 1, S. 130–137; Steinbach, Peter: Hans Günther von Kluge – ein Zauderer im Zwielicht. In: Militärelite des Dritten Reiches. Hrsg. v. Ronald Smelser und Enrico Syring. Berlin 1995, S. 288–324; ders.: »Kinder ihr habt mich!« – Generalfeldmarschall Günther von Kluge. In: Der 20. Juli in Paris. Verlauf – Hauptbeteiligte – Augenzeugen. Hrsg. v. Bengt v. z. Mühlen und Frank Bauer. Berlin-Kleinmachnow 1995, S. 104–132.

Leber, Dr. Julius

Beck, Dorothea: Julius Leber. Sozialdemokrat zwischen Reform und Widerstand. Berlin 1983; Leber, Julius: Ein Mann geht seinen Weg. Schriften, Reden und Briefe von Julius Leber. Hrsg. v. seinen Freunden. Berlin 1952; Mommsen, Hans: Julius Leber und der deutsche Widerstand gegen Hitler In: Alternative zu Hitler. Hrsg. v. Hans Mommsen. München 2000, S. 313–324; Reynolds, Ken: Julius Leber – Soldat und Sozialdemokrat. In: »Für Deutschland«. Die Männer des 20. Juli. Hrsg. v. Klemens von Klemperer, Enrico Syring und Rainer Zitelmann. Frankfurt am Main 1994, S. 138–151.

Leuschner, Wilhelm

Jantzen, Kyle: Wilhelm Leuschner – Der Gewerkschaftsführer. In: »Für Deutschland«. Die Männer des 20. Juli. Hrsg. v. Klemens von Klemperer, Enrico Syring und Rainer Zitelmann. Frankfurt am Main 1994, S. 152–168; Leithäuser, Joachim G.: Wilhelm Leuschner. Ein Leben für die Republik (1890–1944). Köln 1962; Mommsen, Hans: Wilhelm Leuschner und die Widerstandsbewegung des 20. Juli 1944. In: Alternative zu Hitler. Hrsg. v. Hans Mommsen. München 2000, S. 325–340.

Lindemann, Fritz

Welkerling, Wolfgang: Ein Wehrmachtsgeneral auf dem Weg zum Antifaschisten. Zur Biographie des Generals der Artillerie Fritz Lindemann (1894–1944). In: ZfG 37 (1989), S. 796–811; ders.: General der Artillerie Fritz Lindemann. In: Hitlers militärische Elite. Hrsg. v. Gerd R. Ueberschär. 2 Bde. Darmstadt 1998, Bd. 2, S. 107–115; Sie gaben ihr Leben. Unbekannte Opfer des 20. Juli 1944. General Fritz Lindemann und seine Fluchthelfer. Hrsg. v. Bengt von zur Mühlen und Frank Bauer. Berlin-Kleinmachnow 1995.

Mierendorff, Dr. Carlo

Albrecht, Richard: Der militante Sozialdemokrat. Carlo Mierendorff 1897 bis 1943. Eine Biographie. Berlin 1987; ders.: Carlo Mierendorff, Porträt eines militanten sozialdemokratischen Intellektuellen. In: Beiträge zur Geschichte der Arbeiterbewegung 34 (1992), S. 92–100; Amlung, Ulrich / Richter, Gudrun und Thied, Helge: »... von jetzt an geht es nur noch aufwärts: Entweder an die Macht oder an den Galgen!« Carlo Mierendorff (1897–1943). Schriftsteller, Politiker und Widerstandskämpfer. Marburg 1997; Carlo Mierendorff zum 20. Todestag am 4. Dezember 1963. Darmstadt 1964; Mommsen, Hans: Carlo Mierendorffs Programm der »Sozialistischen Aktion«. In: Alternative zu Hitler. Hrsg. v. Hans Mommsen. München 2000, S. 341–351; Reitz, J.: Carlo Mierendorff 1897–1943. Darmstadt 1983; Steinbach, Peter: Widerstand gegen den Nationalsozialismus – eine »sozialistische Aktion«? Zum 100. Geburtstag Carlo Mierendorffs (1897–1943). Bonn 1997.

Moltke, Helmuth James Graf von

Balfour, Michael, und Julian Frisby: Helmuth James von Moltke 1907–1945. Stuttgart 1975; Finker, Kurt: Graf Moltke und der Kreisauer Kreis. Berlin-Ost 1978, 1980; Moltke, Helmuth James Graf von: Letzte Briefe aus dem Gefängnis Tegel. Berlin 1951, 11. Aufl. 1971; Roon, Ger van: Neuordnung im Widerstand. Der Kreisauer Kreis innerhalb der deutschen Widerstandsbewegung. München 1967; ders.: Graf Moltke als Völkerrechtler im OKW. In: VfZG 18 (1970), S. 12–61; ders. (Hrsg.): Helmuth James Graf von Moltke. Völkerrecht im Dienste der Menschen. Berlin 1986; Ruhm von Oppen, Beate: Helmuth James Graf von Moltke – Anführer der Jüngeren. In: »Für Deutschland«. Die Männer des 20. Juli. Hrsg. v. Klemens von Klemperer, Enrico Syring und Rainer Zitelmann. Frankfurt am Main 1994, S. 169–183; Schwerin, Franz Graf von: Helmuth James Graf von Moltke: Im Widerstand die Zukunft denken. Zielvorstellungen für ein neues Deutschland. Paderborn 1999.

Olbricht, Friedrich

Finker, Kurt: An der Seite Stauffenbergs. Zum 100. Geburtstag von Friedrich Olbricht. In: Militärgeschichte 27 (1988), S. 461–463; Georgi, Friedrich: Soldat im Widerstand: General der Infanterie Friedrich Olbricht. Berlin u. a. 1988, 2. Aufl. 1989; ders.: »Wir haben das Letzte gewagt…« General Olbricht und die Verschwörung gegen Hitler. Der Bericht eines Mitverschworenen. Freiburg 1990; Page, Helena P.: General Friedrich Olbricht. Ein Mann des 20. Juli. Bonn 1992; Schrader, Helena P.: Friedrich Olbricht – Der Generalstabschef der Verschwörung. In: »Für Deutschland«. Die Männer des 20. Juli. Hrsg. v. Klemens von Klemperer, Enrico Syring und Rainer Zitelmann. Frankfurt am Main 1994, S. 184–201; Wollstein, Günter: Friedrich Olbricht. In: 20. Juli. Portraits des Widerstands. Hrsg. v. Rudolf Lill und Heinrich Obereuter. Düsseldorf 1984, S. 207–222.

Oster, Hans
Bauer, Fritz: Oster und das Widerstandsrecht. In: Politische Studien 15 (1964), S. 188–194; Graml, Hermann: Der Fall Oster. In: VfZG 14 (1966), S. 26–39; Thun-Hohenstein, Romedio Graf von: Der Verschwörer. General Oster und die Militäropposition. Berlin 1982; ders.: Hans Oster. In: 20. Juli. Portraits des Widerstands. Hrsg. v. Rudolf Lill und Heinrich Oberreuter. Düsseldorf 1984, S, 223–235; ders.: Hans Oster – Die »Seele des Widerstandes«. In: »Für Deutschland«. Die Männer des 20. Juli. Hrsg. v. Klemens von Klemperer, Enrico Syring und Rainer Zitelmann. Frankfurt am Main 1994, S. 202–217.

Quirnheim, Albrecht Ritter Mertz von
Wegner-Korfes, Sigrid: Der 20. Juli 1944 und das Nationalkomitee »Freies Deutschland«. Aus persönlichen Unterlagen der Familie von Oberst Ritter Albrecht Mertz von Quirnheim. In: Zeitschrift für Geschichtswissenschaft 27 (1979), S. 535–544; dies.: Realpolitische Haltung bei Offizieren der Familien Mertz von Quirnheim, Korfes und Dieckmann. In Zeitschrift für Militärgeschichte 25 (1986), S. 226–233.

Rommel, Erwin
Fraser, Sir David: Rommel. Berlin 1996; ders.: Generalfeldmarschall Erwin Rommel. In: Hitlers militärische Elite. Hrsg. v. Gerd R. Ueberschär. 2 Bde. Darmstadt 1998, Bd. 2, S. 184–193; Irving, David: Rommel. Eine Biographie. Hamburg 1979; Koch, Lutz: Rommel. Die Wandlung eines großen Soldaten. Stuttgart 1950; Krausnick, Helmut: Erwin Rommel und der deutsche Widerstand gegen Hitler. In: VfZG 1 (1953), S. 65–70; Lewin, Ronald: Rommel as Military Commander. London 1968; Ose, Dieter: Erwin Rommel. In: 20. Juli. Portraits des Widerstands. Hrsg. v. Rudolf Lill und Heinrich Oberreuter. Düsseldorf 1984, S. 253–268; Remy, Maurice P.: Mythos Rommel. München 2002; Reuth, Ralf: Des Führers General. München 1987; Ruge, Friedrich: Rommel und die Invasion. Stuttgart 1959; Speidel, Hans: Invasion 1944. Ein Beitrag zu Rommels und des Reiches Schicksal. Tübingen

1949, 5. Aufl. 1961; Stumpf, Reinhard: Erwin Rommel und der Widerstand. In: Militärgeschichte 1 (1991), S. 45–50; Ueberschär, Gerd R.: Rommel zwischen Loyalität und militärischem Widerstand. In: WWR 29 (1980), S. 188–197; Young, Desmond: Rommel. London 1950, Wiesbaden 1959.

Schulenburg, Fritz-Dietlof Graf von der
Heinemann, Ulrich: Ein konservativer Rebell. Fritz Dietlof Graf von der Schulenburg und der 20. Juli. Berlin 1990; ders.: Fritz Dietlof Graf von der Schulenburg – Preuße – Nationalsozialist – Widerstandskämpfer. In: »Für Deutschland«. Die Männer des 20. Juli. Hrsg. v. Klemens von Klemperer, Enrico Syring und Rainer Zitelmann. Frankfurt am Main 1994, S. 218–232; Krebs, Albert: Fritz-Dietlof Graf von der Schulenburg (1902–1944). Zwischen Staatsraison und Hochverrat. Hamburg 1964; Schwerin, Detlef Graf von: Die Jungen des 20. Juli 1944. Brücklmeier, Kessel, Schulenburg, Schwerin, Wussow, Yorck. Berlin 1991; ders.: »Dann sind's die besten Köpfe, die man henkt«. Die junge Generation im deutschen Widerstand. München 1991.

Schwerin von Schwanenfeld, Ulrich-Wilhelm Graf
Schwerin, Detlef Graf von: Die Jungen des 20. Juli 1944. Brücklmeier, Kessel, Schulenburg, Schwerin, Wussow, Yorck. Berlin 1991; ders.: »Dann sind's die besten Köpfe, die man henkt«. Die junge Generation im deutschen Widerstand. München 1991.

Stauffenberg, Dr. Berthold Schenk Graf von
Boehringer, Robert: Die Brüder Stauffenberg. o. O. 1968; Hoffmann, Peter: Claus Schenk Graf von Stauffenberg und seine Brüder. Stuttgart 1992; Zeller, Eberhard: Claus und Berthold Stauffenberg. In: VfZG 12 (1964), S. 223–249.

Stauffenberg, Claus Schenk Graf von
Bentzien, Hans: Claus Schenk Graf von Stauffenberg. Zwischen Soldateneid und Tyrannenmord. Hannover 1997; Bussmann, Walter: Claus Schenk Graf von Stauffenberg. In: 20. Juli. Portraits des Widerstands. Hrsg. v. Rudolf Lill und Heinrich Oberreuter. Düsseldorf 1984, S. 269–286; Finker, Kurt: Stauffenberg und der 20. Juli 1944. Berlin-Ost 1967, 6. überarb. Neuauflage unter Mitarbeit von Annerose Busse Berlin-Ost 1984, 7. Aufl. 1987; Hoffmann, Peter: Claus Schenk Graf von Stauffenberg und seine Brüder. Stuttgart 1992; Hoffmann, Peter: Claus Schenk Graf von Stauffenberg – Der Attentäter. In: »Für Deutschland«. Die Männer des 20. Juli. Hrsg. v. Klemens von Klemperer, Enrico Syring und Rainer Zitelmann. Frankfurt am Main 1994, S. 233–246; Kramarz, Joachim: Claus Graf Stauffenberg. 15. November 1907–20. Juli 1944. Das Leben eines Offiziers. Frankfurt am Main 1965; Müller, Christian: Oberst i. G. Stauffenberg. Eine Biographie. Düsseldorf 1970, 2003; Scheurig, Bodo: Claus Graf Schenk von Stauffenberg (1907–1944).

Berlin 1964. Venohr, Wolfgang: Stauffenberg. Symbol der deutschen Einheit. Berlin 1986; Zeller, Eberhard: Oberst Claus Graf Stauffenberg. Ein Lebensbild. Paderborn 1994.

Stieff, Helmuth

Mühleisen, Horst: Hellmuth Stieff und der militärische Widerstand. In: VfZG 39 (1991), S. 339–377; ders. (Hrsg.): Hellmuth Stieff. Briefe. Berlin 1991; ders.: Hellmuth Stieff – Patriot und Zauderer: In: »Für Deutschland«. Die Männer des 20. Juli. Hrsg. v. Klemens von Klemperer, Enrico Syring und Rainer Zitelmann. Frankfurt am Main 1994, S. 247–260; Rothfels, Hans (Hrsg.): Ausgewählte Briefe von Generalmajor Helmuth Stieff. In: VfZG 2 (1954), S. 291–305.

Stülpnagel, Carl-Heinrich von

Bücheler, Heinrich: Carl-Heinrich von Stülpnagel. Soldat – Philosoph – Verschwörer. Berlin 1989; Müller, Klaus-Jürgen: Carl-Heinrich von Stülpnagel – Die »Zentralfigur« in Paris. In: »Für Deutschland». Die Männer des 20. Juli. Hrsg. v. Klemens von Klemperer, Enrico Syring und Rainer Zitelmann. Frankfurt am Main 1994, S. 261–286; ders.: Witzleben – Stülpnagel – Speidel. Offiziere im Widerstand. Berlin 1988; Schmidtchen, Volker: Karl Heinrich von Stülpnagel. In: 20. Juli. Portraits des Widerstands. Hrsg. v. Rudolf Lill und Heinrich Oberreuter. Düsseldorf 1984, S. 297–305; Schramm, Wilhelm v.: Aufstand der Generale. Der 20. Juli in Paris. München 1964; Stahl, Friedrich-Christian: General der Infanterie Karl-Heinrich von Stülpnagel. In: Hitlers militärische Elite. Hrsg. v. Gerd R. Ueberschär. 2 Bde. Darmstadt 1998, Bd. 1, S. 240–247.

Tresckow, Henning von

Aretin, Karl Otmar Freiherr v.: Henning von Tresckow. In: 20. Juli. Portraits des Widerstands. Hrsg. v. Rudolf Lill und Heinrich Oberreuter. Düsseldorf, Wien 1984, S. 307–320; ders.: Henning von Tresckow – Patriot im Opfergang. In: »Für Deutschland«. Die Männer des 20. Juli. Hrsg. v. Klemens von Klemperer, Enrico Syring und Rainer Zitelmann. Frankfurt am Main 1994, S. 287–310; Boeselager, Philipp Freiherr v.: Der Widerstand in der Heeresgruppe Mitte. Berlin 1990; Gerlach, Christian: Männer des 20. Juli und der Krieg gegen die Sowjetunion. In: Vernichtungskrieg. Verbrechen der Wehrmacht 1941–1944. Hrsg. v. Hannes Heer und Klaus Naumann. Hamburg 1995, S. 427–446; ders.: Hitlergegner bei der Heeresgruppe Mitte und die »verbrecherischen Befehle«. In: NS-Verbrechen und der militärische Widerstand gegen Hitler. Hrsg. v. Gerd R. Ueberschär. Darmstadt 2000, S. 62–76; Hesse, Kurt: Der Geist von Potsdam. Mainz 1967; Scheurig, Bodo: Henning von Tresckow. Eine Biographie. Oldenburg 1973, Frankfurt am Main 1980, Neuausgabe 1987, Taschenbuchausgabe 1990; Schlabrendorff, Fabian v.: Offiziere gegen Hitler. Zürich 1946, Neuausgabe Berlin 1984; Schlabrendorff, Fabian v.: Begegnungen in fünf Jahrzehnten. Tübingen 1979 (hier S. 186–238); Ueberschär, Gerd R.: Generalmajor Henning von Tresckow. In: Hitlers militärische Elite. Hrsg. v. Gerd R. Ueberschär. 2 Bde. Darmstadt 1998, Bd. 2, S. 256–262.

Trott zu Solz, Dr. Adam von

Blasius, Rainer A.: Adam von Trott zu Solz. In: 20. Juli. Portraits des Widerstands. Hrsg. v. Rudolf Lill und Heinrich Oberreuter. Düsseldorf 1984, S. 321–334; Bethge, Eberhard: Adam von Trott und der deutsche Widerstand. In: VfZG 11 (1963), S. 213–223; Fest, Joachim: Spiel mit hohem Einsatz. Über Adam von Trott. In: VfZG 46 (1998), S. 1–18; Klemperer, Klemens von: Adam von Trott zu Solz – Patriot und Weltbürger. In: »Für Deutschland«. Die Männer des 20. Juli. Hrsg. v. Klemens von Klemperer, Enrico Syring und Rainer Zitelmann. Frankfurt am Main 1994, S. 311–327; Lindgren, Henrik: Adam von Trotts Reisen nach Schweden. 1942–1944. In: VfZG 18 (1970), S. 274–279; Malone, Henry O.: Adam von Trott. Werdegang eines Verschwörers 1909–1938. Berlin 1986; Rothfels, Hans: Adam von Trott und das State Department (Dokumente). In: VfZG 7 (1959), S. 318–331; ders.: Trott und die Außenpolitik des Widerstandes. In: VfZG 12 (1964), S. 300–325; Schott, Andreas: Adam von Trott zu Solz: Jurist im Widerstand. Verfassungsrechtliche und staatspolitische Auffassungen im Kreisauer Kreis. Paderborn 2001; Sykes, Christopher: Adam von Trott. Eine deutsche Tragödie. Düsseldorf 1969; Trott zu Solz, Clarita: Adam von Trott zu Solz. Eine Lebensbeschreibung. Berlin 1994.

Witzleben, Erwin von

Mueller, Gene: Generalfeldmarschall Erwin von Witzleben. In: Hitlers militärische Elite. Hrsg. v. Gerd R. Ueberschär. 2 Bde. Darmstadt 1998, Bd. 1, S. 265–271; Pommerin, Rainer: Erwin von Witzleben. In: 20. Juli. Portraits des Widerstands. Hrsg. v. Rudolf Lill und Heinrich Oberreuter. Düsseldorf 1984, S. 349–362; ders.: Erwin von Witzleben – Der designierte Oberbefehlshaber. In: »Für Deutschland«. Die Männer des 20. Juli. Hrsg. v. Klemens von Klemperer, Enrico Syring und Rainer Zitelmann. Frankfurt am Main 1994, S. 328–343.

Yorck von Wartenburg, Dr. Peter Graf

Frohn, Axel: Peter Graf Yorck von Wartenburg. In: 20. Juli. Portraits des Widerstands. Hrsg. v. Rudolf Lill und Heinrich Oberreuter. Düsseldorf 1984, S. 363–375; Roon, Ger van: Neuordnung im Widerstand. Der Kreisauer Kreis innerhalb der deutschen Widerstandsbewegung. München 1967; Schwerin, Detlef Graf von: Die Jungen des 20. Juli 1944. Brücklmeier, Kessel, Schulenburg, Schwerin, Wussow, Yorck. Berlin 1991; Ders.: »Dann sind's die besten Köpfe, die man henkt«. Die junge Generation im deutschen Widerstand. München 1991; Steinbach, Peter: Peter Graf Yorck von Wartenburg – Der »Kopf« der Kreisauer. In: »Für Deutschland«. Die Männer des 20. Juli. Hrsg. v. Klemens von Klemperer, Enrico Syring und Rainer Zitelmann. Frankfurt am Main 1994, S. 344–377.

Fromm, Fritz
Kroener, Bernhard: Generaloberst Fritz Fromm und der deutsche Widerstand. Annäherung an eine umstrittene Persönlichkeit . In: Aufstand des Gewissens. Militärischer Widerstand gegen Hitler und das NS-Regime 1933–1945. Hrsg. v. Heinrich Walle im Auftrag des MGFA. Berlin 1994, S. 556–578; ders.: Friedrich Fromm. Der »starke Mann im Heimatkriegsgebiet«. In: Die Militärelite des Dritten Reiches. 27 biographische Skizzen. Hrsg. v. Ronald Smelser und Enrico Syring. Berlin 1995, S. 171–186; Mueller, Gene: Generaloberst Friedrich Fromm. In: Hitlers militärische Elite. Hrsg. v. Gerd R. Ueberschär. 2 Bde. Darmstadt 1998, Bd. 1, S. 71–78.

Remer, Otto Ernst
Remer, Ernst-Otto: Der 20. Juli 1944. Hamburg 1951 (eigene Rechtfertigungsschrift); Jesse, Eckhard: Biographisches Porträt: Otto Ernst Remer. In: Jahrbuch Extremismus & Demokratie 6 (1994), S. 207–221.

Anmerkungen zu Kapitel 5: Die Frauen des 20. Juli 1944 und des Widerstands gegen das NS-Regime

1 Theodor Eschenburg: Die Rede Himmlers vor den Gauleitern am 3. August 1944. In: Vierteljahrshefte für Zeitgeschichte 1 (1953), S. 357–394.
2 Ebenda, S. 385.
3 Marion Gräfin Yorck von Wartenburg: Die Stärke der Stille. Erzählung eines Lebens aus dem deutschen Widerstand. Köln 1984, München 1987, S. 61 f.; Dorothee v. Meding: Mit dem Mut des Herzens. Die Frauen des 20. Juli. Berlin 1992, S. 165, 183 f., 205 f., 257 f.; Barbara v. Haeften: Aus unserem Leben. Bonn 2. Aufl. 1980.
4 Meding, Mit dem Mut des Herzens, S. 284 f.
5 Liste als Faksimile bei Fey von Hassell: Niemals sich beugen. Erinnerungen einer Sondergefangenen der SS. Neuausgabe München 1993, abgedruckt nach S. 112; zur Liste der Ehrenhäftlinge im KZ Dachau siehe Museumsarchiv Gedenkstätte Dachau; Isa Vermehren: Reise durch den letzten Akt. Hamburg 1947.
6 Gerhard Bracke: Melitta Gräfin Stauffenberg. Das Leben einer Fliegerin. München 1990.

7 Gerda Szepansky: Frauen leisten Widerstand 1933–1945. Frankfurt am Main 1983, S. 53 f.
8 Ger van Roon: Hermann Kaiser und der deutsche Widerstand. In: VfZG 24 (1976), S. 259–286, hier S. 271.
9 Freya von Moltke: Erinnerungen an Kreisau 1930–1945. München 1997, 2003; Yorck v. Wartenburg, Stärke der Stille.
10 Meding, Mit dem Mut des Herzens, S. 274 ff.
11 Meding, Mit dem Mut des Herzens, S. 27.
12 Meding, Mit dem Mut des Herzens, S. 131; ferner Moltke, Erinnerungen; Freya von Moltke. Die Kreisauerin. Gespräch mit Eva Hoffmann in der Reihe »Zeugen des Jahrhunderts« Hrsg. v. Ingo Hermann. Göttingen 1992; Yorck v. Wartenburg, Stärke der Stille; Rosemarie Reichwein: »Die Jahre mit Adolf Reichwein prägten mein Leben«. Ein Buch der Erinnerung. Hrsg. von Lothar Kunz und Sabine Reichwein. München 1999.
13 York v. Wartenburg, Stärke der Stille, S. 69.
14 Meding, Mit dem Mut des Herzens, S. 221 f.
15 Dorothée Klinksiek: Die Frau im NS-Staat. Stuttgart 1982; Renate Wiggershaus: Frauen unterm Nationalsozialismus. Wuppertal 1984; Maruta Schmidt und Gabi Dietz (Hrsg.): Frauen unterm Hakenkreuz. Eine Dokumentation. München 1985; Ute Benz (Hrsg.): Frauen im Nationalsozialismus. Dokumente und Zeugnisse. München 1993; Leonie Wagner: Nationalsozialistische Frauenansichten. Vorstellungen von Weiblichkeit und Politik führender Frauen im Nationalsozialismus. Frankfurt am Main 1996.
16 Meding, Mit dem Mut des Herzens, S. 27.
17 Moltke, Erinnerungen, S. 47 f.; Yorck v. Wartenburg, Stärke der Stille, S. 51 f.
18 Meding, Mit dem Mut des Herzens, S. 99 ff.
19 Peter Hoffmann: Widerstand – Staatsstreich – Attentat. Der Kampf der Opposition gegen Hitler. München 1970, S. 387 f.; ders.: Claus Schenk Graf von Stauffenberg und seine Brüder Stuttgart 1992, S. 308, 337 ff.
20 Friderike von Pölnitz: Meine Erinnerungen an die Ereignisse vom Juli 1944 in Paris. In: Bengt v. z. Mühlen und Frank Bauer (Hrsg.): Der 20. Juli 1944 in Paris. Verlauf – Hauptbeteiligte – Augenzeugen. Berlin-Kleinmachnow 1995, S. 172–177.
21 Ludwig Jedlicka: Der 20. Juli 1944 in Österreich. Wien, München 1964, S. 154 ff.
22 Martha Schad: Frauen gegen Hitler. Schicksale im Nationalsozialismus. München 2002, S. 7.
23 Schadt, Frauen gegen Hitler, S. 212 ff.
24 Inge Aicher-Scholl (Hrsg.): Sippenhaft. Nachrichten und Botschaften der Familie in der Gestapo-Haft nach der Hinrichtung von Hans und Sophie Scholl. Frankfurt am Main 1993; Inge Jens (Hrsg.): Hans Scholl

und Sophie Scholl. Briefe und Aufzeichnungen. Frankfurt am Main 1984, Neuauflage als Taschenbuch. Frankfurt am Main 1988, 1993.

25 Vgl. Ingrid Strobl: »Sag nie, du gehst den letzten Weg«. Frauen im bewaffneten Widerstand gegen Faschismus und deutsche Besetzung. Frankfurt am Main 1989; Johannes Kleinwächter: Frauen und Männer des christlichen Widerstandes. 13 Profile. Regensburg 1990; Szepansky, Frauen leisten Widerstand; Wolfgang Benz und Barbara Distel (Hrsg.): Frauen. Verfolgung und Widerstand. Dachauer Hefte, H. 3. München 1993; Christl Wickert (Hrsg.): Frauen gegen die Diktatur – Widerstand und Verfolgung im nationalsozialistischen Deutschland. Berlin 1995; Isabel Richter: Hochverratsprozesse als Herrschaftspraxis im Nationalsozialismus. Männer und Frauen vor dem Volksgerichtshof 1934–1939. Münster 2001.

26 Susanne Miller: »Ich wollte ein anständiger Mensch bleiben«. Frauen des Internationalen Sozialistischen Kampfbundes. In: Christl Wickert (Hrsg.): Frauen gegen die Diktatur, S. 106–117.

27 Hans Coppi / Jürgen Danyel und Johannes Tuchel (Hrsg.): Die Rote Kapelle im Widerstand gegen den Nationalsozialismus. Berlin 1994; Johannes Tuchel: Motive und Grundüberzeugungen des Widerstandes der Harnack / Schulze-Boysen-Organisation. Zum Denken und Handeln von Liane Berkowitz. In: Kurt Schilde (Hrsg.): Eva-Maria Buch und die »Rote Kapelle«. Erinnerungen an den Widerstand gegen den Nationalsozialismus. Berlin o. J. (1992), S. 85–127; Johannes Tuchel: Das Ende der Legenden. Die Rote Kapelle im Widerstand gegen den Nationalsozialismus. In: Gerd R. Ueberschär (Hrsg.): Der 20. Juli 1944 – Bewertung und Rezeption des deutschen Widerstandes gegen das NS-Regime. Köln 1994, S. 277–290; allgemeine Kurzbiographien bei Regina Griebel / Marlies Coburger / Heinrich Scheel: Erfasst? Das Gestapo-Album zur Roten Kapelle. Eine Foto-Dokumentation. Halle 1992.

28 Maria Gräfin von Maltzan: Schlage die Trommel und fürchte dich nicht. Erinnerungen. München 2003, S. 158 ff.

Anmerkungen zu Kapitel 6: Der 20. Juli 1944 im Kontext der übrigen deutschen Widerstandsgruppen

1 Vgl. Peter Hoffmann: Claus Schenk Graf von Stauffenberg und seine Brüder. Stuttgart 1992, S. 398, 463–472, als Faksimile abgedruckt S. 396 f.

2 Der Kreisauer Kreis. Porträt einer Widerstandsgruppe. Begleitband zu einer Ausstellung der Stiftung Preußischer Kulturbesitz. Bearbeitet von Wilhelm Ernst Winterhager. Mainz 1985, S. 2; Ger van Roon: Neuordnung im Widerstand. Der Kreisauer Kreis innerhalb der deutschen Widerstandsbewegung. München 1967, S. 35 ff.

3 Zu biographischen Angaben vgl. Roon, Neuordnung, S. 132 ff., 160 ff., 167 ff., 170 ff., 195 ff., 200 ff., mit Angabe weiterer Literatur.

4 Vgl. Archiv IfZ München, ED 106, Bd. 96; Der Kreisauer Kreis, S. 9 f., 13, auch zur Zusammensetzung des Kreises.

5 Kurt Finker: Graf Moltke und der Kreisauer Kreis. Berlin 1993, S. 42 ff.; Roon, Neuordnung, S. 56 ff.; Ger van Roon: Graf Moltke als Völkerrechtler im OKW. In: VfZG 18 (1970), S. 12–61; Helmuth James Graf von Moltke. Völkerrecht im Dienste der Menschen. Dokumente Hrsg. v. Ger van Roon. Berlin 1986.

6 Finker, Graf Moltke, S. 70 ff., 121 ff.; Roon, Neuordnung, S. 88 ff., 94 ff., 109 ff., 116 ff.; Adolf Reichwein: Ein Lebensbild aus Briefen und Dokumenten. Ausgewählt v. Rosemarie Reichwein unter Mitwirkung von Hans Bohnenkamp. Hrsg. v. Ursula Schulz. München 1974; Ullrich Amlung: Adolf Reichwein 1898–1944. Ein Lebensbild des politischen Pädagogen, Volkskundlers und Widerstandskämpfers. Frankfurt am Main 1991; ders.: Adolf Reichwein 1898–1944. Eine Personalbiographie. Marburg 1991; ders.: »... in der Entscheidung gibt es keine Umwege«. Adolf Reichwein 1898–1944. Reformpädagoge, Sozialist, Widerstandskämpfer. Marburg 1994; Adolf Reichwein: Pädagoge und Widerstandskämpfer. Ein Lebensbild in Briefen und Dokumenten (1914–1944): Hrsg. v. Gabriele C. Pallat, Roland Reichwein und Lothar Kunz. Paderborn 1999; Hans Mommsen: Adolf Reichweins Weg in den Widerstand und den Kreisauer Kreis. In. Alternative zu Hitler. Hrsg. v. Hans Mommsen. München 2000, S. 352–365; »Wir sind die lebendige Brücke von gestern zu morgen«. Pädagogik und Politik im Leben und Werk Adolf Reichweins. Hrsg. von Roland Reichwein. München 2000.

7 Zur dortigen Arbeit siehe Rolf-Dieter Müller: Kriegsrecht oder Willkür? Helmuth James Graf v. Moltke und die Auffassungen im Generalstab des Heeres über die Aufgaben der Militärverwaltung vor Beginn des Rußlandkrieges. In: MGM Bd. 42 / 1987, S. 125–151.

8 Ger van Roon: Der Kreisauer Kreis zwischen Widerstand und Umbruch. Berlin 1985, S. 5.

9 Finker, Graf Moltke, S. 91 ff.; Ulrich Heinemann: Ein konservativer Rebell. Fritz-Dietlof Graf von der Schulenburg und der 20. Juli. Berlin 1990; Levin von Trott zu Solt: Hans Peters und der Kreisauer Kreis. Staatslehre im Widerstand. Paderborn 1997; Frank Schindler: Paulus von Husen im Kreisauer Kreis. Verfassungsrechtliche und verfassungspolitische Beiträge zu den Plänen der Kreisauer für einen Neuaufbau Deutschlands. Paderborn 1997.

10 Vgl. Finker, Graf Moltke, S. 81 ff., 85 ff., 126 ff., 129 ff.; zu Mierendorff vgl. Roon, Neuordnung, S. 123 f.; Hans Mommsen: Carlo Mierendorffs Programm der »Sozialistischen Aktion«. In: Alternative zu Hitler. Hrsg. v. Hans Mommsen. München 2000, S. 341–351; zu Leber siehe Roon, Neu-

ordnung, S. 204 ff.; Dorothea Beck: Julius Leber. Sozialdemokrat zwischen Reform und Widerstand. Berlin 1983; Julius Leber. Ein Mann geht seinen Weg. Schriften, Reden und Briefe von Julius Leber. Hrsg. v. seinen Freunden. Berlin 1952; Hans Mommsen: Julius Leber und der deutsche Widerstand gegen Hitler. In: Alternative zu Hitler. Hrsg. v. Hans Mommsen: München 2000, S. 313–324; Amlung, Adolf Reichwein, S. 458 ff., 470 ff.; Adolf Reichwein 1898–1944. Erinnerungen, Forschungen, Impulse. Hrsg. v. Wilfried Huber und Albert Krebs. Paderborn 1981, S. 347 ff.

11 Roon, Neuordnung, S. 109 ff.; Dossier: Kreisauer Kreis. Dokumente aus dem Widerstand gegen den Nationalsozialismus. Hrsg. v. Roman Bleistein. Frankfurt am Main 1987, S. 11 ff., 25 ff.; Roman Bleistein: Augustinus Rösch. Leben im Widerstand. Biographie und Dokumente. Frankfurt am Main 1998; Augustin Rösch: Kampf gegen den Nationalsozialismus. Hrsg. v. Roman Bleistein. Frankfurt am Main 1985; Alfred Delp: Gesammelte Schriften. Hrsg. v. Roman Bleistein. 5 Bde. Frankfurt am Main 1982 ff., Bd. 4, S. 24 ff., S. 39 ff.; Roman Bleistein: Die Jesuiten im Kreisauer Kreis. Ihre Bedeutung für den Gesamtwiderstand gegen den Nationalsozialismus. Passau 1990; ders.: Alfred Delp. Geschichte eines Zeugen. Frankfurt am Main 1989, S. 255 ff.

12 Roon, Neuordnung, S. 271 ff.; Christine Blumenberg-Lampe: Das wirtschaftspolitische Programm der Freiburger Kreise. Entwurf einer freiheitlich-sozialen Nachkriegswirtschaft. Nationalökonomen gegen den Nationalsozialismus. Berlin 1973, S. 48 f.; Der »Freiburger Kreis«. Widerstand und Nachkriegsplanung 1933–1945. Hrsg. v. Dagmar Rübsam und Hans Schadek. Freiburg 1990, S. 113 ff.; Gerhard Ritter: Carl Goerdeler und die deutsche Widerstandsbewegung. Stuttgart 1956, Neuausgabe München 1964, 4. Aufl. Stuttgart 1984, S. 391 f., 629 ff.

13 Im Moltke-Almanach, hrsg v. d. Moltke-Stiftung. Berlin 1984, S. 10 ff., sind 22 engere Mitglieder biographisch erfasst, dort auch weitere Hinweise zur biographischen Literatur; Finker, Graf Moltke, S. 140.

14 Roon, Neuordnung, S. 248 ff., 252 ff., 254 ff., 403, 542 f., 589 ff.; Finker, Graf Moltke, S. 153; Dossier: Kreisauer Kreis, S. 59 ff., 102 ff., 179 ff., 239 ff.; Adolf Reichwein 1898–1944 (Huber/Krebs), S. 347 ff.; Amlung, Adolf Reichwein, S. 470 ff., 476 ff.; vgl. Richard Albrecht: Carlo Mierendorff und das Konzept einer demokratischen Volksbewegung. In: Widerstand gegen den Nationalsozialismus. Die deutsche Gesellschaft und der Widerstand gegen Hitler. Hrsg. v. Jürgen Schmädeke und Peter Steinbach. München 1985 und 1986, S. 838–848; ders.: Der militante Sozialdemokrat. Carlo Mierendorff 1897 bis 1943. Eine Biographie. Berlin 1987; ders.: Carlo Mierendorff. Porträt eines militanten sozialdemokratischen Intellektuellen. In: Beiträge zur Geschichte der Arbeiterbewegung 34 (1992), S. 92–100; Eugen Gerstenmaier: Streit und Friede hat seine Zeit. Ein Lebensbericht. Frankfurt am Main 1981, S. 152.

15 Roon, Neuordnung, S. 327 f., 331, 561 ff.
16 Vgl. Roon, Neuordnung, S. 471.
17 Vgl. Roon, Der Kreisauer Kreis, S. 7; Ger van Roon: Hermann Kaiser und der deutsche Widerstand. In: VfZG 24 (1976), S. 259–286, hier S. 276 (Tagebuch Hermann Kaiser v. 29. 1. 1943); Finker, Graf Moltke, S. 163; Ulrich v. Hassell: Vom anderen Deutschland. Aus den nachgelassenen Tagebüchern 1938–1944. Zürich, Freiburg 1946, S. 290.
18 Ger van Roon: Widerstand im Dritten Reich. Ein Überblick. München 1979, S. 157 f.; ders., Neuordnung, S. 318 ff., 584 f., 591 ff.; Jürgen Heideking / Christof Mauch: Das Herman-Dossier. Helmuth James Graf von Moltke, die deutsche Emigration in Istanbul und der amerikanische Geheimdienst Office of Strategic Services. In: VfZG 40 (1992), S. 567–623.
19 Theodor Steltzer: Sechzig Jahre Zeitgenosse. München 1966; Ger van Roon: Oberst Wilhelm Staehle. Ein Beitrag zu den Auslandskontakten des deutschen Widerstandes. In: VfZG 14 (1966), S. 209–223; ders.: Wilhelm Staehle. Ein Leben auf der Grenze 1877–1945. München 1969.
20 So Roon, Widerstand im Dritten Reich, S. 158, auch zum Folgenden; vgl. auch Eberhard Bethge: Dietrich Bonhoeffer. Eine Biographie. München 7. Aufl. 1989, S. 846; Finker, Graf Moltke, S. 194 f.; Steltzer, Sechzig Jahre Zeitgenosse.
21 Vgl. Finker, Graf Moltke, S. 251.
22 Eberhard Zeller: Geist der Freiheit. Der Zwanzigste Juli. München 1952, 5. Aufl. 1965, S. 454.
23 Ritter, Goerdeler (1984), S. 368 ff.
24 Ritter, Goerdeler, S. 369. Vgl. ferner die rekonstruierte Kabinettsliste in: Aufstand des Gewissens, S. 172 f.
25 Ulrich von Hassell: Die Hassell-Tagebücher 1938–1944. Aufzeichnungen vom Andern Deutschland. Nach der Handschrift rev. und erw. Ausg. Hrsg. von Friedrich Frhr. Hiller von Gaertringen unter der Mitarbeit von Klaus Peter Reiß. Berlin 1988, S. 451 ff.
26 Vgl. Hans Mommsen: Gesellschaftsbild und Verfassungspläne des deutschen Widerstands. In: Widerstand im Dritten Reich. Probleme, Ereignisse, Gestalten. Hrsg. v. Hermann Graml. Frankfurt am Main 1984, S. 20 f.; Wolfgang Benz: Deutsche gegen Hitler. In: Wolfgang Benz: Herrschaft und Gesellschaft im nationalsozialistischen Staat. Frankfurt am Main 1990, S. 180–196, hier S. 192 f.
27 Vgl. Ritter, Goerdeler, S. 353 ff., 593 ff.; Roon, Neuordnung, S. 352 ff., 394 ff., 402 ff., 561 ff.; Dossier: Kreisauer Kreis, S. 88 ff., 95 ff., 322 ff.; Theodor Steltzer: Von deutscher Politik. Dokumente, Aufsätze und Vorträge. Frankfurt am Main 1949, S. 156 ff.; Mommsen, Gesellschaftsbild, S. 66, auch zum Folgenden.
28 Aussage Trotts, zit. nach Mommsen, Gesellschaftsbild, S. 71.
29 Mommsen, Gesellschaftsbild, S. 72.

30 Vgl. Hans Mommsen: Wilhelm Leuschner und die Widerstandsbewegung des 20. Juli 1944. In: Alternative zu Hitler. Hrsg. v. Hans Mommsen. München 2000, S. 325–340.

31 Zit. nach Mommsen, Gesellschaftsbild, S. 87; vgl. Roon, Neuordnung, S. 380f.

32 Christian Müller: Oberst i. G. Stauffenberg. Düsseldorf 1970, S. 369ff.; Dorothea Beck: Julius Leber. Sozialdemokrat zwischen Reform und Widerstand. Berlin 1983, S. 183, 187 zum Folgenden.

33 Vgl. Hinweise bei Mommsen, Gesellschaftsbild, S. 81; Emil Henk: Die Tragödie des 20. Juli 1944. Ein Beitrag zur politischen Vorgeschichte. Heidelberg 1946; Leber, Ein Mann geht seinen Weg, S. 283f.; Ritter, Goerdeler, S. 543; Spiegelbild einer Verschwörung. Die Kaltenbrunner-Berichte an Bormann und Hitler über das Attentat vom 20. Juli 1944. Geheime Dokumente aus dem ehemaligen Reichssicherheitshauptamt. Hrsg. vom Archiv Peter für historische und zeitgeschichtliche Dokumentation. Stuttgart 1961, S. 234f., 501.

34 Joachim G. Leithäuser: Wilhelm Leuschner. Ein Leben für die Republik. Köln 1962; Mommsen, Wilhelm Leuschner und die Widerstandsbewegung; Beck, Julius Leber; Nachlass Mierendorff im Stadtarchiv Darmstadt: ST 45; J. Reitz: Carlo Mierendorff 1897–1943. Darmstadt 1983; Richard Albrecht: Der militante Sozialdemokrat. Carlo Mierendorff 1897 bis 1943. Eine Biographie. Berlin, Bonn 1987; ders.: Carlo Mierendorff, Porträt eines militanten sozialdemokratischen Intellektuellen. In: Beiträge zur Geschichte der Arbeiterbewegung 34 (1992), S. 92–100; Walter Hammer: Theodor Haubach zum Gedächtnis. Frankfurt am Main 1955; Archiv IfZ München, ED 106; Peter Grasmann: Sozialdemokraten gegen Hitler 1933–1945. München 1976, S. 47ff., S. 59ff., S. 73ff.; Reichwein, Ein Lebensbild; Amlung, Adolf Reichwein.

35 Mommsen, Wilhelm Leuschner und die Widerstandsbewegung, S. 325ff.

36 Elfriede Nebgen: Jakob Kaiser. Der Widerstandskämpfer. Stuttgart 1967, S. 133; »Spiegelbild einer Verschwörung«. Die Opposition gegen Hitler und der Staatsstreich vom 20. Juli 1944 in der SD-Berichterstattung. Geheime Dokumente aus dem ehemaligen Reichssicherheitshauptamt. Hrsg. v. Hans-Adolf Jacobsen. 2 Bde. Stuttgart 1984 (siehe Ausgabe von 1961, S. 315ff., 415, 499f.); Mommsen, Gesellschaftsbild, S. 78; Ritter, Goerdeler (1964), S. 304.

37 Zitat nach Gerhard Beier: Die illegale Reichsleitung der Gewerkschaften 1933–1945. Köln 1981, S. 81; Nachlass Leuschner im Staatsarchiv Darmstadt.

38 Siehe Beatrix Herlemann: Die Emigration als Kampfposten. Die Anleitung des kommunistischen Widerstandes in Deutschland aus Frankreich, Belgien und den Niederlanden. Königstein 1982.

39 Detlev J. Peukert: Volksgenossen und Gemeinschaftsfremde. Anpas-

sung, Ausmerze und Aufbegehren unter dem Nationalsozialismus. Köln 1982, S. 127.

40 Vgl. Bodo Scheurig: Freies Deutschland. Das Nationalkomitee und der Bund Deutscher Offiziere in der Sowjetunion 1943–1945. Köln 1984, Neuausgabe u. d. T. Verräter oder Patrioten. Das Nationalkomitee »Freies Deutschland« und der Bund Deutscher Offiziere in der Sowjetunion 1943–1945. Berlin u. a. 1993; ders. (Hrsg.): Verrat hinter Stacheldraht? München 1965; Gert Robel: Die deutschen Kriegsgefangenen in der Sowjetunion: Antifa. München 1974, S. 59 ff.; Gerd R. Ueberschär: Das NKFD und der BDO im Kampf gegen Hitler 1943–1945. In: Gerd R. Ueberschär (Hrsg.): Nationalkomitee »Freies Deutschland« und der Bund Deutscher Offiziere. Frankfurt am Main 1995, S. 31–51.

41 Vgl. Walther v. Seydlitz: Stalingrad. Konflikt und Konsequenz. Erinnerungen. Oldenburg 1977, S. 193 ff.; ferner James Carnes: General zwischen Hitler und Stalin. Das Schicksal des Walther v. Seydlitz. Düsseldorf 1980, S. 189 ff.; Hans Martens: General von Seydlitz. 1942–1945. Analyse eines Konfliktes. Berlin 1971; Ueberschär, Das NKFD und der BDO, S. 34 ff.

42 Wolfgang Leonhard: Die Revolution entläßt ihre Kinder. Köln 1955, S. 297; Verrat hinter Stacheldraht?, S. 155 ff.; Martens, Seydlitz, S. 46 ff.; Seydlitz, Stalingrad, S. 327 ff.; Carnes, General zwischen Hitler und Stalin, S. 232 ff.; Ueberschär, Das NKFD und der BDO, S. 36.

43 »Spiegelbild einer Verschwörung«; SS-Bericht über den 20. Juli (von Georg Kiesel), S. 24; Scheurig, Freies Deutschland, S. 144 Anm. 104 u. 105; Verrat hinter Stacheldraht?, S. 232 ff.; Ueberschär, Das NKFD und der BDO, S. 40 f.; unbelegte Angabe bei Olaf Groehler: 20. Juli 1944. Es blieb nur ein Weg. Der Sturz Hitlers. In: Berliner Zeitung v. 20. 7. 1987.

44 Ueberschär, Das NKFD und BDO, S. 42 Anm. 67; Wolfgang Welkerling: Ein Wehrmachtsgeneral auf dem Weg zum Antifaschisten. Zur Biographie des Generals der Artillerie Fritz Lindemann (1894–1944). In: ZfG 37 (1989), S. 796–811, hier S. 809; ders.: General der Artillerie Fritz Lindemann. Hitlers militärische Elite. Hrsg. v. Gerd R. Ueberschär. 2 Bde. Darmstadt 1998, Bd. 2, S. 107–115; Sie gaben ihr Leben. Unbekannte Opfer des 20. Juli 1944. General Fritz Lindemann und seine Fluchthelfer. Hrsg. v. Bengt von zur Mühlen und Frank Bauer. Berlin-Kleinmachnow 1995.

45 Ueberschär, Das NKFD und der BDO, S. 39.

46 Günter Gribbohm: Zwischen Widerstand und Verrat – Der Fall Seydlitz vor dem Reichskriegsgericht. In: Europäische Wehrkunde 26 (1977), S. 185–189.

47 Ritter, Goerdeler, S. 388; Zur Frage nach der möglichen Ostorientierung Stauffenbergs vgl. Peter Hoffmann: Colonel Claus von Stauffenberg in the Resistance to Hitler: Between East and West. In: The Historical Journal 31 (1988), S. 520–542.

Anmerkungen zu Kapitel 7: Das Attentat auf Hitler vor dem Hintergrund der militärischen Situation im fünften Kriegsjahr

1 Erich von Manstein: Verlorene Siege. Bonn 1955, S. 395; Alexander Stahlberg: Die verdammte Pflicht. Erinnerungen 1932 bis 1945. Frankfurt am Main 1987, S. 276.

2 Günter Toepke: Stalingrad, wie es wirklich war. Stade 1949, S. 143.

3 Helmuth Groscurth: Tagebücher eines Abwehroffiziers 1938–1940. Mit weiteren Dokumenten zur Militäropposition gegen Hitler. Hrsg. von Helmut Krausnick und Harold C. Deutsch. Stuttgart 1970, S. 94 f.; Stahlberg, Die verdammte Pflicht, S. 266 f.; Manstein, Verlorene Siege, S. 437–444.

4 Inge Scholl: Die Weiße Rose. Neuausgabe Frankfurt am Main 1982, S. 119; Richard Hanser: Deutschland zuliebe. Leben und Sterben der Geschwister Scholl. München 1982, S. 251 ff.; ferner Detlef Bald: Die »Weiße Rose«. Von der Front in den Widerstand. Berlin 2003.

5 Gerhard Schreiber: Der Zweite Weltkrieg. München 2002, S. 91.

6 Zusammenfassende Überblicke zum Bombenkrieg bieten Noble Frankland: Die Bomberoffensive. Rastatt 1985; Joachim von Lang: Krieg der Bomber. Dokumentation einer deutschen Katastrophe. Berlin, Frankfurt am Main 1986; Anthony Verrier: Bomberoffensive gegen Deutschland 1939–1945. Frankfurt am Main 1970; Alfred Price: Luftschlacht über Deutschland. Stuttgart 4. Aufl. 1983; Heinz J. Nowarra: Die Bomber kommen. Der Weg zum totalen Luftkrieg 1940–1944. Friedberg 1979; David Irving: Und Deutschlands Städte starben nicht. Ein Dokumentarbericht. Zürich 1963; Franz Kurowski: Der Luftkrieg über Deutschland. Düsseldorf 1977, und neuerdings Olaf Groehler: Bombenkrieg gegen Deutschland. Berlin 1990.

7 Siehe dazu Gerd R. Ueberschär / Wolfram Wette: Bomben und Legenden. Die schrittweise Aufklärung des Luftangriffs auf Freiburg am 10. Mai 1940. Ein dokumentarischer Bericht. Freiburg 1981.

8 Vgl. Guilio Douhet: Luftherrschaft. Berlin 1935; Georg W. Feuchter: Der Luftkrieg. Vom Fesselballon zum Raumfahrzeug. Frankfurt, Bonn 2. Aufl. 1962; Olaf Groehler: Geschichte des Luftkrieges 1910 bis 1980. Berlin-Ost 8. Aufl. 1990.

9 Vgl. Arthur T. Harris: Bomber Offensive. New York–London 1947; Charles Messenger: ›Bomber‹ Harris and the strategic Bombing Offensive, 1939–1945. London 1984.

10 Foreign Relations of the United States (= FRUS). The Conferences at Washington, 1941–1942, and Casablanca, 1943. Washington 1968, S. 669, 746 f., 781 f.

11 Vgl. Hans Brunswig: Feuersturm über Hamburg. Stuttgart 4. Aufl. 1981;

Martin Middlebrook: The Battle of Hamburg. Allied Bomber Forces against a German City in 1943. London 1980 (deutsch: Hamburg Juli '43. Berlin 1983).

12 Werner Girbig: ... im Anflug auf die Reichshauptstadt. Die Dokumentation der Bombenangriffe auf Berlin – stellvertretend für alle deutschen Städte. Stuttgart 1970; Jeffrey Ethell / Alfred Price: Angriffsziel Berlin. Auftrag 25O: 6. März 1944. Stuttgart 1982.

13 Die Verfügung wurde an alle Ministerien weitergegeben, vgl. Verfügung des Reichspostministeriums v. 18. 12. 1943, zit. nach Gerd R. Ueberschär: Freiburg im Luftkrieg 1939 – 1945. Freiburg 1990, S. 143.

14 Himmlers Vortrag zur Tagung über Grundsatzfragen der Selbstverwaltung am 12.–14. 2. 1944 in Posen, zit. nach Ueberschär, Freiburg im Luftkrieg, S. 144.

15 Meldungen aus dem Reich. Die geheimen Lageberichte des Sicherheitsdienstes der SS. 1938 – 1945. Hrsg. v. Heinz Boberach. 17 Bde. Herrsching 1984, Bd. 13, S. 5217.

16 BA-MA Freiburg, RH 19 III / 20: Notiz von Generalleutnant Kinzel über das Telefongespräch mit Graf Stauffenberg und Generaloberst Beck v. 20. 7. 1944, auch zu den folgenden Zitaten.

17 Theodore S. Hamerow: Die Attentäter. München 1999, S. 376 f.

Anmerkungen zum Kapitel 8: Die Folgen des misslungenen Attentats: Ehrenhof, »Volksgerichtshof«, Verfolgungsaktion »Gewitter« und Sippenhaft

1 Max Domarus: Hitler. Reden und Proklamationen 1932 – 1945. Kommentiert von einem deutschen Zeitgenossen. 2 Bde. Wiesbaden 1973, Bd. II. 2. Teilbd., S. 2127 f.; Eberhard Zeller: Geist der Freiheit. Der 20. Juli. München 1965, S. 539; ferner Kunrat v. Hammerstein: Flucht. Aufzeichnungen nach dem 20. Juli. Freiburg 1966, S. 13 f.; Aufstand des Gewissens. Militärischer Widerstand gegen Hitler und das NS-Regime 1933 – 1945. Hrsg. v. Militärgeschichtlichen Forschungsamt. Herford 4. Aufl. 1994, S. 195. Zur Reaktion des NS-Regimes auf den 20. 7. 1944 siehe generell Ulrike Hett / Johannes Tuchel: Die Reaktionen des NS-Staates auf den Umsturzversuch vom 20. Juli 1944. In: Widerstand gegen den Nationalsozialismus. Hrsg. v. Peter Steinbach / Johannes Tuchel. Bonn 1994, S. 377 – 389.

2 Die Tagebücher von Joseph Goebbels. Hrsg. v. Elke Fröhlich. Teil II: Diktate 1941 – 1945. Bd. 13: Juli–September 1944. Bearbeitet von Jana Richter. München, New Providence 1995, S. 141 (Eintragung v. 23. 7. 1944).

3 Vgl. Peter Hoffmann: Widerstand, Staatsstreich, Attentat. Der Kampf

der Opposition gegen Hitler. München/Zürich 1979, S. 629ff.; zu Tresckows Selbstmord vgl. Militärhistorisches Archiv Prag, Bestand Reichskriegsgericht, Ergänzungen Kasten 2: Feldurteil gegen Major i. G. Kuhn v. 6. 2. 1945 (in Abwesenheit). Kuhn begleitete Tresckow auf der vorgetäuschten Feindfahrt. Zu Kuhn siehe Norbert Haase: Aus der Praxis des Reichskriegsgerichts. Neue Dokumente zur Militärgerichtsbarkeit im Zweiten Weltkrieg. In: VfZG 39 (1991), S. 379–411, S. 397ff.; Horst Mühleisen: Patrioten im Widerstand. Carl-Hans Graf von Hardenbergs Erlebnisbericht. In: VfZG 41 (1993), S. 419–477; Klaus Gerbet: Carl-Hans Graf von Hardenberg 1891–1958. Ein preußischer Konservativer in Deutschland. Berlin 1993, S. 155ff.

4 Vgl. Walter Wagner: Der »Volksgerichtshof« im nationalsozialistischen Staat. Stuttgart 1974, bes. S. 660ff., 670ff.; Hinrich Rüping: »Streng, aber gerecht«. Schutz der Staatssicherheit durch den »Volksgerichtshof«. In: Festschrift für Rudolf Wassermann zum siebzigsten Geburtstag. Hrsg. v. Christian Broda/Erwin Deutsch/Hans-Ludwig Schreiber/Hans-Jochen Vogel. Neuwied/Darmstadt 1985, S. 983–994; Günter Wieland: Das war der »Volksgerichtshof«. Ermittlungen – Fakten – Dokumente. Berlin-Ost/Pfaffenweiler 1989, S. 91ff.; Hannsjoachim Koch: »Volksgerichtshof«. Politische Justiz im 3. Reich. München 1988, S. 484ff.; Volker Kähne/Bernhard Jahntz: Der »Volksgerichtshof«. Darstellung der Ermittlungen der Staatsanwaltschaft bei dem Landgericht Berlin gegen ehemalige Richter und Staatsanwälte am »Volksgerichtshof«. 2. Aufl. Berlin 1987; »Im Namen des Deutschen Volkes«. Todesurteile des »Volksgerichtshofes«. Hrsg. v. Heinz Hillermeier. Darmstadt 1980; Klaus Marxen: Das Volk und sein Gerichtshof. Eine Studie zum nationalsozialistischen »Volksgerichtshof«. Frankfurt am Main 1994; Lothar Gruchmann: Justiz im Dritten Reich 1933–1940. Anpassung und Unterwerfung in der Ära Gürtner. München 1988, S. 959ff.; Helmut Ortner: Der Hinrichter. Roland Freisler – Mörder im Dienste Hitlers. Wien 1993; Gert Buchheit: Richter in roter Robe. Freisler, Präsident des »Volksgerichtshofes«. München 1968; Peter Hoffmann: Widerstand, Staatsstreich, Attentat. Der Kampf der Opposition gegen Hitler. München/Zürich 1979, S. 644f., 871ff.; Zeller, Geist der Freiheit, S. 461ff.; Archiv IfZ München: ZS/A33/4: Bericht von Kameramann Stoll v. 1. 10. 1945 und die Zeugenaussagen bei Zeller, Geist der Freiheit (1965), S. 464, 540.

5 Tätigkeitsbericht des Chefs des Heerespersonalamtes General der Infanterie Rudolf Schmundt, fortgeführt von General der Infanterie Wilhelm Burgdorf 1. 10. 1942–29. 10. 1944. Hrsg. v. Dermot Bradley und Richard Schulze-Kossens. Osnabrück 1984, S. 186ff. (2. und 4. 8. 1944), S. 253; s. auch Domarus, Hitler, S. 2137ff.; Wagner, Der »Volksgerichtshof«, S. 662ff.; zu Hitlers Erlass an Keitel v. 2. 8. 1944 siehe BA-Zentralnachweisstelle Aachen-Kornelimünster: Sammlung WAllg.

6 Ebenda; DNB-Nachricht v. 5. 8. 1944.

7 Siehe Guderians Verfügung v. 24. 8. 1944. Als Faksimile abgedruckt in: Aufstand des Gewissens, S. 500; siehe auch Kenneth Macksey: Generaloberst Heinz Guderian. In: Hitlers militärische Elite. Bd. 2. Hrsg. v. Gerd R. Ueberschär. Darmstadt 1998, S. 80–87; vgl. Manfred Messerschmidt: Die Wehrmacht im NS-Staat. Zeit der Indoktrination. Hamburg 1969, S. 435. Zur Bewertung Guderians in diesem Zusammenhang vgl. die positiven Hinweise bei Georg Meyer: Auswirkungen des 20. Juli 1944 auf das innere Gefüge der Wehrmacht bis Kriegsende und auf das soldatische Selbstverständnis im Vorfeld des westdeutschen Verteidigungsbeitrages bis 1950/51. In: Aufstand des Gewissens. Hrsg. v. MGFA. Herford 1987, S. 465–498, hier S. 482 f.

8 Archiv IfZ München: ZS/A33/5: Ausarbeitung von Dr. Rosencrantz v. 20. 3. 1949; ebenda, ZS/A33/3: Bericht von General a. D. Kirchheim Nr. B 33 401; Hoffmann, Widerstand, S. 146.

9 Zu den Sitzungsergebnissen vgl. die DNB-Meldung v. 5. 8. 1944. Wiedergegeben bei Wagner, Der »Volksgerichtshof«, S. 662 f. Siehe ferner Domarus, Hitler, Bd. II, 2. Teilbd., S. 2137 f. und Tätigkeitsbericht Schmundt, S. 188 f., 195, 201, 220 f., 253; BA-MA Freiburg, RH 7/v. 30: Listen zum 4. 8. 1944 und 24. 8. 1944, S. 2 ff., 38 ff.; BA-Zentralnachweisstelle Aachen-Kornelimünster: Sammlung WAllg.

10 BA-MA Freiburg, N 39/60 und RH 7/v. 676; BA-Zentralnachweisstelle Aachen-Kornelimünster, WAllg: Verfügung v. 16. 9. 1944.

11 RGBl. I, 1934, S. 341. Vgl. ferner Wagner, Der »Volksgerichtshof«, S. 660 ff.; Rüping, »Streng, aber gerecht«, S. 983–994; Wieland, Das war der »Volksgerichtshof«, S. 91 ff.; Koch, »Volksgerichtshof«, S. 484 ff.; Kähne/Jahntz, Der »Volksgerichtshof«; »Im Namen des Deutschen Volkes«; Marxen, Das Volk und sein Gerichtshof; Gruchmann, Justiz im Dritten Reich, S. 959 ff.; Ortner, Der Hinrichter; Buchheit, Richter in roter Robe. Zur Zuständigkeitsregelung siehe auch BA Berlin, R22/4693: Zuständigkeit des »Volksgerichtshofes« nach Reichsrecht v. 1942. Zur Geschäftsverteilung und Zusammensetzung der Senate siehe BA Berlin, R 22/4693 und 4694 sowie R 3016/31: Freislers Verfügungen v. 31. 12. 1942, 28. 12. 1943, 5. 1. 1944, 1. 4. 1944, 29. 9. 1944 und 29. 12. 1944; Listen im Archiv IfZ München, ED 106/81 und 86.

12 Archiv IfZ München, Fa-116: Reichsinnenminister v. 1. 9. 1944, Bl. 45.

13 Archiv IfZ München, Fa-116: Himmler an Reichsminister Lammers v. 27. 8. 1944, Bl. 42 ff.

14 Archiv IfZ München, Fa-116: Bl. 68 ff. (Runderlass v. 13. 11. 1944).

15 Archiv IfZ München, NG 5405: Aussage von Lautz v. 17. 6. 1948. Zur Geschäftsverteilung und personellen Zusammensetzung der sechs Abteilungen in der Oberreichsanwaltschaft siehe BA Berlin, R 3016/88: Verfügungen von Lautz v. 28. 4. 1943, 3. 1. 1944 und 22. 2. 1945.

16 Archiv IfZ München, NG 5405: Aussage Lautz v. 17. 6. 1948.

17 DNB-Bericht vom 9. 8. 1944, zit. nach Edmund Lauf: Der »Volksgerichtshof« und sein Beobachter. Bedingungen und Funktionen der Gerichtsberichterstattung im Nationalsozialismus. Opladen 1994, auch zum folgenden Zitat.

18 Vgl. dazu »Spiegelbild einer Verschwörung«. Die Opposition gegen Hitler und der Staatsstreich vom 20. Juli 1944 in der SD-Berichterstattung. Geheime Dokumente aus dem ehemaligen Reichssicherheitshauptamt. 2 Bde. Hrsg. v. Hans-Adolf Jacobsen. Stuttgart 1983; zur »Sonderkommission 20. Juli 1944« siehe: Aus den Papieren des SS-Obersturmbannführers G. Kiesel. In: Nordwestdeutsche Hefte 2 (1947), S. 5–34; Archiv IfZ München, ZS 249, Bd. I: Bestand Huppenkothen, Verschiedene Niederschriften und Zeugenaussagen.

19 Zahlen bei Hoffmann, Widerstand, S. 864, und Ulrike Hett/Johannes Tuchel: Die Reaktionen des NS-Staates auf den Umsturzversuch vom 20. Juli 1944. In: Widerstand gegen den Nationalsozialismus. Hrsg. v. Peter Steinbach und Johannes Tuchel. Bonn 1994, S. 377 ff.; dagegen in: Aufstand des Gewissens, S. 177, insgesamt 7000 Verhaftete und fast 5000 Hingerichtete bis zum Kriegsende.

20 Vgl. Archiv IfZ München, ZS 249, Bd. I.: Vernehmung und Aussage von Walter Huppenkothen, früher SS-Standartenführer im RSHA, v. 19. 8. 1947 und v. 8. 6. 1948; ebd., Gm 07.14 (a): Urteil gegen W. Huppenkothen und Dr. O. Thorbeck v. 5. 11. 1952; Staatsarchiv Nürnberg, H 220: Aussagen von Huppenkothen v. 21. 5. 1947, 23. 5. 1947; Zeller, Geist der Freiheit (1965), S. 465 f.; Heinz Höhne: Canaris. Patriot im Zwielicht. München 1976, S. 547 ff.; »Spiegelbild einer Verschwörung«. Die Opposition gegen Hitler und der Staatsstreich vom 20. Juli 1944 in der SD-Berichterstattung. Geheime Dokumente aus dem Reichssicherheitshauptamt. Hrsg. v. Hans-Adolf Jacobsen. 2 Bde. Stuttgart 1984, Bd. 1, S. 369 ff.; Elisabeth Chowaniec: Der »Fall Dohnanyi« 1943–1945. Widerstand, Militärjustiz, SS-Willkür. München 1991, S. 123 ff.; Winfried Meyer: Unternehmen Sieben. Eine Rettungsaktion für vom Holocaust Bedrohte aus dem Amt Ausland/Abwehr im Oberkommando der Wehrmacht. Frankfurt am Main 1993, S. 450 ff.

21 Z. T. in der Literatur auch als »Gitter«-Aktion bezeichnet; vgl. DA Dt. Widerstand Frankfurt, AN 1526 mit unvollständiger Liste der Verhafteten; siehe auch Hoffmann, Widerstand (1979), S. 635.

22 Vgl. u. a. Abdruck der Verhandlung bei Koch, »Volksgerichtshof«, S. 333 ff.; Der Prozeß gegen die Hauptkriegsverbrecher. 47 Bde. Nürnberg 1947 ff. (IMT), Bd. 33, S. 300–500 (3881–PS); siehe ferner Horst Mühleisen: Hellmuth Stieff und der deutsche Widerstand. In: VfZG 39 (1991), S. 375 ff.; Hellmuth Stieff: Briefe. Hrsg. v. Horst Mühleisen. Berlin 1991; Wagner, »Volksgerichtshof«, S. 670 ff.; Kunrat v. Hammerstein:

Flucht. Aufzeichnungen nach dem 20. Juli. Olten, Freiburg 1966, S. 77 ff.; vgl. »Im Namen des Deutschen Volkes«; Zeller, Geist der Freiheit (1965), S. 461 ff.; Wagner, »Volksgerichtshof«, S. 670 ff.

23 Detaillierte Hinweise bei Hoffmann, Widerstand (1979), S. 871 ff.; Zeller, Geist der Freiheit (1965), S. 464, 540. Zum Prozess vgl. u. a. Marion Gräfin Yorck v. Wartenburg: Die Stärke der Stille. Erzählung eines Lebens aus dem deutschen Widerstand. München 1987, S. 57 ff.; Wagner, »Volksgerichtshof«, S. 670 ff., auch zu den folgenden Prozessen. Zu den Filmaufnahmen siehe den Bericht von Kameramann Erich Stollin Archiv IfZ München: ZS / A 33 / 4 sowie ebd., ED 106 / 90.

24 Archiv IfZ München: ED 106 / 81 Fernschreiben an Kaltenbrunner v. 6. 9. 1944.

25 BA-MA Freiburg, RH 19 IV / 226, S. 1 ff.

26 Vgl. Parteikanzlei-Akten aus USA-Besitz: Niederschrift über die Aussage des Heinrich Doose vor CIC 101 am 30. 5. 1945 über Rommels Tod, Kopie im Besitz des Verf.; David Irving: Rommel. Eine Biographie. Hamburg 1978; Hoffmann, Widerstand (1979), S. 651 f.; Zeller, Geist der Freiheit (1965), S. 467 ff.

27 Spiegelbild einer Verschwörung (Jacobsen), S. 533 ff., 544 f. Zu Hassell und Goerdeler vgl. ferner den Bericht in PA Berlin, Inland II g, Bd. 59, dort auch Urteilsspruch.

28 Archiv IfZ München, ZS / A 29 / 3: VGH-Urteil v. 3. 10. 1944.

29 Vgl. die Listen im Archiv IfZ München, ED 106 / 81 und 86; siehe den Bericht in PA Berlin, Inland II g, Bd. 59; zu Bolz: Christentum und Politik. Dokumente des Widerstands. Zum 40. Jahrestag der Hinrichtung des Zentrumspolitikers und Staatspräsidenten Eugen Bolz am 23. Januar 1945. Hrsg. v. Joachim Köhler. Sigmaringen 1985, S. 58 ff.; Dossier: Kreisauer Kreis. Dokumente aus dem Widerstand gegen den Nationalsozialismus. Hrsg. v. Roman Bleistein. Frankfurt am Main 1987, S. 24; Alfred Delp: Gesammelte Schriften. Hrsg. v. Roman Bleistein. 5 Bde. Frankfurt am Main 1982 ff., Bd. 4, S. 331 ff., 409 ff.; Wagner, »Volksgerichtshof«, S. 770 ff.; Hammer, Walter: Theodor Haubach zum Gedächtnis. Frankfurt am Main 1955.

30 Fey v. Hassell: Niemals sich beugen. Erinnerungen einer Sondergefangenen der SS. München 1990; Peter Hoffmann: Claus Schenk Graf von Stauffenberg und seine Brüder. Stuttgart 1992, S. 445 f.; ferner DA Deutscher Widerstand Frankfurt, AN 472: Verzeichnis der als Sippenhäftlinge festgenommenen Personen v. 15. 12. 1944; Yorck v. Wartenburg, Die Stärke der Stille, S. 60 ff; Hett / Tuchel, Die Reaktionen, S. 383 ff. Zu den Foltern und Misshandlungen vgl. u. a. Hoffmann, Widerstand (1979), S. 641 ff.

31 Theodor Eschenburg: Die Rede Himmlers vor den Gauleitern am 3. August 1944. In: Vierteljahrshefte für Zeitgeschichte 1 (1953), S. 357–394,

hier S. 385; Gerhard Bracke: Melitta Gräfin Stauffenberg. Das Leben einer Fliegerin. München 1990, S. 196 ff.; Hoffmann, Widerstand, S. 902, S. 905.

32 Vgl. u.a. Zeller, Geist der Freiheit (1965), S. 471; zu Sponeck siehe Eschenburg, Die Rede Himmlers, S. 382 f., und Eberhardt Einbeck: Das Exempel Graf Sponeck. Ein Beitrag zum Thema Hitler und die Generale. Bremen 1970; zu Heistermann v. Ziehlberg vgl. Militärhistorisches Archiv Prag, Bestand Reichskriegsgericht, Ergänzungen: Anklageverfügung RKG III 318/44 v. 9. 9. 1944; Nr. 39/13/22: Schreiben von Senatspräsident Dr. Schmauser an den Oberreichskriegsanwalt Dr. Kraell v. 14. 11. 1944; ferner Ergänzungen, Kasten 2: Feldurteil gegen Generalleutnant v. Ziehlberg v. 21. 11. 1944, sowie Hitlers Urteilsbestätigung v. 13. 1. 1945; dort auch Feldurteil gegen Major i. G. Kuhn v. 6. 2. 1945 (Todesurteil in Abwesenheit); ferner BA-MA Freiburg, RH 15/186; Haase, Aus der Praxis des Reichskriegsgerichts, S. 397 ff.; ders.: Das Reichskriegsgericht und der Widerstand gegen die nationalsozialistische Herrschaft. Berlin 1993, S. 240 ff.;

33 Vgl. Domarus, Hitler, Bd. II, S. 2127 f.; Aufstand des Gewissens, S. 195.

34 Lagebesprechungen im Führerhauptquartier. Protokollfragmente aus Hitlers militärischen Konferenzen 1942–1945. Hrsg. von Helmut Heiber. München 1963, S. 246 ff. (31. 7. 1944).

35 Reichsgesetzblatt 1944 Teil I v. 11. 11. 1944, S. 317 f.; in Fällen einzelner NSDAP-Mitgliedschaften vor dem September 1944 hatten diese zu »ruhen«.

36 Rudolf Absolon: Die Wehrmacht im Ditten Reich. Bd. 6. Boppard 1995, S. 848 (Verfügung v. OKH/PA v. 1. 1. 1945).

37 BA-MA Freiburg, RH 15/186. Keitels Befehl ist als Faksimile abgedruckt in: Aufstand des Gewissens, S. 499, auch zum Folgenden.

38 Lagevorträge des Oberbefehlshabers der Kriegsmarine vor Hitler 1939–1945. Hrsg. von Gerhard Wagner. München 1972, S. 603; Zeller, Geist der Freiheit, S. 283; vgl. auch Hammerstein, Flucht, S. 16 f.; Aufstand des Gewissens, S. 195.

39 Michael Salewski: Die deutsche Seekriegsleitung 1935–1945. 3 Bde. Frankfurt am Main 1970 ff., Bd. II, S. 640 ff.

40 BA-MA Freiburg, N 220/1, S. 125 f.

41 Vgl. Salewski, Seekriegsleitung, Bd. II, S. 434, 640–648; Walter Baum: Marine, Nationalsozialismus und Widerstand. In: VfZG 11 (1963), S. 16–48, hier S. 40 ff., 44 ff.

42 David Irving: Göring. München 1987, S. 658 f.; Meyer, Auswirkungen, S. 474; vgl. Wiedergabe bei Hammerstein, Flucht, S. 15 f.; Aufstand des Gewissens, S. 195.

43 Die Tagebücher von Joseph Goebbels. Hrsg. v. Elke Fröhlich. Teil. II: Diktate 1941–1945. Bd. 13: Juli–September 1944. Bearbeitet von Jana

Richter. München, New Providence 1995, S. 141 (Eintragung v. 23. 7. 1944), auch zum Folgenden.

44 Meyer, Auswirkungen, S. 474.

45 Kopie im Privatbesitz des Autors, Abdruck bei Irving, Göring, S. 660; Aufstand des Gewissens, S. 187; siehe Abdruck in diesem Buch, S. 165.

46 PA Berlin, Inland II g, Bd. 59: Telegramm Nr. 1605 v. 24. 7. 1944.

47 Rudolf-Christoph Frhr. v. Gersdorff: Soldat im Untergang. Frankfurt am Main 1977.

48 Mühleisen, Patrioten, S. 436.

49 Vgl. die Reaktionen von GFM Ritter v. Leeb und v. Mackensen auf das Attentat in: BA-MA Freiburg, N 39 / 60, und den Abdruck in: Aufstand des Gewissens, S. 187 ff. Zu den Ergebenheitsadressen vgl. beispielsweise BA-MA Freiburg, RH 19 XII / 6: Generaloberst Blaskowitz v. 21. 7. 1944.

50 Vgl. BA-MA Freiburg, Pers 6 / 614 und MSg 109 / 998. Nach dem Krieg arbeitete Heim unter Generaloberst a. D. Halder in der Historical Division der US-Army.

51 Archiv IfZ München, MA-95 / 2; Tätigkeitsbericht des Generals d. Inf. Schmundt, Eintrag v. 28. 7. 1944 (S. 181).

Anmerkungen zum Kapitel 9: Der 20. Juli 1944 und die Volksstimmung: Treuekundgebungen für Hitler und Konsolidierung des Regimes bis zum Mai 1945

1 Die Tagebücher von Joseph Goebbels. Hrsg. v. Elke Fröhlich. Teil. II: Diktate 1941 – 1945. Bd. 13: Juli – September 1944. Bearbeitet von Jana Richter. München 1995, S. 140 (Eintragung v. 23. 7. 1944).

2 Ebenda, S. 142.

3 BA Berlin, R 55 / 614: Anfrage v. Uiberreither am 20. 7. 1944, Antwort an Uiberreither v. 21. 7. 1944, Propaganda-Parole Nr. 68 an alle Gauleiter und Leiter der Reichspropagandaämter sowie Fernschreiben von Staatssekretär Dr. Naumann »betr.: Treuekundgebungen anläßlich des mißlungenen Attentats auf den Führer«.

4 Die Tagebücher von Joseph Goebbels, S. 141 (Eintragung v. 23. 7. 1944).

5 BA Berlin, R 55 / 614: Propaganda-Parole Nr. 68 an alle Gauleiter und Fernschreiben Dr. Naumann, auch zum Folgenden.

6 Ebd., Fernschreiben an alle Gaupropagandaleiter v. 23. 7. 1944 »betr.: Durchführung der Treue-Kundgebungen für den Führer«, S. 3 (Bl. 40), auch zum Folgenden.

7 Ebd., Bericht des Hauptreferates Pro PA im Reichspropagandaministerium v. 27. 7. 1944 betr.: »Stimmungsmäßige Auswirkungen des 20. Juli 1944«, auch zum Folgenden.

8 BA Berlin, ehemals Berlin Document Center, D 242.

9 Ebd., R 55/614: Bericht des Hauptreferates Pro PA im Reichspropagandaministerium v. 27. 7. 1944 betr.: »Stimmungsmäßige Auswirkungen des 20. Juli 1944«.

10 BA-MA Freiburg, RH 20–10/266: NSFO-Tätigkeitsberichte, S. 24.

11 Archiv IfZ München, ED 115/5: Bericht Jodls »Der 20. Juli 1944 im Führerhauptquartier«.

12 BA Berlin, R 55/614: Bericht des Hauptreferates Pro PA im Reichspropagandaministerium v. 27. 7. 1944 betr.: »Stimmungsmäßige Auswirkungen des 20. Juli 1944«, S. 3 (Bl. 83), auch zum Folgenden.

13 Vgl. BA Berlin, R 55/614: Bericht über die Treuekundgebungen im Gau Baden/Elsass v. 4. 8. 1944 und Bericht »Stimmungsmäßige Auswirkungen des 20. Juli 1944« v. 27. 7. 1944, S. 4 (Bl. 84).

14 BA Berlin, R 55/603: Vertrauliche Informationen der Parteikanzlei v. 13. 9. 1944, 24. Folge. Nach dortiger Angabe ließ Hitler die »Treuespende« zugunsten von Waisenkindern dieses Krieges verwenden.

15 Die Tagebücher von Joseph Goebbels. Hrsg. v. Elke Fröhlich. Teil. II: Diktate 1941–1945. Bd. 14: Oktober bis Dezember 1944. Bearbeitet von Jana Richter und Hermann Graml. München 1996, S. 350 (Eintragung v. 4. 12. 1944).

16 Vgl. Kunrat Frhr. v. Hammerstein: Flucht. Aufzeichnungen nach dem 20. Juli. Freiburg 1966; Dossier: Kreisauer Kreis. Dokumente aus dem Widerstand gegen den Nationalsozialismus. Hrsg. v. Roman Bleistein. Frankfurt am Main 1987, S. 23; zu Lindemann vgl. StA Nürnberg, Interrogations, L 53 und S 208 (Vernehmung von Wilhelm Senzky) sowie Wolfgang Welkerling: Ein Wehrmachtsgeneral auf dem Weg zum Antifaschisten. Zur Biographie des Generals der Artillerie Fritz Lindemann (1894–1944). In: ZfG 37 (1989), S. 796–811, S. 806 ff. Habermann wurde erst am 30. 10. 1944 von der Gestapo gefunden. Er beging dann Selbstmord. Kaiser konnte in Berlin versteckt überleben.

17 BA Berlin, ehemals Document Center Berlin, Akte Daluege; vgl. Hoffmann, Widerstand (1979), S. 635 ff.; Hans Bernd Gisevius: Wo ist Nebe? Erinnerungen an Hitlers Reichskriminaldirektor. Zürich 1966; Hammerstein, Flucht, S. 58; Nebe wurde dann am 2. 3. 1945 zum Tode verurteilt und am 3. 3. 1945 umgebracht. Zur Verhaftung Goerdelers siehe Inge Marßolek: Die Denunziantin. Helene Schwärzel 1944–47. Bremen 1993.

18 Zu Lindemann siehe auch BA-ZA Hoppegarten, NJ 1614: Verfahren vor dem »Volksgerichtshof« gegen die Lindemann Unterschlupf gewährenden Verwandten und Freunde mit Urteilen und Zusammenstellung von Vernehmungsauszügen betr. General Lindemann; vgl. auch Archiv IfZ München: Bericht der Dienststelle General der Artillerie (Waffen-General) über die Angelegenheit Gen. d. Art. Lindemann v. 26. 7. 1944.

19 DÖW Wien, Nr. 4976: Rundschreiben der Kreisleitung Graz-Land v. 30. 8. 1944.

20 BA-MA Freiburg, TS 431: Geheimes Fernschreiben Himmlers an Fegelein / Führerhauptquartier v. 26. 7. 1944. Zur Institution des Nationalsozialistischen Führungsoffiziers siehe Arne W. G. Zoepf: Wehrmacht zwischen Tradition und Ideologie. Der NS-Führungsoffizier im Zweiten Weltkrieg. Frankfurt am Main 1988.

21 Z. T. auch als »Gitter«-Aktion bezeichnet; vgl. DA Deutscher Widerstand Frankfurt, AN 1526.

22 Vgl. Spiegelbild einer Verschwörung, S. 1–4, 8, 10; weitere Hinweise bei Meyer, Auswirkungen, S. 478.

23 Registratur Amtsgericht München, Aussage von General Brand im Spruchkammerverfahren gegen Generaloberst Halder v. 8. 9. 1948, S. 3.

24 Vgl. dazu die Hinweise bei Georg Meyer: Auswirkungen des 20. Juli 1944 auf das innere Gefüge der Wehrmacht bis Kriegsende und auf das soldatische Selbstverständnis im Vorfeld des westdeutschen Verteidigungsbeitrages bis 1950 / 51. In: Aufstand des Gewissens. Hrsg. v. MGFA. Herford 1987, S. 472 ff.

25 BA-MA Freiburg, RH 15 / 186.

26 Vgl. Kaltenbrunner-Bericht an Bormann v. 14. 9. 1944, DÖW Wien 5122.

27 Die Tagebücher von Joseph Goebbels, Bd. 14, S. 426 (Eintragung v. 16. 12. 1944).

28 Zum Chaos in Köln nach den Luftangriffen v. 14., 15., 17. 10. 1944 siehe Matthias v. Hellfeld: Edelweißpiraten in Köln. Jugendrebellion gegen das 3. Reich. Das Beispiel Köln-Ehrenfeld. Köln 1983; Detlef Peukert: Die Edelweißpiraten. Protestbewegung jugendlicher Arbeiter im Dritten Reich. Köln 1980, 1983; Bernd-A. Rusinek: Gesellschaft in der Katastrophe – Terror, Illegalität, Widerstand – Köln 1944 / 45. Essen 1989, S. 15 ff., 94 ff., 430 ff.; Bernd-A. Rusinek: Desintegration und gesteigerter Zwang. Die Chaotisierung der Lebensverhältnisse in den Großstädten 1944 / 45 und der Mythos der Ehrenfelder Gruppe. In: Piraten, Swings und Junge Garde. Jugendwiderstand im Dritten Reich. Hrsg. v. Wilfried Breyvogel. Bonn 1991, S. 271 – 293; Alexander Goeb: Er war sechzehn, als man ihn hängte. Das kurze Leben des Wilderstandskämpfers Bartholomäus Schink. Reinbek 1981.

29 Vgl. Rusinek, Gesellschaft; Hellfeld, Edelweißpiraten (1983), S. 9 ff.

30 Vgl. J. Zanders: Der antifaschistische Widerstandskampf des Volksfrontkomitees Freies Deutschland in Köln 1943 – 44. In: Beiträge zur Geschichte der Arbeiterbewegung 2 (1960), H. 4, S. 732 f.; Rusinek, Gesellschaft, S. 392 ff.

31 Heike Bretschneider: Der Widerstand gegen den Nationalsozialismus in München 1933 bis 1945. München 1968, S. 211 ff.; Jochen Brückner: Kriegsende in Bayern 1945. Der Wehrkreis VII und die Kämpfe zwischen

Donau und Alpen. Freiburg 1987, S. 187 ff.; Aufstand des Gewissens, S. 196 ff.; Hildebrand Troll: Aktionen zur Kriegsbeendigung im Frühjahr 1945. In: Bayern in der NS-Zeit. Bd. 4. Hrsg. v. Martin Broszat, Elke Fröhlich u. a. München 1981, S. 645–689, S. 665 ff.; zur »Freiheitsaktion Bayern« siehe Archiv IfZ München, ED 106/102: Bericht v. Dr. Rupprecht Gerngroß v. 25. 1. 1947; zur Rolle Hübners als fanatischer Nazi und Henker vgl. Rolf-Dieter Müller / Gerd R. Ueberschär: Kriegsende 1945. Frankfurt am Main 1995, S. 51, 164.

32 Manfred Rauchensteiner: Der Krieg in Österreich 1945. Wien 1984, S. 147, 164 f.; Carl Szokoll, Die Rettung Wiens 1945. Wien 2001, S. 297 ff.

33 Einzelhinweise u. a. bei Müller / Ueberschär, Kriegsende 1945, S. 51; Troll, Aktionen, S. 649 ff., 677 ff.

34 Vgl. Hoffmann, Widerstand (1969), S. 652 ff.; Staatsarchiv Nürnberg, H 220: Aussage von Huppenkothen v. 13. 5. 1947; Edwin H. Robertson: Dietrich Bonhoeffer. Leben und Verkündigung. Mit einer Einführung von Renate Bethge. Göttingen 1989, S. 325 f.; Verschwörer im KZ. Hans von Dohnanyi und die Häftlinge des 20. Juli 1944 im KZ Sachsenhausen. Hrsg. v. Winfried Meyer. Berlin 1999.

35 Vgl. u. a. Hoffmann, Widerstand (1979), S. 652 f. mit Angabe weiterer Literatur; Gerd R. Ueberschär: Generaloberst Franz Halder. Generalstabschef, Gegner und Gefangener Hitlers. Göttingen 1991, S. 83 f.; Isa Vermehren: Reise durch den letzten Akt. Hamburg 1947; Heinz Brill: Bogislaw von Bonin im Spannungsfeld zwischen Wiederbewaffnung – Westintegration –Wiedervereinigung. Baden-Baden 1988; Bericht von General Thomas im Archiv IfZ München.

36 Vgl. Angaben bei Hoffmann, Widerstand (1979), S. 655 ff., sowie die Berichte von Dr. Heinz Haushofer, Eberhard Bethge und des dem Mordversuch entkommenen Herbert Kosney im Archiv IfZ München, ED 88/III: Sammlung 20. 7. 1944.

37 Siehe Hans Mommsen: Die Opposition gegen Hitler und die deutsche Gesellschaft 1933–1945. In: Der deutsche Widerstand 1933–1945. Hrsg. v. Klaus-Jürgen Müller. Paderborn 1986, S. 22–39, hier S. 38; ders.: Der 20. Juli 1944 in der historiographischen Sicht des gespaltenen Deutschland. In: Politik und Kultur 11 (1984), S. 9–20.

38 Siehe Müller / Ueberschär, Kriegsende 1945, S. 47 f.

39 Sterben um zu leben. Politische Gefangene im Zuchthaus Brandenburg-Görden 1933–1945. Hrsg. v. Walter Ullmann. Köln 1983, S. 291 f.; M. Frenzel / W. Thiele / A. Mannbar: Gesprengte Fesseln. Ein Bericht über den antifaschistischen Widerstand und die Geschichte der illegalen Arbeiterorganisation der KPD im Zuchthaus Brandenburg-Görden von 1933 bis 19454. Berlin-Ost 1982.

Literaturhinweise zum Kapitel 10: Die Rezeption des »20. Juli 1944« und der Militäropposition gegen Hitler nach 1945: Von »Verrätern« zu Helden des Widerstands bis zur neuen kritischen Sicht einzelner Personen und politischer Ziele

Die Literatur bezieht sich vorrangig auf den Komplex Militäropposition und 20. Juli 1944. Zum Widerstandskampf gegen Hitler insgesamt bieten als Bibliographien und Lexika einen guten Überblick:

Allgemeine Bibliographien, Forschungsberichte und Lexika

Altgeld, Wolfgang: Zur Geschichte der Widerstandsforschung. Überblick und Auswahlbibliographie. In: Lill, Rudolf und Oberreuter, Heinrich (Hrsg.): 20. Juli – Portraits des Widerstands. Düsseldorf u. a. 1984, S. 377–391

Benz, Wolfgang und Walter H. Pehle (Hrsg.): Lexikon des deutschen Widerstandes. Frankfurt am Main 1994

Blaha, Tatjana: Willi Graf und die Weiße Rose. Eine Rezeptionsgeschichte. München 2003

Büchel, Regine: Der Deutsche Widerstand im Spiegel von Fachliteratur und Publizistik seit 1945. München 1975

Cartarius, Ulrich: Bibliographie »Widerstand«. Hrsg. von der Forschungsgemeinschaft 20. Juli e. V. München 1984

Goguel, Rudi: Antifaschistischer Widerstand und Klassenkampf. Bibliographie deutschsprachiger Literatur 1945–1973. Berlin-Ost 1976

Holler, Regina: 20. Juli 1944. Vermächtnis oder Alibi. Wie Historiker, Politiker und Journalisten mit dem deutschen Widerstand gegen den Nationalsozialismus umgehen. Eine Untersuchung der wissenschaftlichen Literatur, der offiziellen Reden und der Zeitungsberichterstattung in Nordrhein-Westfalen von 1945–1986. München 1994

Steinbach, Peter und Johannes Tuchel (Hrsg.): Lexikon des Widerstandes 1933–1945. München 1994

Ueberschär, Gerd R.: Gegner des Nationalsozialismus 1933–1945. Volksopposition, individuelle Gewissensentscheidung und Rivalitätskampf konkurrierender Führungseliten als Aspekte der Literatur über Emigration und Widerstand im Dritten Reich zwischen dem 35. und 40. Jahrestag des 20. Juli 1944. In: MGM Bd. 35/1984, S. 141–196

Literatur:

1 Abshagen, Karl Heinz: Canaris. Stuttgart 1949

2 Achmann, Klaus und Hartmut Bühl: 20. Juli 1944. Lebensbilder aus dem militärischen Widerstand. Berlin u. a. 1994

3 Aicher-Scholl, Inge (Hrsg.): Sippenhaft. Nachrichten und Botschaften der Familie in der Gestapo-Haft nach der Hinrichtung von Hans und Sophie Scholl. Frankfurt am Main 1993

4 Aretin, Karl Otmar Freiherr v.: Henning von Tresckow. In: Lill, Rudolf und Oberreuter, Heinrich (Hrsg.): 20. Juli. Portraits des Widerstands. Düsseldorf, Wien 1984, S. 307–320

5 Aretin, Karl Otmar Freiherr v.: Henning von Tresckow – Patriot im Opfergang. In: Klemperer, Klemens v. / Syring, Enrico und Zitelmann, Rainer (Hrsg.): »Für Deutschland«. Die Männer des 20. Juli. Frankfurt am Main 1994, S. 287–310

6 Aufstand des Gewissens. Der militärische Widerstand gegen Hitler und das NS-Regime 1933–1945 (Ausstellungsband). Hrsg. vom Militärgeschichtlichen Forschungsamt. Herford u. a. 1984, 3. Auflage 1987, 4. Auflage 1994

7 Ausländer, Fietje: Verräter oder Vorbilder? Deserteure und ungehorsame Soldaten im Nationalsozialismus. Bremen 1990

8 Bald, Detlef: Die »Weiße Rose«. Von der Front in den Widerstand. Berlin 2003

9 Balfour, Michael und Frisby, Julian: Helmuth James von Moltke 1907–1945. Stuttgart 1975

10 Bauer, Fritz: Oster und das Widerstandsrecht. In: Politische Studien 15 (1964), S. 188–194

11 Benzing, Klaus: Der Admiral. Leben und Wirken. Nördlingen 1973

12 Bergmann, Georg: Franz Jägerstätter. Ein Leben vom Gewissen entschieden, von Christus gestaltet. Stein am Rhein 1980, 2. Auflage 1988

13 Berthold, Will: Die 42 Attentate auf Adolf Hitler. Wien 1997

14 Blasius, Rainer A.: Für Großdeutschland – gegen den großen Krieg. Staatssekretär Ernst Frhr. von Weizsäcker in den Krisen um die Tschechoslowakei und Polen 1938/39. Köln, Wien 1981

15 Bliembach, Eva / Kirchner, Klaus (Redaktion u. Konzeption): Flugblätter des Nationalkomitees Freies Deutschland. Ausstellungskatalog zur Ausstellung 29. September – 2. November 1989. Berlin 1989

16 Boehringer, Robert: Die Brüder Stauffenberg. o. O. 1968

17 Boeselager, Philipp Freiherr v.: Der Widerstand in der Heeresgruppe Mitte. Berlin 1990

17 a Bottlemberg-Landsberg, Maria-Theodora von dem: Karl Ludwig Freiherr von und zu Guttenberg 1902–1945. Ein Lebensbild. Berlin 2003

18 Boysen, Elsa: Harro Schulze-Boysen. Das Bild eines Freiheitskämpfers.

Zusammengestellt nach seinen Briefen, nach Berichten der Eltern und anderen Aufzeichnungen. Koblenz 1992
19 Bramke, Werner: Der antifaschistische Widerstand in der Geschichtsschreibung der DDR in den achtziger Jahren. Forschungsstand und Probleme. In: Aus Politik und Zeitgeschichte. Beilage zur Wochenzeitung Das Parlament Nr. B 28/1988, S. 23–33
20 Bredemeier, Karsten: Kriegsdienstverweigerung im Dritten Reich. Ausgewählte Beispiele. Baden-Baden 1991
21 Brissaud, André: Canaris. 1887–1945. Frankfurt am Main 1976
22 Broszat, Martin und Elke Fröhlich u. a. (Hrsg.): Bayern in der NS-Zeit. 6 Bde. München 1977–1983
23 Bücheler, Heinrich: Hoepner. Ein deutsches Soldatenschicksal des zwanzigsten Jahrhunderts. Herford 1980
24 Bücheler, Heinrich: Carl-Heinrich von Stülpnagel. Soldat – Philosoph – Verschwörer. Biographie. Berlin 1989
25 Buchheit, Gert: Ludwig Beck. Ein preußischer General. München 1964
26 Bussmann, Walter: Claus Schenk Graf von Stauffenberg. In: Lill, Rudolf und Oberreuter, Heinrich (Hrsg.): 20. Juli. Portraits des Widerstands. Düsseldorf 1984, S. 269–286
27 Carnes, James D.: General zwischen Hitler und Stalin. Das Schicksal des Walther v. Seydlitz. Düsseldorf 1980
28 Carnes, James D.: Walther von Seydlitz-Kurzbach. General im Schatten Stalingrads. Berlin 2. Aufl. 1987
29 Chowaniec, Elisabeth: Der »Fall Dohnanyi« 1943–1945. Widerstand, Militärjustiz, SS-Willkür. München 1991
30 Coppi, Hans und Danyel, Jürgen: Abschied von Feindbildern. Zum Umgang mit der Geschichte der »Roten Kapelle«. In: Schilde, Kurt (Hrsg.): Eva-Maria Buch und die »Rote Kapelle«. Erinnerungen an den Widerstand gegen den Nationalsozialismus. Berlin 1992, S. 55–84
31 Coppi, Hans: Harro Schulze-Boysen – Wege in den Widerstand. Eine biographische Studie. Koblenz 1993
32 Coppi, Hans/Danyel, Jürgen und Tuchel, Johannes (Hrsg.): Die Rote Kapelle im Widerstand gegen den Nationalsozialismus. Berlin 1994
33 Coppi, Hans u. Andresen, Geertje (Hrsg.): Dieser Tod passt zu mir. Harro Schulze-Boysen – Grenzgänger im Widerstand. Berlin 1999
34 Deserteure. Eine notwendige Debatte. Hamburg 1990
35 Deutsch, Harold C.: Verschwörung gegen den Krieg. Der Widerstand in den Jahren 1939–1940. München 1969
36 Deutsch, Harold C.: Das Komplott oder Die Entmachtung der Generale. Blomberg- und Fritsch-Krise. Hitlers Weg zum Krieg. München 1974
37 Dönhoff, Marion Gräfin: »Um der Ehre willen«. Erinnerungen an die Freunde vom 20. Juli. Berlin 1994

38 Doepgen, Heinz W.: Georg v. Boeselager. Kavallerie-Offizier in der Militäropposition gegen Hitler. Herford u. a. 1986
39 Doepgen, Heinz W.: Georg Frhr. von Boeselager (1915–1944). In: Hohmann, Friedrich G. (Hrsg.): Deutsche Patrioten in Widerstand und Verfolgung 1933–1945: Paul Lejeune-Jung, Theodor Roeingh, Josef Wirmer, Georg Frhr. v. Boeselager. Ein Gedenkbuch der Stadt Paderborn. Paderborn 1986, S. 53–76
40 Eberlein, Michael, Roland Müller, Michael Schöngarth, Thomas Werther: Militärjustiz im Nationalsozialismus. Das Marburger Militärgericht. Hrsg. von der Geschichtswerkstatt Marburg e.V. Marburg 1994
41 Ehlers, Dieter: Technik und Moral einer Verschwörung. 20. Juli 1944. Bonn 1964, 2. Aufl. 1965
42 Engel, Huberta (Hrsg.): Deutscher Widerstand – Demokratie heute. Kirche, Kreisauer Kreis, Ethik, Militär, Gewerkschaften. Hrsg. i. A. der Forschungsgemeinschaft 20. Juli e. V. Bonn u. a. 1992
43 Fahle, Günter: Verweigern – Weglaufen – Zersetzen. Deutsche Militärjustiz und ungehorsame Soldaten 1939–1945. Das Beispiel Ems-Jade. Bremen 1990
44 Fest, Joachim: Staatsstreich. Der lange Weg zum 20. Juli. Berlin 1994
45 Finker, Kurt: Stauffenberg und der 20. Juli 1944. Berlin (-Ost) 1967, 6. überarbeitete Aufl. unter Mitarbeit von Annerose Busse von 1984, 7. überarbeitete Aufl. von 1987
46 Finker, Kurt: Graf Moltke und der Kreisauer Kreis. Berlin (-Ost) 1978, 2. Aufl. 1980, überarbeitete Neuausgabe Berlin 1993
47 Finker, Kurt: Die mutige Tat des Obersten Stauffenberg gab das Signal. In: Neues Deutschland v. 20. 7. 1984
48 Finker, Kurt: Widerstand und Geschichte des Widerstandes in der Forschung der DDR. In: Steinbach, Peter (Hrsg.): Widerstand. Ein Problem zwischen Theorie und Geschichte. Köln 1987, S. 96–112
49 Finker, Kurt: Der 20. Juli 1944 und die Geschichtswissenschaft der DDR. Berlin 1990 (= Beiträge zum Widerstand 1933–1945, H. 33)
50 Finker, Kurt: Der 20. Juli 1944. Militärputsch oder Revolution? Berlin 1994
51 Finker, Kurt und Ines Reich: Reaktionäre oder Patrioten? Zur Historiographie und Widerstrandsforschung in der DDR bis 1990. In: Ueberschär, Gerd R. (Hrsg.): Der 20. Juli 1944. Bewertung und Rezeption des deutschen Widerstandes gegen das NS-Regime. Köln 1994, S. 126–142 (Neuauflage u. d. T.: Der 20. Juli. Berlin 1998, S. 158–178)
52 Fischer, Alexander: Die Bewegung »Freies Deutschland« in der Sowjetunion: Widerstand hinter Stacheldraht? In: Aufstand des Gewissens. Der militärische Widerstand gegen Hitler und das NS-Regime 1933–1945. Hrsg. vom Militärgeschichtlichen Forschungsamt. Herford u. a. 1984, S. 439–458

53 Fischer, Fritz: Bündnis der Eliten. Zur Kontinuität der Machtstrukturen in Deutschland 1871–1945. Düsseldorf 1979
54 Fleischhauer, Ingeborg: Der Widerstand gegen den Rußlandfeldzug. Berlin 1978
55 Fleischhauer, Ingeborg: Diplomatischer Widerstand gegen »Unternehmen Barbarossa«. Die Friedensbemühungen der Deutschen Botschaft Moskau 1939–1941. Berlin u. a. 1991
56 Foerster, Wolfgang: Ein General kämpft gegen den Krieg. Aus nachgelassenen Papieren des Generalstabschefs Ludwig Beck (1880–1944). München 1949 (2. Aufl. München 1953 u. d. T.: Generaloberst Ludwig Beck. Sein Kampf gegen den Krieg)
57 Fraenkel, Heinrich und Manvell, Roger: Canaris. Spion im Widerstreit. Bern 1969
58 Fraser, Sir David: Rommel. Berlin 1996
59 Fraser, Sir David: Generalfeldmarschall Erwin Rommel. In: Ueberschär, Gerd R. (Hrsg.): Hitlers militärische Elite. 2 Bde. Darmstadt 1998, Bd. 2, S. 184–193
60 Frieser, Karl-Heinz: Krieg hinter Stacheldraht. Die deutschen Kriegsgefangenen in der Sowjetunion und das Nationalkomitee »Freies Deutschland«. Mainz 1981
61 Ganglmair, Siegwald: Feldwebel Anton Schmid. In: Jahrbuch 2002 des Dokumentationsarchivs des österreichischen Widerstandes. Redaktion: Siegwald Ganglmair. Wien 2002, S. 25–40
62 Garbe, Detlef: Zwischen Widerstand und Martyrium. Die Zeugen Jehovas im »Dritten Reich«. München 1993
63 Gehört das »Nationalkomitee Freies Deutschland« in die Berliner »Gedenkstätte Deutscher Widerstand«? Eine Diskussion. Hrsg. vom Verband der Heimkehrer, Kriegsgefangenen und Vermißtenangehörigen Deutschlands e.V. Bonn-Bad Godesberg o. J. (1989)
64 Gerlach, Christian: Männer des 20. Juli und der Krieg gegen die Sowjetunion. In: Heer, Hannes und Naumann, Klaus (Hrsg.): Vernichtungskrieg. Verbrechen der Wehrmacht 1941–1944. Hamburg 1995, S. 427–446
65 Gerlach, Christian: Hitlergegner bei der Heeresgruppe Mitte und die »verbrecherischen Befehle«. In: Ueberschär, Gerd R. (Hrsg.): NS-Verbrechen und der militärische Widerstand gegen Hitler. Darmstadt 2000, S. 62–76
66 Georgi, Friedrich: »Wir haben das Letzte gewagt …« General Olbricht und die Verschwörung gegen Hitler. Freiburg 1990
67 Georgi, Friedrich: Soldat im Widerstand: General der Infanterie Friedrich Olbricht. Berlin u. a. 1988, 2. Aufl. 1989
68 Gerbet, Klaus: Carl-Hans Graf von Hardenberg 1891–1958. Ein preußischer Konservativer in Deutschland. Berlin 1993

69 Gersdorff, Rudolf-Christoph Frhr. v.: Soldat im Untergang. Frankfurt am Main 1977

70 Geschichtswerkstatt Marburg (Hrsg.): »Ich habe die Metzelei satt ...« Deserteure – Verfolgte der Militärstrafjustiz und der Militärpsychiatrie im Zweiten Weltkrieg. Ein Symposiumsbericht. Marburg 1992 (siehe auch Nr. 40)

71 Glaubauf, Karl: Robert Bernardis. Österreichs Stauffenberg. Statzendorf 1994

72 Glaubauf, Karl: Generalmajor Erwin Lahousen, Edler von Vivremont. Ein Linzer Abwehroffizier im militärischen Widerstand. In: Jahrbuch 2000 des Dokumentationsarchivs des österreichischen Widerstandes. Redaktion: Siegwald Ganglmair. Wien 2000, S. 7–32

73 Glaubauf, Karl: Oberst i. G. Heinrich Kodré. Ein Linzer Ritterkreuzträger im militärischen Widerstand. In: Jahrbuch 2002 des Dokumentationsarchivs des österreichischen Widerstandes. Redaktion: Siegwald Ganglmair. Wien 2002, S. 41–68

74 Gostomski, Victor v. und Walter Loch: Der Tod von Plötzensee. Erinnerungen, Ereignisse, Dokumente 1942–1944. Frankfurt am Main 1993

75 Graml, Hermann: Der Fall Oster. In: VfZG 14 (1966), S. 26–39

76 Graml, Hermann: Die außenpolitischen Vorstellungen des deutschen Widerstandes. In: Schmitthenner, Walter und Buchheim, Hans (Hrsg.): Der deutsche Widerstand gegen Hitler. Vier historisch-kritische Studien. Köln 1966, Wiederabdruck in Nr. 77, S. 92–139

77 Graml, Hermann (Hrsg.): Widerstand im Dritten Reich. Probleme, Ereignisse, Gestalten. Frankfurt am Main 1984, Neuauflage 1994

78 Groeben, Klaus v. der: Nikolaus von Halem im Widerstand gegen das Dritte Reich. Wien, Köln 1990

79 Groehler, Olaf und Klaus Drobisch: Der 20. Juli 1944. In: Neues Deutschland, 7./8. 7. 1984, auch in: »Einheit«, Nr. 7 (1984)

80 Groscurth, Helmuth: Tagebücher eines Abwehroffiziers 1938–1940. Mit weiteren Dokumenten zur Militäropposition gegen Hitler. Hrsg. von Helmut Krausnick und Harold C. Deutsch. Stuttgart 1970

81 Groscurth, Helmuth: Christ, Patriot, Soldat. Aus Herkunft und Leben eines deutschen Offiziers. In: Militärgeschichte, N. F., 1 (1991), S. 15–25

82 Haase, Norbert: Deutsche Deserteure. Mit einem Beitrag von Otl Aicher. Berlin 1. und 2. Aufl. 1987

83 Haase, Norbert: Die Zeit der Kirschblüten ... Zur aktuellen Denkmalsdebatte und zur Geschichte der Desertion im Zweiten Weltkrieg. In: Verräter oder Vorbilder? Deserteure und ungehorsame Soldaten im Nationalsozialismus. Hrsg. von Fietje Ausländer. Bremen 1990, S. 130–156

84 Haase, Norbert: Das Reichskriegsgericht und der Widerstand gegen die nationalsozialistische Herrschaft. Katalog zur Sonderausstellung der

Gedenkstätte Deutscher Widerstand in Zusammenarbeit mit der Neuen Richtervereinigung. Berlin 1993
85 Hamburger Institut für Sozialforschung (Hrsg.): Verbrechen der Wehrmacht. Dimensionen des Vernichtungskrieges 1941–1944. Hamburg 2002
86 Hamerow, Theodore S.: Die Attentäter. Der 20. Juli – von der Kollaboration zum Widerstand. München 1999
87 Hartmann, Christian: Halder. Generalstabschef Hitlers 1938–1942. Paderborn 1991
88 Hassell, Fey von: Niemals sich beugen. Erinnerungen einer Sondergefangenen der SS. München 2. Aufl. 1991, Taschenbuchausgabe München 1993
89 Hassell, Ulrich von: Vom Andern Deutschland. Aus den nachgelassenen Tagebüchern 1938–1944. Frankfurt am Main 1964 (Neuausgabe unter dem Titel: Die Hassell-Tagebücher 1938–1944)
90 Hassell, Ulrich von: Die Hassell-Tagebücher 1938–1944. Aufzeichnungen vom Andern Deutschland. Nach der Handschrift revidierte und erweiterte Ausgabe. Hrsg. v. Friedrich Frhr. v. Gaertringen unter Mitarbeit von Klaus P. Reiß. Berlin 1988
91 Hassell, Ulrich von: Der Kreis schließt sich: Aufzeichnungen in der Haft 1944. Hrsg. von Malve v. Hassell. Berlin 1994
92 Heer, Hannes und Klaus Naumann (Hrsg.): Vernichtungskrieg. Verbrechen der Wehrmacht 1941–1944. Hamburg 1995
93 Heideking, Jürgen und Christof Mauch (Hrsg.): Geheimdienstkrieg gegen Deutschland. Subversion, Propaganda und politische Planungen des amerikanischen Geheimdienstes im Zweiten Weltkrieg. Göttingen 1993
94 Heinemann, Ulrich: Ein konservativer Rebell. Fritz-Dietlof Graf von der Schulenburg und der 20. Juli. Berlin 1990
95 Heinemann, Ulrich: Caesar von Hofacker – Stauffenbergs Mann in Paris. In: Klemperer, Klemens v./Syring, Enrico und Zitelmann, Rainer (Hrsg.): »Für Deutschland«. Die Männer des 20. Juli. Frankfurt am Main 1994, S. 108–125
96 Heinemann, Winfried: Kriegführung und militärischer Widerstand im Bereich der Heeresgruppe Mitte an der Ostfront. In: Ueberschär, Gerd R. (Hrsg.): NS-Verbrechen und der militärische Widerstand gegen Hitler. Darmstadt 2000, S. 77–89
97 Hildebrand, Klaus: Die ostpolitischen Vorstellungen im deutschen Widerstand. In: GWU 29 (1978), S. 313–341
98 Hildebrand, Klaus: Das Dritte Reich. München 1979
99 Hiller von Gaertringen, Friedrich Freiherr: »Sie sollten jetzt schweigen, Herr Präsident« – Oberstleutnant d. R. Cäsar von Hofacker. In: Mühlen, Bengt von zur, und Bauer, Frank (Hrsg.): Der 20. Juli 1944 in Paris.

Verlauf – Hauptbeteiligte – Augenzeugen. Berlin-Kleinmachnow 1995, S. 41–60

100 Hirschfeld, Gerhard und Lothar Kettenacker (Hrsg.): Der »Führerstaat«: Mythos und Realität. Studien zur Struktur und Politik des Dritten Reiches. Stuttgart 1981

101 Höhne, Heinz: Canaris. Patriot im Zwielicht. München 1976, 1984

102 Höhne, Heinz: Admiral Wilhelm Canaris. In: Ueberschär, Gerd R. (Hrsg.): Hitlers militärische Elite. 2 Bde. Darmstadt 1998, Bd. 1, S. 53–60

103 Hoffmann, Peter: Widerstand – Staatsstreich – Attentat. Der Kampf der Opposition gegen Hitler, München 1969, 2. Aufl. 1970, 3. neu überarbeitete u. erweiterte Ausgabe 1979

104 Hoffmann, Peter: Widerstand gegen Hitler. Probleme des Umsturzes. München 1979, 2. Aufl. 1984, als 4. Aufl. Konstanz 1994 u. d. T.: Widerstand gegen Hitler und das Attentat vom 20. Juli 1944

105 Hoffmann, Peter: Warum misslang das Attentat vom 20. Juli 1944? In: VfZG 32 (1984), S. 441–462

106 Hoffman, Peter: Claus Schenk Graf von Stauffenberg und seine Brüder. Stuttgart 1992

107 Hoffmann, Peter: Ludwig Beck. Oberhaupt der Verschwörung. In: Klemperer, Klemens v. / Syring, Enrico und Zitelmann, Rainer (Hrsg.): »Für Deutschland«. Die Männer des 20. Juli. Frankfurt am Main 1994, S. 26–43

108 Hoffmann, Peter: Claus Schenk Graf von Stauffenberg – Der Attentäter. In: Klemperer, Klemens v. / Syring, Enrico und Zitelmann, Rainer (Hrsg.): »Für Deutschland«. Die Männer des 20. Juli. Frankfurt am Main 1994, S. 233–246

109 Hoffmann, Peter: Widerstand gegen Hitler und das Attentat vom 20. Juli 1944. Konstanz 1991

110 Irving, David: Rommel. Eine Biographie. Hamburg 1978, 2. Aufl. 1979

111 Jacobsen, Hans-Adolf (Hrsg.): »Spiegelbild einer Verschwörung«. Die Opposition gegen Hitler und der Staatsstreich vom 20. Juli 1944 in der SD-Berichterstattung. Geheime Dokumente aus dem ehemaligen Reichssicherheitshauptamt. Stuttgart 1984

112 Janßen, Karl-Heinz / Fritz Tobias: Der Sturz der Generäle. Hitler und die Blomberg-Fritsch-Krise 1938. München 1994

113 Jedlicka, Ludwig: Der 20. Juli 1944 in Österreich. Wien 1965, 2. Auflage 1966

114 Jens, Inge (Hrsg.): Hans Scholl und Sophie Scholl. Briefe und Aufzeichnungen. Frankfurt am Main 1984, Neuauflage als Taschenbuch. Frankfurt am Main 1988, 1993

115 John, Antonius: Philipp v. Boeselager. Freiherr, Demokrat, Verschwörer. Bonn, Berlin 1994

116 John, Otto: »Falsch und zu spät«. Der 20. Juli 1944. Epilog. München u. a. 1994
117 Kageneck, August Graf von: Zwischen Eid und Gewissen. Roland Hößlin, Ein deutscher Offizier. Berlin u. a. 1991
118 Kammler, Jörg: Ich habe die Metzelei satt und laufe über ... Kasseler Soldaten zwischen Verweigerung und Widerstand (1939–1945). Eine Dokumentation. Mitarbeit v. Marc Poulain. Fuldabrück 2., verbesserte Aufl. 1985
119 Klausch, Hans-Peter: Antifaschisten in SS-Uniform. Schicksal und Widerstand der deutschen politischen KZ-Häftlinge, Zuchthaus- und Wehrmachtsstrafgefangenen in der SS-Sonderformation Dirlewanger. Bremen 1993
120 Klemperer, Klemens v.: Die verlassenen Verschwörer. Der deutsche Widerstand auf der Suche nach Verbündeten 1938–1945. Berlin 1994
121 Klemperer, Klemens v., Enrico Syring, Rainer Zitelmann (Hrsg.): »Für Deutschland«. Die Männer des 20. Juli. Berlin 1994
122 Knoop-Graf, Anneliese und Inge Jens (Hrsg.): Willi Graf. Briefe und Aufzeichnungen. Frankfurt am Main 1988. Neuauflage als Taschenbuch Frankfurt am Main 1994
123 Kosthorst, Erich: Die deutsche Opposition gegen Hitler zwischen Polen- und Frankreich-Feldzug (1939/40). Bonn 1954, 3. Aufl. 1957
124 Kosthorst, Erich: Die Geburt der Tragödie aus dem Geist des Gehorsams. Deutschlands Generäle und Hitler. Bonn 1998
125 Kramarz, Joachim: Claus Graf Stauffenberg, 15. 11. 1907–20. 7. 1944. Das Leben eines Offiziers. Frankfurt am Main 1965
126 Krausnick, Helmut: Erwin Rommel und der deutsche Widerstand gegen Hitler. In: VfZG 1 (1953), S. 65–70
127 Krausnick, Helmut: Vorgeschichte und Beginn des militärischen Widerstandes gegen Hitler. In: Vollmacht des Gewissens. Hrsg. v. d. Europäischen Publikation e. V. Bd. 1. Frankfurt am Main, Berlin 1960, S. 177–384
128 Krebs, Albert: Fritz-Dietlof Graf von der Schulenburg (1902–1944). Zwischen Staatsraison und Hochverrat. Hamburg 1964
129 Kroener, Bernhard R.: Generaloberst Fritz Fromm und der deutsche Widerstand. Annäherung an eine umstrittene Persönlichkeit. In: Aufstand des Gewissens. Militärischer Widerstand gegen Hitler und das NS-Regime 1933–1945. Hrsg. v. Heinrich Walle im Auftrag des MGFA. Berlin 1994, S. 556–578
130 Kroener, Bernhard R.: Friedrich Fromm. Der »starke Mann im Heimatkriegsgebiet«. In: Smelser, Ronald und Syring, Enrico (Hrsg.): Die Militärelite des Dritten Reiches. Berlin 1995, S. 171–186
131 Lapp, Peter Joachim: General bei Hitler und Ulbricht. Vincenz Müller – eine deutsche Karriere. Berlin 2003

132 Large, David Clay (Hrsg.): Contending with Hitler. Varieties of German Resistance in the Third Reich. Cambridge: University of Cambridge Press 1991
133 Leber, Annedore: Das Gewissen steht auf. 64 Lebensbilder aus dem deutschen Widerstand 1933–1945. Berlin 9. Auflage 1960, neu herausgegeben v. Karl Dietrich Bracher Mainz 1984
134 Leber, Annedore: Das Gewissen entscheidet. Bereiche des deutschen Widerstandes von 1933 bis 1945 in Lebensbildern. Berlin 4. Auflage 1960
135 Lill, Rudolf (Hrsg.): Hochverrat? Die »Weiße Rose« und ihr Umfeld. Unter der Mitarbeit von Michael Kißener. Konstanz 1993
136 Lill, Rudolf und Heinrich Oberreuter (Hrsg.): 20. Juli. Portraits des Widerstands. Düsseldorf 1984, Neuauflage München 1989
137 Lobmeier, Kornelia und Volker Brunne (Hrsg.): Der 20. Juli 1944. Berlin (-Ost) 1990
138 Mader, Ernst T. und Jakob Knab: Das Lächeln des Esels. Das Leben und die Hinrichtung des Allgäuer Bauernsohnes Michael Lerpscher (1905–1940). Blöcktach 1987, 3. durchges. Aufl. 1988
139 Die Männer des 20. Juli. In: Trend. Militärwochenblatt der NVA der DDR Nr. 9 / 1990, S. 4 ff.
140 Malinowski, Stephan: Vom König zum Führer. Sozialer Niedergang und politische Radikalisierung im deutschen Adel zwischen Kaiserreich und NS-Staat. Berlin 2003
141 Medem, Gevinom v.: Axel von dem Bussche. Mainz 1994
142 Meding, Dorothee v.: Mit dem Mut des Herzens. Die Frauen des 20. Juli. Berlin 1992
143 Meinl, Susanne: Nationalsozialisten gegen Hitler. Die nationalrevolutionäre Opposition um Friedrich Wilhelm Heinz. Berlin 2000
144 Messerschmidt, Manfred: Die Wehrmacht im NS-Staat. Zeit der Indoktrination. Hamburg 1969
145 Messerschmidt, Manfred: Zur neueren Diskussion um Opposition und Verweigerung von Soldaten. Deserteure, Zersetzer, Verweigerer. In: Ueberschär, Gerd R. (Hrsg.): Der 20. Juli 1944. Bewertung und Rezeption des deutschen Widerstandes gegen das NS-Regime. Köln 1994, S. 309–336 (Neuauflage u. d. T.: Der 20. Juli. Berlin 1998, S. 388–424)
146 Messerschmidt, Manfred: Motive der militärischen Verschwörer gegen Hitler. In: Ueberschär, Gerd R. (Hrsg.): NS-Verbrechen und der militärische Widerstand gegen Hitler. Darmstadt 2000, S. 107–118
147 Messerschmidt, Manfred und Fritz Wüllner: Die Wehrmachtsjustiz im Dienste des Nationalsozialismus. Zerstörung einer Legende. Baden-Baden 1987
148 Meyer, Winfried: Unternehmen Sieben. Eine Rettungsaktion für vom Holocaust Bedrohte aus dem Amt Ausland-Abwehr im Oberkommando der Wehrmacht. Frankfurt am Main 1993

149 Meyer, Winfried (Hrsg.): Verschwörer im KZ. Hans von Dohnanyi und die Häftlinge des 20. Juli 1944 im KZ Sachsenhausen. Berlin 1999
150 Meyer-Krahmer, Marianne: Carl Goerdeler und sein Weg in den Widerstand. Eine Reise in die Welt meines Vaters. Freiburg 1989
151 Michalka, Wolfgang: Widerstand oder Landesverrat? Die antifaschistische Opposition als Problem der Forschung. In: MGM Bd. 21/1977, S. 207–314
152 Der militärische Widerstand gegen Hitler und das NS-Regime 1933–1945. Hrsg. v. Militärgeschichtlichen Forschungsamt. Herford, Bonn 1984 (Vorträge zur Militärgeschichte, Bd. 5)
153 Militärischer Widerstand gegen Hitler. Hintergründe und Motive. Und Lehren für die Gegenwart. 17. Landtagsforum am 4. Dezember 1999 im Landeshaus. Hrsg. v. Präsidenten des Schleswig-Holsteinischen Landtages. Kiel 1999
154 Moltke, Freya von / Michael Balfour / Julian Frisby: Helmuth James Graf von Moltke 1907–1945. Berlin 1991 (Nachdruck der 2. Aufl. v. 1984; erste Auflage Stuttgart 1975 mit dem Untertitel »Anwalt der Zukunft«)
155 Moltke, Freya von: Erinnerungen an Kreisau 1930–1945. München 2003
156 Moltke, Helmuth James Graf von: Letzte Briefe aus dem Gefängnis Tegel. Berlin 1951
157 Moltke, Helmuth James Graf von: Völkerrecht im Dienste der Menschen. Dokumente. Hrsg. und eingel. von Ger van Roon. Berlin 1986
158 Mommsen, Hans: Gesellschaftsbild und Verfassungspläne des deutschen Widerstandes. In: Schmitthenner, Walter und Buchheim, Hans (Hrsg.): Der deutsche Widerstand gegen Hitler. Vier historisch-kritische Studien. Köln 1966, S. 73–167 (Wiederabdruck in Nr. 74)
159 Mommsen, Hans: Die Geschichte des deutschen Widerstands im Lichte der neueren Forschung. In: Aus Politik und Zeitgeschichte. Beilage zur Wochenzeitung Das Parlament Nr. B 50/1986, S. 3–18
160 Mommsen, Hans: Die Opposition gegen Hitler und die deutsche Gesellschaft 1933–1945. In: Müller, Klaus-Jürgen (Hrsg.): Der deutsche Widerstand 1933–1945. Paderborn u. a. 1986, S. 22–39
161 Mommsen, Hans: Die Stellung der Militäropposition im Rahmen der deutschen Widerstandsbewegung gegen Hitler. In: Ueberschär, Gerd R. (Hrsg.): NS-Verbrechen und der militärische Widerstand gegen Hitler. Darmstadt 2000, S. 119–134
162 Mommsen, Hans: Alternative zu Hitler. Studien zur Geschichte des deutschen Widerstandes gegen Hitler. München 2001
163 Mühleisen, Horst: Hellmuth Stieff und der deutsche Widerstand. In: VfZG 39 (1991), H. 3, S. 339–377
164 Mühleisen, Horst (Hrsg.): Hellmuth Stieff: Briefe. Berlin 1991

165 Mühleisen, Horst: Patrioten im Widerstand. Carl-Hans Graf von Hardenbergs Erlebnisbericht. In: VfZG 41 (1993), S. 419–477
166 Mühleisen, Horst: Hellmuth Stieff – Patriot und Zauderer: In: Klemperer, Klemens v. / Syring, Enrico und Zitelmann, Rainer (Hrsg.): »Für Deutschland«. Die Männer des 20. Juli. Frankfurt am Main 1994, S. 247–260
167 Mühlen, Bengt von zur und Frank Bauer (Hrsg.): Der 20. Juli in Paris. Verlauf – Hauptbeteiligte – Augenzeugen. Berlin-Kleinmachnow 1995
168 Mühlen, Bengt von zur und Frank Bauer (Hrsg.): Sie gaben ihr Leben. Unbekannte Opfer des 20. Juli 1944. General Fritz Lindemann und seine Fluchthelfer. Berlin-Kleinmachnow 1995
169 Mühlen, Bengt von zur und Andreas von Klewitz (Hrsg.): Die Angeklagten des 20. Juli vor dem Volksgerichtshof. Berlin-Kleinmachnow 2001
170 Müller, Christian: Oberst i. G. Stauffenberg. Eine Biographie. Düsseldorf 1970, Neuausgabe Taschenbuch Düsseldorf 2003
171 Mueller, Gene: Generalfeldmarschall Günther von Kluge. In: Ueberschär, Gerd R. (Hrsg.): Hitlers militärische Elite. 2 Bde. Darmstadt 1998, Bd. 1, S. 130–137
172 Mueller, Gene: Generaloberst Friedrich Fromm. In: Ueberschär, Gerd R. (Hrsg.): Hitlers militärische Elite. 2 Bde. Darmstadt 1998, Bd. 1, S. 71–78
173 Mueller, Gene: Generalfeldmarschall Erwin von Witzleben. In: Ueberschär, Gerd R. (Hrsg.): Hitlers militärische Elite. 2 Bde. Darmstadt 1998, Bd. 1, S. 265–271
174 Müller, Klaus-Jürgen: Das Heer und Hitler. Armee und nationalsozialistisches Regime 1933–1940. Stuttgart 1969. 2. Aufl. 1988
175 Müller, Klaus-Jürgen: Ludwig Beck. Probleme seiner Biographie. In: MGM Bd. 11 / 1972, S. 167–176
176 Müller, Klaus-Jürgen: Generaloberst Ludwig Beck. Generalstabschef des deutschen Heeres 1933–1938. In: Ders.: Armee, Politik und Gesellschaft in Deutschland 1933–1945. Paderborn 1979, 3. Aufl. 1981, 4. Aufl. 1986, S. 51–100
177 Müller, Klaus-Jürgen: Armee, Politik und Gesellschaft in Deutschland 1933–1945. Studien zum Verhältnis von Armee und NS-System. Paderborn 1979, 3. Aufl. 1981
178 Müller, Klaus-Jürgen: General Ludwig Beck. Studien und Dokumente zur politisch militärischen Vorstellungswelt und Tätigkeit des Generalstabschefs des deutschen Heeres (1933–1938). Boppard 1980
179 Müller, Klaus-Jürgen: Die national-konservative Opposition vor dem Zweiten Weltkrieg. Zum Problem ihrer Erfassung. In: Militärgeschichte. Probleme – Thesen – Wege. Hrsg. v. Militärgeschichtlichen Forschungsamt. Stuttgart 1982, S. 215–242

180 Müller, Klaus-Jürgen: 20. Juli 1944: Der Entschluß zum Staatsstreich. Berlin 1985
181 Müller, Klaus-Jürgen: Die nationalkonservative Opposition 1933–1939. Von Kooperation zum Widerstand. In: Aus Politik und Zeitgeschichte. Beilage Nr. B 50/1986, S. 19–30
182 Müller, Klaus-Jürgen (Hrsg.): Der deutsche Widerstand 1933–1945. Paderborn u. a. 1986
183 Müller, Klaus-Jürgen: Armee und Drittes Reich 1933–1939. Darstellung und Dokumentation. Unter Mitarbeit von Ernst W. Hansen. Paderborn 1987, 2. unveränderte Aufl. 1989
184 Müller, Klaus-Jürgen: Witzleben – Stülpnagel – Speidel. Offiziere im Widerstand. Berlin 1988
185 Müller, Klaus-Jürgen: Carl-Heinrich von Stülpnagel – Die »Zentralfigur« in Paris. In: Klemperer, Klemens v./Syring, Enrico und Zitelmann, Rainer (Hrsg.): »Für Deutschland«. Die Männer des 20. Juli 1944. Frankfurt am Main 1994, S. 261–286
186 Müller, Klaus-Jürgen: Generaloberst Ludwig Beck. In: Ueberschär, Gerd R. (Hrsg.): Hitlers militärische Elite. 2 Bde. Darmstadt 1998, Bd. 1, S. 9–19
187 Müller, Klaus-Jürgen und Hans Mommsen: Der deutsche Widerstand gegen das NS-Regime. In: Müller, Klaus-Jürgen (Hrsg.): Der deutsche Widerstand 1933–1945. Paderborn u. a. 1986, S. 13–21
188 Nayhauss, Mainhardt Graf von: Zwischen Gehorsam und Gewissen: Richard von Weizsäcker und das Infanterie-Regiment 9. Bergisch-Gladbach 1994
189 Nicosia, Francis and Lawrence D. Stokes (Hrsg.): Germans Against Nazism. Nonconformity, Opposition and Resistance in the Third Reich. Essays in Honour of Peter Hoffmann. New York, Oxford 1990
190 Oppen, Beate Ruhm v. (Hrsg.): Helmuth James von Moltke: Briefe an Freya 1939–1945. 2. durchgesehene und erweiterte Aufl. München 1991
191 Ose, Dieter: Erwin Rommel. In: Lill, Rudolf und Oberreuter, Heinrich (Hrsg.): 20. Juli. Portraits des Widerstands. Düsseldorf 1984, S. 253–268
192 Page, Helena: General Friedrich Olbricht. Ein Mann des 20. Juli. Bonn, Berlin 1992
192 a Paul, Gerhard: Ungehorsame Soldaten. Dissens, Verweigerung und Widerstand deutscher Soldaten (1939–1945). St. Ingbert 1994
193 Pommerin, Rainer: Erwin von Witzleben. In: Lill, Rudolf und Oberreuter, Heinrich (Hrsg.): 20. Juli. Portraits des Widerstands. Düsseldorf 1984, S. 349–362
194 Pommerin, Rainer: Erwin von Witzleben – Der designierte Oberbefehlshaber. In: Klemperer, Klemens v./Syring, Enrico und Zitelmann, Rainer (Hrsg.): »Für Deutschland«. Die Männer des 20. Juli. Frankfurt am Main 1994, S. 328–343

195 Putz, Erna: Franz Jägerstätter. »... besser die Hände als der Wille gefesselt ...«. Linz 2. Auflage 1987
196 Putz, Erna: Gefängnisbriefe und Aufzeichnungen. Franz Jägerstätter verweigert 1943 den Wehrdienst. Linz 1987
197 Remy, Maurice P.: Mythos Rommel. München 2002
198 Reynolds, Nicholas: Beck. Gehorsam und Widerstand. Das Leben des deutschen Generalstabschefs 1933–1938. Wiesbaden 1977
199 Ritter, Gerhard: Carl Goerdeler und die deutsche Widerstandsbewegung. Stuttgart 1956, Neuausgabe München 1964, 4. Aufl. Stuttgart 1984
200 Roon, Ger van: Oberst Wilhelm Staehle. Ein Beitrag zu den Auslandskontakten des deutschen Widerstandes. In: VfZG 14 (1966), S. 209–223
201 Roon, Ger van: Neuordnung im Widerstand. Der Kreisauer Kreis innerhalb der deutschen Widerstandsbewegung. München 1967
202 Roon, Ger van: Wilhelm Staehle. Ein Leben auf der Grenze 1877–1945. München 1969
203 Roon, Ger van: Graf Moltke als Völkerrechtler im OKW. In: VfZG 18 (1970), S. 12–61
204 Roon, Ger van: Widerstand im Dritten Reich. Ein Überblick. München 1979, 6. überarbeitete Aufl. 1994
205 Roon, Ger van (Hrsg.): Helmuth James Graf von Moltke: Völkerrecht im Dienste der Menschen. Dokumente. Berlin 1986
206 Rothfels, Hans: Die deutsche Opposition gegen Hitler. Frankfurt am Main 1958, Neuausgabe 1977
207 Rothfels, Hans (Hrsg.): Ausgewählte Briefe von Generalmajor Helmuth Stieff. In: VfZG 2 (1954), S. 291–305
208 Ruge, Friedrich: Rommel und die Invasion. Stuttgart 1959
209 Scheurig, Bodo: Freies Deutschland. Das Nationalkomitee und der Bund Deutscher Offiziere in der Sowjetunion 1943–1945. Köln 1960, Neuauflage Köln 1984, überarbeitete und ergänzte Neuauflage u. d. T.: Verräter oder Patrioten? Berlin 1993
210 Scheurig, Bodo: Claus Graf Schenk von Stauffenberg. Berlin 1964
211 Scheurig, Bodo: Verrat hinter Stacheldraht? Das Nationalkomitee »Freies Deutschland« und der Bund Deutscher Offiziere in der Sowjetunion 1943–1945. München 1965
212 Scheurig, Bodo: Henning von Tresckow. Eine Biographie. Oldenburg 1973, Neuausgabe als Taschenbuch Frankfurt am Main u. a. 1990
213 Schieder, Wolfgang: Zwei Generationen im militärischen Widerstand gegen den Nationalsozialismus. In: Schmädeke, Jürgen und Peter Steinbach (Hrsg.): Die deutsche Gesellschaft und der Widerstand gegen Hitler. München u. a. 1986, S. 436–459
214 Schlabrendorff, Fabian von: Offiziere gegen Hitler, Zürich 1946, Neuausgabe Frankfurt am Main 1959, neue durchgesehene und erweiterte

Ausgabe von Walter Bußmann. Nach der Edition von Gero v. Gaevernitz. Berlin 1984
215 Schlabrendorff, Fabian v.: Begegnungen in fünf Jahrzehnten. Tübingen 1979
216 Schlie, Ulrich: Kein Frieden mit Deutschland. Die geheimen Gespräche im Zweiten Weltkrieg 1939–1941. Berlin, München 1994
217 Schmädeke, Jürgen und Peter Steinbach (Hrsg.): Der Widerstand gegen den Nationalsozialismus. Die deutsche Gesellschaft und der deutsche Widerstand gegen Hitler. Berlin 1985, 2. Aufl. München 1986, Neuausgabe München 1994
218 Schmid, Manfred: Cäsar von Hofacker. Der 20. Juli in Paris. In: Der Widerstand im deutschen Südwesten 1933–1945. Hrsg. v. Michael Bosch und Wolfgang Niess. Stuttgart 1984, S. 207–215
219 Schmidt-Hackenberg, Dietrich: 20. Juli 1944 – Das »gescheiterte« Attentat. Untersuchung eines geplanten Fehlschlags. Berlin 1996
220 Schmidtchen, Volker: Karl Heinrich von Stülpnagel. In: Lill, Rudolf und Oberreuter, Heinrich (Hrsg.): 20. Juli. Portraits des Widerstandes. Düsseldorf 1984, S. 297–305
221 Schmitthenner, Walter und Hans Buchheim (Hrsg.): Der deutsche Widerstand gegen Hitler. Vier historisch-kritische Studien. Köln 1966
222 Schöllgen, Gregor: Ulrich von Hassell 1891–1944. Ein Konservativer in der Opposition. München 1990
223 Schrader, Helena P.: Friedrich Olbricht – Der Generalstabschef der Verschwörung. In: »Für Deutschland«. Die Männer des 20. Juli. Hrsg. v. Klemens v. Klemperer, Enrico Syring und Rainer Zitelmann. Frankfurt am Main 1994, S. 184–201
224 Schramm, Wilhelm von: Der 20. Juli in Paris. Bad Wörishofen 1953, ergänzte Neuausgabe u. d. T.: Aufstand der Generale. Der 20. Juli in Paris. München 1964
225 Schultz, Hans J. (Hrsg.): Der 20. Juli – Eine Alternative zu Hitler? Stuttgart 1974
226 Schwerin, Detlef Graf v.: »Dann sind's die besten Köpfe, die man henkt«. Die junge Generation im deutschen Widerstand. München 1991
227 Schwerin, Detlef Graf v.: Die Jungen des 20. Juli 1944. Brücklmeier, Kessel, Schulenburg, Schwerin, Wussow, Yorck. Berlin 1991
228 Sendtner, Kurt: Die deutsche Militäropposition im ersten Kriegsjahr. In: Vollmacht des Gewissens. Hrsg. v. d. Europäischen Publikation e.V. Bd. 1. Frankfurt am Main, Berlin 1960, S. 385–532
229 Seydlitz, Walther v.: Stalingrad. Konflikt und Konsequenz. Erinnerungen. Oldenburg u. a. 2. Aufl. 1977
230 Speidel, Hans: Invasion 1944. Ein Beitrag zu Rommels und des Reiches Schicksal. Tübingen 1949, 5. Aufl. 1961

231 Speidel, Hans (Hrsg.): Ludwig Beck: Studien. Stuttgart 1955
232 Stahl, Friedrich-Christian: General der Infanterie Karl-Heinrich von Stülpnagel. In: Ueberschär, Gerd R. (Hrsg.): Hitlers militärische Elite. 2 Bde. Darmstadt 1998, Bd. 1, S. 240–247
233 Stahlberg, Alexander: Die verdammte Pflicht. Erinnerungen 1932 bis 1945. Frankfurt am Main 1987, überarbeitete Taschenbuchausgabe Frankfurt am Main 1990
234 Steffahn, Harald: Claus Schenk Graf von Stauffenberg. Reinbek 1994
235 Steinbach, Peter: Widerstandsforschung im politischen Spannungsfeld. In: Aus Politik und Zeitgeschichte. Beilage zur Wochenzeitung Das Parlament Nr. B 28/1988, S. 3–21
236 Steinbach, Peter: Die Rote Kapelle – 50 Jahre danach. In: ZfG 41 (1993), S. 771–780
237 Steinbach, Peter: Hans Günther von Kluge – ein Zauderer im Zwielicht. In: Smelser, Roland und Syring, Enrico (Hrsg.): Militärelite des Dritten Reiches. Berlin 1995, S. 288–324
238 Steinbach, Peter: »Kinder ihr habt mich!« – Generalfeldmarschall Günther von Kluge. In: Mühlen, Bengt von zur und Bauer, Frank (Hrsg.): Der 20. Juli in Paris. Verlauf – Hauptbeteiligte – Augenzeugen. Berlin-Kleinmachnow 1993, S. 104–132
239 Steinbach, Peter: »Widerstand hinter Stacheldraht«? – Zur Diskussion über das Nationalkomitee Freies Deutschland als Widerstandsorganisation seit 1943. In: Ueberschär, Gerd R. (Hrsg.): Der 20. Juli 1944 – Bewertung und Rezeption des deutschen Widerstandes gegen das NS-Regime. Köln 1994, S. 265–276
240 Steinbach, Peter: Widerstand im Widerstreit. Der Widerstand gegen den Nationalsozialismus in der Erinnerung der Deutschen. Paderborn 1994
241 Steinbach, Peter: Hans Günther von Kluge – ein Zauderer im Zwielicht. In: Smelser, Roland und Syring, Enrico (Hrsg.): Militärelite des Dritten Reiches. Berlin 1995, S. 288–324
242 Steinbach, Peter: Zwischen Gefolgschaft, Gehorsam und Widerstand. Entwicklungen im Militär. In: Ueberschär, Gerd R. (Hrsg.): Hitlers militärische Elite. 2 Bde. Darmstadt 1998, Bd. 1, S. 272–285
243 Steinbach, Peter und Johannes Tuchel (Hrsg.): Widerstand gegen den Nationalsozialismus. Bonn 1994
244 Steinbach, Peter und Johannes Tuchel (Hrsg.): Widerstand in Deutschland 1933–1945. Ein historisches Lesebuch. München 1994
245 Steinkamp, Peter: Die Haltung der Hitlergegner Generalfeldmarschall Wilhelm Ritter von Leeb und Generaloberst Erich Hoepner zur verbrecherischen Kriegführung bei der Heeresgruppe Nord in der Sowjetunion 1941. In: NS-Verbrechen und der militärischen Widerstand gegen Hitler. Hrsg. v. Gerd R. Ueberschär. Darmstadt 2000, S. 47–61

246 Steltzer, Theodor: Sechzig Jahre Zeitgenosse. München 1966
247 Szokoll, Carl: Die Rettung Wiens 1945. Mein Leben, mein Anteil an der Verschwörung gegen Hitler und an der Befreiung Österreichs. Wien 2001
248 Thun-Hohenstein, Romedio Galeazzo Graf von: Der Verschwörer. General Oster und die Militäropposition. Berlin 1982, München 1984
249 Thun-Hohenstein, Romedio Galeazzo Graf von: Hans Oster. In: Lill, Rudolf und Oberreuter, Heinrich (Hrsg.): 20. Juli. Portraits des Widerstands. Düsseldorf 1984, S. 223–235
250 Thun-Hohenstein, Romedio Galeazzo Graf von: Hans Oster – Die »Seele des Widerstandes«. In: Klemperer, Klemens v. / Syring, Enrico und Zitelmann, Rainer (Hrsg.): »Für Deutschland«. Die Männer des 20. Juli. Frankfurt am Main 1994, S. 202–217
251 Trott zu Solz, Claritta v.: Adam von Trott zu Solz. Lebensbeschreibung. Mit einer Einführung von Peter Steinbach. Berlin 1994
252 Tuchel, Johannes: Weltanschauliche Motivationen in der Harnack / Schulze-Boysen-Organisation (»Rote Kapelle«). In: Kirchliche Zeitgeschichte 1 (1988), S. 268–292
253 Tuchel, Johannes: Motive und Grundüberzeugungen des Widerstandes der Harnack / Schulze-Boysen-Organisation. Zum Denken und Handeln von Liane Berkowitz. In: Schilde, Kurt (Hrsg.): Eva-Maria Buch und die »Rote Kapelle«. Erinnerungen an den Widerstand gegen den Nationalsozialismus. Berlin o. J. (1992), S. 85–127
254 Tuchel, Johannes: Das Ende der Legenden. Die Rote Kapelle im Widerstand gegen den Nationalsozialismus. In: Ueberschär, Gerd R. (Hrsg.): Der 20. Juli 1944 – Bewertung und Rezeption des deutschen Widerstandes gegen das NS-Regime. Köln 1994, S. 277–290
255 Ueberschär, Gerd R.: Rommel zwischen Loyalität und militärischem Widerstand. In: WWR 29 (1980), S. 188–197
256 Ueberschär, Gerd R. u. Wolfram Wette (Hrsg.): »Unternehmen Barbarossa«. Der deutsche Überfall auf die Sowjetunion 1941. Berichte, Analysen, Dokumente. Paderborn 1984 (überarb. Neuausgabe als Taschenbuch unter dem Titel: Der deutsche Überfall auf die Sowjetunion »Unternehmen Barbarossa« 1941. Frankfurt am Main 1991)
257 Ueberschär, Gerd R.: Das Dilemma der deutschen Militäropposition. Berlin 1988
258 Ueberschär, Gerd R.: Die Haltung deutscher Widerstandskreise zu Hitlers Rußlandpolitik und Ostkrieg. In: Goldschmidt, Dietrich (Hrsg.): Frieden mit der Sowjetunion – eine unerledigte Aufgabe. Gütersloh 1989, S. 117–137 (überarbeitete Fassung u. d. T.: Zum »Russlandbild« in deutschen Widerstandskreisen gegen Hitler. In: Jahrbuch des Dokumentationsarchivs des österreichischen Widerstandes 1997. Redaktion: Siegwald Ganglmair. Wien 1997, S. 69–82)

259 Ueberschär, Gerd R.: Generaloberst Franz Halder. Generalstabschef, Gegner und Gefangener Hitlers. Göttingen 1991

260 Ueberschär, Gerd R. (Hrsg.): Das Nationalkomitee »Freies Deutschland« und der Bund Deutscher Offiziere. Frankfurt am Main 1995

261 Ueberschär, Gerd R. (Hrsg.): Der 20. Juli 1944. Bewertung und Rezeption des deutschen Widerstandes gegen das NS-Regime. Köln 1994 (Neuausgabe u. d. T.: Der 20. Juli. Das »andere Deutschland« in der Vergangenheitspolitik. Berlin 1998)

262 Ueberschär, Gerd R.: Generalmajor Henning von Tresckow. In: Ueberschär, Gerd R. (Hrsg.): Hitlers militärische Elite. 2 Bde. Darmstadt 1998, Bd. 2, S. 256–262

263 Ueberschär, Gerd R. (Hrsg.): NS-Verbrechen und der militärische Widerstand gegen Hitler. Darmstadt 2000

264 Ueberschär, Gerd R.: Cäsar von Hofacker und der deutsche Widerstand gegen Hitler in Paris. In: Frankreich und Deutschland im Krieg (November 1942–Herbst 1944). Okkupation, Kollaboration, Résistance. Hrsg. v. Stefan Martens und Maurice Vaisse. Bonn 2000, S. 621–631

265 Ueberschär, Gerd R.: Der »Ehrenhof« nach dem Attentat auf Hitler vom 20. Juli 1944. In: Mühlen, Bengt von zur und Klewitz, Andreas von (Hrsg.): Die Angeklagten des 20. Juli vor dem Volksgerichtshof. Berlin-Kleinmachnow 2001, S. 22–26

266 Ueberschär, Gerd R. (Hrsg.): Der deutsche Widerstand gegen Hitler. Wahrnehmung und Wertung in Europa und den USA. Darmstadt 2002

267 Ueberschär, Gerd R. und Ute Ueberschär von Livonius: Polizeiliche Verfolgungsmaßnahmen, »Sonderkommissionen« und die Ankläger gegen die Verschwörer beim »Volksgerichtshof«. In: Mühlen, Bengt von zur und Klewitz, Andreas von (Hrsg.): Die Angeklagten des 20. Juli vor dem Volksgerichtshof. Berlin-Kleinmachnow 2001, S. 27–34

268 Ueberschär, Gerd R. und Winfried Vogel: Dienen und Verdienen. Hitlers Geschenke an seine Eliten. Frankfurt am Main 1999, 2. Aufl. 2000, Neuauflage als Taschenbuchausgabe Frankfurt am Main 2000, 2. Aufl. 2001, 3. Aufl. 2001

269 Venohr, Wolfgang: Stauffenberg. Symbol der deutschen Einheit. Eine politische Biographie. Frankfurt am Main u. a. 1986, Neuausgabe als Taschenbuch Berlin 1990

270 Venohr, Wolfgang: Patrioten gegen Hitler. Der Weg zum 20. Juli 1944. Eine dokumentarische und szenerische Rekonstruktion. Bergisch Gladbach 1994

271 Vogl, Friedrich: Widerstand im Waffenrock. Wien 1977

272 Vollmacht des Gewissens. Hrsg. von der Europäischen Publikation e. V. Bd. 1: Probleme des militärischen Widerstands gegen Hitler, Frankfurt am Main u. a. 1960; Bd. 2: Der militärische Widerstand gegen Hitler im Krieg. Frankfurt am Main u. a. 1965

273 Wegner-Korfes, Sigrid: Der 20. Juli 1944 und das Nationalkomitee »Freies Deutschland«. Aus persönlichen Unterlagen der Familie von Oberst Ritter Albrecht Mertz v. Quirnheim. In: ZfG 27 (1979), S. 535–544

274 Wegner-Korfes, Sigrid: Realpolitische Haltung bei Offizieren der Familien Mertz von Quirnheim, Korfes und Dieckmann. In: Zeitschrift für Militärgeschichte 25 (1986), S. 226–233

275 Wegner-Korfes, Sigrid: Weimar – Stalingrad – Berlin. Das Leben des deutschen Generals Otto Korfes. Biographie. Weiden, Bayreuth 1994

276 Die Weiße Rose und das Erbe des deutschen Widerstandes. Münchner Gedächtnisvorlesungen. München 1993

277 Welkerling, Wolfgang: Ein Wehrmachtsgeneral auf dem Weg zum Antifaschisten. Zur Biographie des Generals der Artillerie Fritz Lindemann (1894–1944). In: ZfG 37 (1989), S. 796–811

278 Welkerling, Wolfgang: General der Artillerie Fritz Lindemann. In: Ueberschär, Gerd R. (Hrsg.): Hitlers militärische Elite. 2 Bde. Darmstadt 1998, Bd. 2, S. 107–115

279 Wette, Wolfram (Hrsg.): Deserteure der Wehrmacht. Feiglinge – Opfer – Hoffnungsträger? Dokumentation eines Meinungswandels. Essen 1995

280 Wette, Wolfram (Hrsg.): Retter in Uniform. Handlungsspielräume im Vernichtungskrieg der Wehrmacht. Frankfurt am Main 2002

281 Wette, Wolfram (Hrsg.): Zivilcourage. Empörte, Helfer und Retter aus Wehrmacht, Polizei und SS. Frankfurt am Main 2004

282 Die Widerstandsorganisation Schulze-Boysen / Harnack – Die »Rote Kapelle«. Tagung vom 9.–11. 9. 1988. Hrsg. v. d. Evangelischen Akademie Berlin (West). Bonn-Bad Godesberg o. J.

283 Wollstein, Günter: Friedrich Olbricht. In: Lill, Rudolf und Heinrich Obereuter (Hrsg.): 20. Juli. Portraits des Widerstands. Düsseldorf 1984, S. 207–222

284 Wüllner, Fritz: Die NS-Militärjustiz und das Elend der Geschichtsschreibung. Ein grundlegender Forschungsbericht. Baden-Baden 1991

285 York v. Wartenburg, Marion Gräfin von: Die Stärke der Stille. Erzählung eines Lebens aus dem deutschen Widerstand. München 1987, 3. Aufl. 1988

286 Zank, Horst: Das Nationalkomitee und der Widerstand. In: GWU 41 (1990), S. 298–301

287 Zeller, Eberhard: Geist der Freiheit: Der zwanzigste Juli. München 1952, 2. Auflage 1954, 5. Auflage 1965

288 Zeller, Eberhard: Oberst Claus Graf Stauffenberg. Ein Lebensbild. Mit einer Einführung von Peter Steinbach. Paderborn 1994

Bildnachweis

Wenn nicht anders angegeben: Fotos aus der Gedenkstätte Deutscher Widerstand Berlin
Wenn nicht anders angegeben: Faksimiles aus dem Bundesarchiv – Militärarchiv Freiburg
Privatbesitz des Autors: S. 165
Ullstein: S. 8
Stadtarchiv Freiburg: S. 170

Farbteil: Alle Szenenfotos aus dem ARD-Film »Stauffenberg«
(Regie: Jo Baier)